Virtude e Verdade

Graus Inefáveis

```
CIP-BRASIL. CATALOGAÇÃO NA FONTE
SINDICATO NACIONAL DOS EDITORES DE LIVROS, RJ
```

F124v   Fachin, Luiz
            Virtude e verdade: graus inefáveis : tomo II / Luiz Fachin.
– 3. ed. – Porto Alegre, RS : AGE, 2025.
            243 p. : il. ; 16x23 cm.

            Inclui bibliografia
            ISBN 978-85-8343-059-9
            ISBN E-BOOK 978-85-8343-060-5

            1. Maçonaria. I. Título.

            14-12243   CDD: 366.1
                                  CDU: 061.236.5

Luiz Fachin

Virtude e Verdade

3.ª edição

Graus Inefáveis
TOMO II

Editora AGE

PORTO ALEGRE, 2025

© Luiz Fachin, 2014

Capa:
Marco Cena

Diagramação:
Nathalia Real

Supervisão editorial:
Paulo Flávio Ledur

Editoração eletrônica:
Ledur Serviços Editoriais Ltda.

Reservados todos os direitos de publicação à
LEDUR SERVIÇOS EDITORIAIS LTDA.
editoraage@editoraage.com.br
Rua Valparaíso, 285 – Bairro Jardim Botânico
90630-300 – Porto Alegre, RS, Brasil
Fone/Fax: (51) 3061-9385 – (51) 3223-9385
vendas@editoraage.com.br
www.editoraage.com.br

Impresso no Brasil / Printed in Brazil

Dedico esta obra:

Pelo apoio, a Maria Fátima, Laércio e Thais, esposa e filhos.

Aos meus pais, que me ensinaram, ainda que implicitamente, todos os valores que este escrito contém, os quais, juntamente com as irmãs e o irmão, praticamos e mantemos, permitindo a ligação na plena harmonia, paz, concórdia, fraternização, razão pela qual merecem o tributo.

Aos Irmãos que compreenderam minha diligência e que vivem a Maçonaria dando liberdade à consciência.

Sumário

Prefácio 17
Introdução 21
A Maçonaria e seus Graus 22

CAPÍTULO IV
TÍTULO I – Mestre Secreto 27

TÍTULO II – Rito Escocês Antigo e Aceito 30
I – *Devidamente cobertos e em segurança.* 30
II – O Mestre Secreto foi *recebido debaixo do loureiro e da oliveira* 31
III – Para um melhor efeito de seu trabalho,
Adonhiram recebeu lições de discrição e fidelidade 32
a) Discrição 32
b) Fidelidade 33
III A – Além desses dois estados de espírito para a prática do bem,
pode-se destacar 33
a) Sigilo 33
b) Silencioso 34
c) Igualdade 35
d) Liberdade de pensamento 35
e) Inteligência 35
f) Ciência 35
g) Obediência 36
h) Sinceridade 36
i) Assiduidade 36
j) Dever 36
III B – *Conclusão* 36
IV – *Somos iguais a todos dentro da Maçonaria.* 37
V – O aspirante pela "luz", *tendo visto o túmulo de Hiram,
deseja ser recebido entre os Mestres Secretos* 38

VI – Os combates devem ser dirigidos pela verdade, pela ciência
  e pela prudente tolerância 39
VII – Os trabalhos são assíduos, tenazes como o trabalho do solitário que
  pesquisa seus próprios pensamentos 40
VIII – É preciso libertar o espírito. Compreendeis? 40
IX – O candidato é *um Mestre que busca a Palavra Perdida.* 41
X – *Arca da Aliança. O Candelabro de Sete Velas o iluminará* 44
X A – *A Arca da Aliança* 45
X B – *As Tábuas da Lei* 47
X C – *A Vara de Arão que Floresceu* 47
X D – *Maná* 48
XI – *O Candelabro de Sete Velas o iluminará.* 50

TÍTULO III – Maçonaria Adonhiramita – Mestre Secreto 53
I – *Por ter sido conduzido ao inefável considera-se Mestre Secreto* 57
II – *Moabom tem o dever de atingir a perfeição, ministrar instruções* ... 59
III – *(...) a idade (...) é de dez anos (...)* 59
IV – *Abertura do Livro Sagrado* 62
V – *O que é a vida?* 63
VI – *Deuses da mitologia grega / romana* 64
Hércules 65
Vênus 66
Apolo 66
Minerva 67
VII – *(...) buscar o coração (...)* 68
VII A – *Simbologia* 68
VII B – *Por outro lado, quando se ama o coração acelera* 69
VII C – *Teorias acerca da imagem simbólica do coração* 70
1.ª teoria – 2.ª teoria – 3.ª teoria 70
VII D – *Coração e religiosidade* 71
VIII – *Buscar a Verdadeira Luz* 75
IX – *o Verbo nunca se perde e nunca se apaga* 77
X – *Cuidai das crianças e não será preciso punir os homens* 79
XI – *Em busca de iluminação e do aperfeiçoamento* 80
XII – *Uma Loja de Perfeição tem por finalidade principal evoluir a natureza
  humana e torná-la apta para receber as influências diretas dos planos
  superiores. Desenvolve, principalmente, a intelectualidade,
  sem negligenciar a espiritualidade* 81

XIII – *A suprema e perpétua luta da Maçonaria é contra os preconceitos ou superstições, mentiras ou ignorâncias, milagres ou tiranias, idolatrias religiosas ou políticas (...) possuindo a Chave de Marfim, deseja abrir a Arca e verificar seu conteúdo (...) usai do ouro, da prata e do cobre, pois só assim alcançareis os tesouros que desejais* 82
XIV – *Deseja a verdadeira chave e, para isso, necessita realizar a quadratura do círculo* 85
XV – *Conclusão* 89
XV A – *Notai (...) que a doutrina deste Grau tem por objetivo saber, querer, ousar e calar.* 92

CAPÍTULO V
TÍTULO I – Mestre Perfeito – Rito Escocês Antigo e Aceito e Maçonaria Adonhiramita 97
I – *Comparecer ao pomposo funeral de avental e luvas brancas* 98
II – *O coração de Hiram foi exposto à veneração pública, em uma urna colocada no terceiro degrau do Sanctu Sanctorum.* 98
III – *Este Grau tem por finalidade honrar a memória dos irmãos* 99
IV – *A construção do suntuoso mausoléu, realizada no curto espaço de nove dias, lembrará ao Mestre Perfeito que constância e profícua atividade produzem resultados admiráveis.* 100
V – *A cor verde da forração* 100
VI – *A Câmara, tendo 16 colunas, quatro em cada ângulo, dispostas de modo a dar-lhe a forma de um círculo* 100
VII – *No centro da Câmara fica o mausoléu, tendo numa face a letra M, na outra H e na última G no solo, em frente a cada face, está uma pedra tosca irregular* 101
a) O corpo 101
b) A alma 101
c) O espírito 102
VIII – *Repousando sua simbologia no Quaternário* 103
VIII A – *Quadratura do Círculo* 104
IX – *Este Grau apresenta a Pal. Perf.* 106
X – *O emblema da Divindade era o Delta e, neste grau, se nota a introdução de um novo princípio* 106

CAPÍTULO VI
TÍTULO I – Secretário Íntimo – Rito Escocês Antigo e Aceito 112

TÍTULO II – Preboste e Juiz – Maçonaria Adonhiramita 116

CAPÍTULO VII
TÍTULO I – Preboste e Juiz – Rito Escocês Antigo e Aceito 119
I – O Ritual fundamentalmente assenta:................................. 119
a) Preboste... 119
b) Juiz 121
c) Equidade 123
d) Imparcialidade 125
e) Verdade 126
1.ª lição – As verdades pronunciadas por Jesus eram suas verdades............. 128
2.ª lição – Que Jesus tinha um compromisso com a verdade..................... 128
3.ª lição – Que Jesus queria que os seus obreiros fossem homens
   comprometidos com a verdade................................ 128
f) Humildade 129
II – É preciso dedicação aos estudos, Habilitando-se a prosseguir na
   pesquisa da verdade, através dos nobres atributos de 129
a) Discrição 129
b) Tolerância 130
c) Fidelidade 131
d) Discernimento 131
III – Aquele que assume o Grau de Preboste e Juiz Deve ser 131
a) Cauteloso 131
b) Bondoso.. 131
c) Soberania.. 131
d) A benevolência 132
IV – Inferência 132

TÍTULO II – Primeiro Eleito ou Eleito dos Nove –
   Maçonaria Adonhiramita 137
I – Propósito do Grau... 137
I A – Lenda 137
II – Virtudes.. 138
a) Teologais 138
b) Cardeais 138

III – Vícios 138
III A – Na parte final da liturgia há as recomendações: 139
IV – Verdade – atente-se ao expendido tít. I, item I, letra "e" 139
V – Virtude 139
VI – As Sete Virtudes 140
VII – Virtudes Teologais 141
a) Fé 141
b) Esperança 141
c) Caridade 141
VIII – Virtudes Cardeais 141
a) Justiça 141
b) Prudência 142
c) Fortaleza 142
d) Temperança 142
IX – Valores Humanos 143
1. Amor 143
2. Verdade 143
3. Não violência 143
4. Ação correta 144
5. Pela via moral 144
6. Pela via intelectual 144
X – Virtudes – Via Moral 144
a) Amor 144
b) Perdão 144
c) Caridade 145
d) Benevolência 145
e) Ética 145
f) Justiça 145
g) Honestidade 145
h) Verdade 146
i) Piedade 146
j) Abnegação 146
l) Tolerância 146
m) Fraternidade 146
n) Solidariedade 146
o) Humildade 146
p) Paciência 147
q) Desapego 147

XI – Virtudes – Via Intelectual 147
a) Sabedoria... 147
b) Conhecimento 147
c) Razão 147
d) Lógica... 147
e) Sensatez 148
f) Análise... 148
g) Coerência 148
h) Julgamento.. 148
i) Reflexão 148
j) Discussão 148
l) Estudo 148
m) Questionamento 148
n) Determinação 148
o) Busca 148
p) Curiosidade... 149
q) Vontade... 149
XII – Virtudes do Grau 149
a) Sigilo 149
b) Calma 149
c) O conceito de Justiça e Tolerância 150
XIII – Vícios 150
a) Ignorância 150
b) Cupidez 150
c) Egoísmo 150
d) O REAA toma por base a ignorância, a ambição e o ódio..... 150
XIV – Simbologia das alfaias utilizadas.. 151
a) Câmara obscura... 151
b) Copo d'água.. 151
c) Lampião 151
d) Punhal 151
e) Fonte 151
f) Vendado, descoberto e descalço, com um laço no pescoço: 151
g) Abiram ou Hoben 151
XVI – Representação de atos 151
a) Vingança 151
b) Pressa irrefletida 152
c) Bravura.. 152

XV – Ao abrir o Livro da Lei lê-se em Eclesiastes 7:1:....................152
XVII – Lenda 153
XVII – Conclusão 154

CAPÍTULO VIII
TÍTULO I – Intendentes dos Edifícios ou Mestre em Israel – Rito Escocês Antigo e Aceito 156

TÍTULO II – Segundo Eleito ou Eleito de Pérignan – Maçonaria Adonhiramita 161

CAPÍTULO IX
TÍTULO I – Mestre Eleito dos Nove – Rito Escocês Antigo e Aceito 165
a) A Caverna 167
b) A Lâmpada 170
c) A Fonte Cristalina 170
d) O Punhal 170
e) A Inteligência 170
f) A ignorância 171
g) A ação 171
h) No que diz respeito à liberdade cerceada 171
i) Corrupção..172
j) Crime 172
Lembra a liturgia: o homem pode apresentar sinais de 172
a) A ignorância 172
b) O fanatismo 172
c) A tirania 173
d) A prepotência..173
e) A vaidade...173
f) A fortuna...173
g) A superstição 173
h) O despotismo 173
i) A ambição 173
j) Investigar constantemente a verdade, mas encontrar a verdade. 176
l) A vingança 177

TÍTULO II – Terceiro Eleito ou Eleito dos Quinze –
  Maçonaria Adonhiramita 180
É possível elaborar perguntas e produzir as respectivas respostas 181

CAPÍTULO X
TÍTULO I – Mestre Eleito dos Quinze –
  Rito Escocês Antigo e Aceito 185

TÍTULO II – Aprendiz Escocês ou Pequeno Arquiteto – Maçonaria
  Adonhiramita 191

CAPÍTULO XI
TÍTULO I – Sublime Cavaleiro Eleito dos Doze –
  Rito Escocês Antigo e Aceito 192

TÍTULO II – Companheiro Escocês ou Grande Arquiteto –
  Maçonaria Adonhiramita 195
a) Conhecimento 196
b) Experiência 196
c) Sabedoria 196
d) Justiça 196

CAPÍTULO XII
TÍTULO I – Grão-Mestre Arquiteto – Rito Escocês Antigo e Aceito 198

TÍTULO II – Mestre Escocês ou Grão-Mestre Arquiteto –
  Maçonaria Adonhiramita 200
I – Diferença entre Tabernáculo e Altar 201
Tabernáculo 201
Altar 202
II – As três propriedades 204
a) Eternidade 204
b) Ciência 205
c) Poder 206
III – As virtudes do Grau 206

a) Sigilo 206
b) Cultura 206
c) Honestidade 206
d) Humildade 206

CAPÍTULO XIII
TÍTULO I – Real Arco de Salomão – Rito Escocês Antigo e Aceito,
e Maçonaria Adonhiramita 208

CAPÍTULO XIV
TÍTULO I – Perfeito e Sublime Maçom –
Rito Escocês Antigo e Aceito 212
Plena liberdade de pensar é 212
Retidão de juízo e de sentimentos 213
A probidade nas relações 213
A honradez em todas as atitudes 213
G1 ao G14 215

TÍTULO II – Grande Eleito ou Perfeito e Sublime Maçom –
Maçonaria Adonhiramita 221
O plano material 222
O plano astral 223
O plano mental 223
O plano espiritual 223
a) O conceito de sabedoria 224
b) A Força 225
c) Poder 227
d) A beleza 227
e) Harmonia 228
A ignorância 229
O fanatismo 229
A ambição 229
G3 ao G14 230
Bíblia escrita originalmente em argila ou barro, papiro ou em pergaminho .. 233
Escritos antigos eram gravados em chapas de argila ou barro
e posteriormente cozidos. 233

O pergaminho 233
O papiro 233
O Nome Inefável 234
Virtudes do Grau 238
Justiça 238
Austeridade 238
Fraternidade 238
Conclusão 238
Bibliografia 242

Prefácio

Penso que vários motivos exerceram influência para que tomasse a iniciativa quanto ao propósito de escrever, no que tinha a oferecer, elaborando um trabalho sobre a filosofia e o conteúdo hermético dos Graus Superiores ou Graus Filosóficos, embora sob uma reprodução muito pessoal ou particular.

Originariamente, foi quando o eminente Irmão Orci Paulino Bretanha Teixeira introduziu em meu ânimo a motivação que determinou esta minha ação.

Sob essa concepção, veio a ideia de ser lógico que cada criador de obra maçônica siga o seu sistema, como também que o Maçom dos tempos atuais é o herdeiro do sistema constituído de filosofia da Antiga Maçonaria, mas lhe cabe reinterpretar a doutrina e reformular o método de acordo com as revelações ou pensamentos atuais, caso queira extrair, dessa herança, algum valor prático para si.

É verdade que, quanto mais próxima estiver à nascente, mais pura será a água do rio, e, assim, nessa analogia, para poder descobrir os princípios primeiros, deve-se ir à fonte-mãe. Mas, prosseguindo a imaginação primeira, um rio recebe muitos afluentes em seu curso, estes não estão necessariamente poluídos. Se o desejo é descobrir se a água desses afluentes é pura ou não, basta compará-la com a corrente original. Feito isso, se ela obtém aprovação acerca de sua qualidade, nada impede que se misture com as águas principais e aumente sua força. Ocorre o mesmo com essa nossa transmissão de acontecimentos e lendas: o que não é antagônico deve ser assimilado. A fé morta não recebe influência do pensamento contemporâneo.

Quando se lê sobre os sete princípios atribuídos a Hermes Trismegistus, toma-se conhecimento da Lei que rege todas as coisas manifestadas e que instruirão a humanidade para sempre. E, quando se lê que Salomão ajustou com o Rei de Tiro o fornecimento de homens e materiais para a construção do Templo, aprende-se que os famosos mistérios de Tiro devem ter influenciado profundamente as atitudes de espírito dos hebreus.

A narrativa acima é outra das causas dessa intenção.

Entretanto, uma razão em especial foi fundamental para que eu começasse a dedicar tempo a isso e poder prestar alguma contribuição aos adeptos dessa corrente filosófica, qual seja, a tentativa de oferecer maior transparência à liturgia e facilitar a interpretação, como referido acima, para aumentar a sua força, no sentido do bem, útil e elucidativo, ou seja, para emocionar e acrescer na intensidade das palavras a respeito da liturgia e do hermetismo dos graus, para que se obtenham novas revelações ou explicações e, consecutivamente, a constante evolução.

De igual modo, é intenção procurar desenvolver mais uma fonte destinada à consulta aos que têm de enfrentar as tarefas de apresentar as peças de arquitetura que são exigidas para acesso aos graus, justamente porque a redação deve obedecer aos princípios básicos dessa tendência doutrinária.

Num valor semelhante ao mencionado antes, importa ressaltar que todo leitor é amante do conhecimento ou daquilo que está muito além de seu domínio, **a verdade**. Logo, o enfoque desse valor espiritual é de buscar a sabedoria, relacionar-se com ela e dividi-la com os outros. Este, portanto, é o maior componente de estímulo que presta constantemente ao que gosta de estudar.

Diante disso, apoiado no pensamento crítico, o objetivo é servir de guia a outros e buscar em conjunto o discernimento do inexato e do verdadeiro, porém sem julgamentos nem de um lado nem de outro, nem afirmar este é melhor e outro é pior, nem especificar se o nome do arquiteto é "a" ou "b"; o importante é a essência da mensagem.

Particularmente, vivo a era do século XXI e, por essa razão, o que conheço é pelo que me foi transmitido, oralmente ou por escrito; não sou historiador; aliás, penso haver muita dificuldade em obter provas sobre esses fatos. Dos escritos com que se tem aproximação, boa parte é somente pela aplicação das regras da lógica.

Lembre-se, também, que um estudo maçônico aberto ao público deverá conter "apenas" informações gerais, que possam ser facilmente obtidas em livros básicos de história, filosofia e simbologia maçônica. Reservamos aos membros da Ordem todo e qualquer ensinamento que seja de conhecimento "exclusivo" do Maçom, que deverá ser apresentado internamente e nos momentos adequados.

Dessa forma, cautelosamente, o que se revela nesta obra está de acordo com o devido "sigilo maçônico", objetivando apenas o aprimoramento moral e intelectual de todos aqueles que queiram beber desta fonte imensurável de Luz, a nossa Sublime Ordem Maçônica.

Diferentemente, as citações bíblicas têm como análise e interpretação a Bíblia Sagrada Evangélica, porque, quiçá, esta e a Maçonaria surgiram na mesma circunstância social, do que se deduz ser a razão de sua adoção nos trabalhos litúrgicos e, por consequência, as transcrições assentadas.

Sou católico de origem, onde recebi todos os Sacramentos possíveis, e não tenho pretensões de abandonar a minha procedência, até porque Ele quis assim e eu não quero contrariá-Lo.

Quanto ao título: virtude, com os conceitos expendidos, é possível possa contribuir para a melhoria do comportamento pessoal; e verdade, evocando as palavras do Sumo Pontífice João Paulo II: *A fé e a razão constituem como que as duas asas pelas quais o espírito humano se eleva para a contemplação da verdade,* e assim, quem sabe, a concordância e a soma de ideias consigam estabelecer a verdade.

Sob esse atributo, creio no curso do tempo desaparecer o imaginário de haver incompatibilidade entre a Igreja e a Maçonaria, face à contradição que se revela no próprio tema e o estabelecido na Encíclica de 14.9.98, bem assim tendo em consideração que o verdadeiro Maçom crê na existência de um Ser Supremo e, por via racional, toma a defesa da investigação constante da verdade.

Introdução

A obra

Este livro é uma tentativa de compreender um pouco mais a Maçonaria, os seus Rituais ou apenas dar a conhecer os temas objeto dele.

Os assuntos tratados se desdobram, obviamente, pela pesquisa, mas também a partir da mais simples interpretação litúrgica até a mais acurada indagação filosófica a observar minuciosamente a literatura maçônica.

Do mesmo modo que se concebe da imaginação geral, eis que se diz: "não são as respostas que movem o mundo, mas sim as perguntas", também este trabalho segue essa acepção.

Certo é que "ninguém nasce sabendo". Sob esse aspecto, os assuntos não são inéditos, mas, ainda que não comuns não sejam, penso que cada vez que há ponderações sobre quaisquer deles, por consequência, terão eles, quase sempre, uma evolução.

Ocupei-me em alguns temas dos Graus de Perfeição, com certo rigor ao que constitui o texto litúrgico dos Rituais, e tentei afinar a observação acerca deles, tecendo-lhes considerações sem *firulas* e sem floreios. É nesse particular que o fiz a fim de melhor conhecer o significado e a "verdade" de cada ensinamento, sobre os quais se fez e se faz necessário compreender que a "instrução" é a ligação entre o texto e nossa mente, a ponto de se sentir no íntimo da matéria exposta, de forma que o seu entendimento ocorre quando se pode completamente dominá-la.

Na realidade, tentei escrever algo numa interpretação um pouco diferente sobre as proposições demonstradas, que não são muito ou tão analisadas e comentadas.

De qualquer modo, os textos contidos nesta impressão têm por objeto favorecer os conhecedores dessa corrente filosófica, ampliando um pouco mais as fontes de pesquisa para que, através de pensamento, concentração, meditação, também os ensinamentos sejam obtidos pela maioria deles.

A correlação de tais concepções e conclusões são o resultado de pesquisas e, por evidente, vêm somadas a opiniões pessoais.

Fundamentalmente, o estudioso da Maçonaria dispõe de fontes que parecem inesgotáveis, devido à abundância de pontos de vista que podem ser produzidos sobre suas lendas, liturgias e hermetismo, formando ideias, transmitidos por quem se propõe a ensinar, que constituem a universalidade e o ecletismo da Ordem.

Já atualmente, acerca de certos temas, é até embaraçoso opinar, pela própria fartura de interpretações. O objetivo, pois, nesta pequena apreciação das proposições que vão ser demonstradas, demandantes de certa atenção, além de, talvez, aclarar ou dar outro sentido ou outra explicação ao que foi examinado, é tê-las à disposição como assuntos importantes, e a cada leitura avançar mais um passo em busca do aprimoramento pessoal. Essa marcha, das trevas para a luz, possibilitou a confecção deste despretensioso trabalho, dentro da máxima atribuída aos Sete Sábios (650 a.C. a 550 a.C.) inscrita no oráculo de Delfos: "CONHECE-TE A TI MESMO".

O objetivo de maior importância, reitero, foi compilar conteúdos das obras dos melhores escritores, pensadores, filósofos ou eloquentes, a fim de favorecer os estudos aos conhecedores dessa corrente filosófica, segundo a propensão literal dos Rituais.

A Maçonaria e seus Graus

Partindo da premissa de que o homem e a natureza estão estreitamente ligados, a Maçonaria pode ser considerada uma ciência, até porque tem por fim o aperfeiçoamento moral, intelectual e social da humanidade. Evidentemente, se assim considerada, por certo há que certificar-se de que se trata de uma ciência complexa, ampla, difícil, porque abrange todas as ciências que constituem o fundo comum das religiões, da teologia, da teosofia, do esoterismo, do ocultismo e outras correlatas, especialmente da filosofia de todos os povos do mundo, desde os tempos mais remotos até a época presente. Consequentemente, a afirmação nos oferece a intensidade do estudo necessário e a importância para se compreender a sua liturgia e seu hermetismo; enfim, os seus mistérios.

Claro está que as especulações sobre a natureza do Divino e, também, a parte do processo da Criação desafiam a imaginação. Essa forma fantástica de entender o conjunto de tudo que existe, ou ter ideia clara dessa universidade, é a intenção, ainda que nessa pequena intensidade, de contribuir para se avançar mais uns passos com tais finalidades.

É do conhecimento de muitos que um dos principais objetivos da Maçonaria é a investigação constante da verdade, o que é obtido com devotamento à leitura e a preocupação de estudar para melhor compreender os assuntos de caráter filosófico que lhe dizem respeito. Tal propósito faria ou faz o Maçom concorrer para maior discernimento daquilo que é real e cumprir com sua nobre e elevada missão, que o auxiliará para indicar-lhe os melhores caminhos e permitir conclusões mais ajustadas à verdade.

ARMANDO HURTADO, em sua obra *Nós os Maçons*, assevera:

Essencial é tudo aquilo que leva o Homem a se identificar com o Ser, com o Absoluto.[1]

Adiante, percebe-se que o motivo do escrito tem a seguinte acepção ou ensinamento:

(...) essa natureza autêntica da essencialidade maçônica é o caminho de evolução pessoal capaz de produzir a união harmônica de coração, pensamento e ação, pondo-os a serviço da construção humana, sem dogmatismo e fraternalmente.[2]

Conclui-se daí que a Maçonaria tem por essência ou objetivo principal a formação do Homem e conduzi-lo a se identificar com o Ser, com o Eu, com Deus.

---

[1] Hurtado, Armando. *Nós os Maçons*. Ed. Zit, 2008.
[2] Ibid.

ALBERT PIKE, em sua magnífica obra *Moral e Dogma*, afirma que:

> A Maçonaria é uma sucessão de alegorias, o veículo das grandes lições de Moral e Filosofia. Nós apreciaremos de forma mais completa seu espírito, seu objetivo e seus propósitos à medida que avançarmos aos diferentes Graus, os quais você perceberá que constituem um grande, complexo e harmonioso sistema.
> (...) Quem deseja entender precisa ler, estudar, digerir e discernir. O verdadeiro Maçom é um pesquisador ardente em busca do conhecimento.[3]

Cumpre esclarecer que a Maçonaria utiliza o sistema de graus para transmitir os seus ensinamentos, cujo acesso é obtido por meio de uma iniciação ou por comunicação.

Os três primeiros graus são denominados Graus Simbólicos e o seu ensinamento, ou ideal Maçônico, em sendo de instrução primária, é discreto, porque é transmitido num sistema velado por alegorias e ilustrado por símbolos, e de forma bastante peculiar, porque somente os iniciados sabem ou saberão a dimensão desses, pois de compreensão muito difícil e misteriosa.

Portanto, o método de ensino adotado, antes referido, toma por base a interpretação de símbolos, numerosos e expressivos, os quais, intuitivamente, vão permeando pelo desenvolvimento autodidata e pessoal, na medida em que não se dispõe de organizações metódicas de estudo e de instrução em conjunto, fazendo com que os impulsos de cada indivíduo levem-no ao conhecimento necessário para a busca e o alcance da iluminação interior.

Mais precisamente, o acesso a esse conhecimento, no Grau de Aprendiz, ocorre através do trabalho e da interpretação dos símbolos já referidos, em especial os instrumentos relacionados com o mister de construtor, quais sejam: o Esquadro, o Compasso, o Nível, o Prumo, a Régua, o Malho e o Cinzel, utensílios fundamentais ao Maçom para lavrar, esquadrejar, medir e polir a Pedra Bruta com a finalidade de transformá-la em Pedra Polida ou Cúbica, ou aprender essa "arte", regrada por esses símbolos de exatidão, sempre, guiando seus pensamentos e suas ações

---

[3] PIKE, Albert. *Morals and Dogma, of the AASR*, Charleston, 1871, p. 83.

nesse rigor, até mesmo na concepção de persistir na edificação, a fim de descobertas privilegiadas, existentes dentro de sua morada.

Evidencia-se, pois, na ajuda ao neófito ou na sua mudança das trevas para a luz.

No Grau de Companheiro, tendo sua habilidade mais e melhor desenvolvida, o Maçom, além de aprender a utilizar novos instrumentos, é despertado para os cinco estágios da inteligência. Obtém a assertiva de que tudo se move, tudo trabalha, tudo caminha e tudo evolui. É ativado para os altos conhecimentos e estimulado a pensar sobre a existência de uma luz invisível, fonte de forças e energias desconhecidas, a luz secreta que ilumina todo homem vindo a este mundo, e que é representada pela estrela de cinco pontas, símbolo do homem irradiante de luz misteriosa e representada no maravilhoso emblema da estrela "flamígera".

Em síntese, é o grau considerado da educação e da ciência, pois lhe é apresentada a sinopse do aperfeiçoamento do coração pela prática da moral, das virtudes e das ciências.

O Grau de Mestre é o ápice em termos simbólicos e possibilita o crescimento em busca da perfeição, que é estimulado pelo constante aprimoramento, e, que permite oferecer os meios adequados para superar as mais diversas vicissitudes da vida.

Nesse final de caminhada, compreendida só para os Graus Simbólicos, o Maçom vê o sepultamento do corpo e, por ilação, as faculdades do espírito começam as buscas. Do corpo são eliminadas as tentações e, em contrapartida, se exalta a Luz Interior escondida, de forma que, na construção intelectual já sabe aplicar o equilíbrio entre os ensinamentos da razão com os devotamentos do coração, como, também, começa a dar o bom exemplo.

Assim, esse sistema velado por alegorias e ilustrado por símbolos não deixa cessar o progresso moral e intelectual.

Veja-se que para conhecer o significado de um símbolo é necessário compreender que a informação não é a imagem em si, mas a ligação entre o símbolo e nossa mente, a ponto de se sentir ligado a ele. Dessa maneira, o entendimento somente ocorrerá quando sobre ele se exercer o domínio em sua totalidade.

É bom trazer à lume a seguinte observação:

Saber não é conhecer. O saber é o instrumento que nos leva ao conhecer das coisas. A fé é apenas o saber que se aceitou sem conhecer. Os símbolos são instrumentos que resumem o saber e facilitam o acesso ao conhecer. Do saber ao conhecer se chega pela razão.[4]

Logo, o processo iniciático, ou melhor, o aprendizado é essencialmente individual, que conduz ao conhecimento e ao aperfeiçoamento espiritual e, por via dele, ao aperfeiçoamento moral e social. Assim, cada um estará no seu estágio de aperfeiçoamento e seguirá no seu ritmo.

Depois de levar a efeito os três graus iniciais, há a opção de se trabalhar nos Altos Graus – os Graus Superiores[5] – os Graus Filosóficos[6] – que possuem, por óbvio, caráter filosófico.

As Oficinas Litúrgicas dos Graus Superiores ou Filosóficos não possuem outro objetivo senão o estímulo aos estudos, a fim de compreender, especificamente, a filosofia e o conteúdo hermético dos próprios Graus. Naturalmente, contribuem na formação de seus Membros com os ensinamentos formulados pelos Rituais e, inclusive, através dos guias que surgem com as suas predicações, ampliando, por certo, ao todo, a compreensão do Criador e da realidade, e, assim, a mente passa, em evolução gradual, a realizar conceitos e obter conclusões que são, por consequência, os degraus do conhecimento a serem conquistados.

O conhecimento adquirido, à proporção da elevação a cada degrau, dos Graus Maçônicos, levará o iniciado a transformar-se em homem consciente, disciplinado, equilibrado, com uma alma sublime, homem bom, exemplar, enfim cumpridor de seus deveres.

Os Graus Filosóficos ou Superiores, pois, têm o desígnio de resgatar informações de seus seguidores, além das próprias aparências, escondidas na intimidade da natureza do homem, cujo intento e exercício poderá servir para ajudá-los a descobrir a sua iluminação interior e beneficiar, por consequência, as pessoas de suas relações familiares, profissionais e dos demais setores sociais.

---

[4] PETERS, Ambrósio, *Maçonaria: História e Filosofia*, editado pela APLM e GOE, Paraná, 1999.

[5] Decreto n.º 711, de 18.9.2008, "Estatuto do Supremo Conselho do Brasil", artigo 58.

[6] Constituição do ECMA, junho / 2000, artigo 2.º.

CAPÍTULO IV

Título I – Mestre Secreto

O Grau de Mestre Secreto inicia com um curso autodidata que tem diretrizes e um programa ou plano perfeito de formação superior, com duração equivalente a dez anos.

O referido programa de instrução é dividido em estágios. Cada uma dessas sucessivas fases é desenvolvida em Câmaras próprias, com os seus respectivos graus. São elas: Lojas de Perfeição do 4.º ao 14.º grau. Capítulos do 15.º ao 18.º grau. Conselhos de Kadosch do 19.º ao 30.º grau. Consistório ou Congregação Patriarcal do 31.º ao 32.º grau. Supremo Conselho ou Soberana Congregação Patriarcal o 33.º grau.[7]

A Loja de Perfeição, por sua vez, tem por objetivo o estudo e a prática dos ensinamentos dos Graus 4.º a 14.º, que se constituem nas correntes bíblicas de aprendizado que devem ser seguidas até as suas nascentes, nas fontes que brotam do passado remoto; lá se pode encontrar a origem e o seu significado.

Aprender, apropriar-se do conhecimento, ter uma eficiente sabedoria, é uma necessidade para toda alma verdadeiramente sublime; ensinar ou transmitir experiências, compartilhar essa sabedoria com os outros é igualmente um impulso de uma criatura nobre e o trabalho mais valioso do ser humano.

A Loja de Perfeição, através da cultura adquirida pela leitura, tem por fim o aperfeiçoamento, não só a desenvolver a capacidade intelectual, mas, também, os trabalhos para aumentar as faculdades do Templo Espiritual.

Os citados Graus, sobre os quais está sendo gerado o presente trabalho, tem seus elementos doutrinários, tal como referido antes, apoiados nos Textos Bíblicos de Construção e "hiramitas" ou "adonhiramitas", e são desenvolvidas as sessões ritualísticas, na Câmara respectiva, inicial-

---

[7] Id. Ibid. 5 e 6 – artigos 44 e 24, respectivamente.

mente sob o simbolismo da reconstrução do psique despedaçado do homem, através da alegoria e de rituais fortemente ligados ao padecimento, ao funeral, à redenção e à evolução de Hiram ou Adonhiram, e, depois, se acompanha a procura e a punição dos assassinos.

Relativamente ao grau de Mestre Secreto, examinando-se o seu estágio de forma figurada, mesmo considerando possuir já determinado tempo de estudo, o Mestre Maçom, simbolicamente, ainda prossegue em seu caminho um tanto perdido, viajando na escravidão mental, como também não chegou na completa ligação com o íntimo.

Para esse efeito, lembre-se que a idade do Aprendiz é de três anos; a do Companheiro é de cinco; e a do Mestre é sete anos.

Se direcionada a atenção sob o aspecto sagrado, verifica-se que o número sete inúmeras vezes é repetido no Livro de Apocalipse, de São João, no qual são citados selos, anjos, trombetas, candeeiros, igrejas, estrelas, pragas. O Mestre Maçom, embora os seus sete anos de aplicação de espírito, para aprender, e tido como tempo necessário para a compreensão da verdade, ascendeu a esses degraus mas não alcançou, como referido, o interior de sua intimidade. Extrai-se desse princípio que, quando estiver ele cônscio da eternidade, depara-se, daí, com o centro do seu Templo. Portanto, deve continuar se dedicando à **construção** do íntimo de sua alma, num processo contínuo, para "vencer as paixões e submeter as vontades", e, assim, descobrir a faculdade da percepção, enfim, a elucidação. Leia-se na Bíblia Sagrada, no Livro I Reis, 8:13 a 20.

13. Certamente te edifiquei uma casa para morada, assento para a tua eterna habitação.

14. Então o rei virou o rosto, e abençoou toda a congregação de Israel; e toda a congregação ficou em pé.

15. E disse Salomão: Bendito seja o Senhor, Deus de Israel, que falou pela sua boca a Davi, meu pai, e pela sua mão cumpriu a palavra que disse:

16. Desde o dia em que eu tirei do Egito o meu povo Israel, não escolhi cidade alguma de todas as tribos de Israel para se edificar ali uma casa em que estivesse o meu nome; porém escolhi a Davi, para que presidisse sobre o meu povo Israel.

17. Ora, Davi, meu pai, propusera em seu coração edificar uma casa ao nome do Senhor, Deus de Israel.

18. Mas o Senhor disse a Davi, meu pai: Quanto ao teres proposto no teu coração o edificar casa ao meu nome, bem fizeste em o propor no teu coração.
19. Todavia, tu não edificarás a casa; porém teu filho, que sair de teus lombos, esse edificará a casa ao meu nome.
20. E o Senhor cumpriu a palavra que falou; porque me levantei em lugar de Davi, meu pai, e me assentei no trono de Israel, como falou o Senhor, e edifiquei uma casa, ao nome do Senhor, Deus de Israel.[8]

Na hipótese, a construção do templo interior individual deve iniciar pelos alicerces, escolhendo-se as boas maneiras, com o desígnio e inclinação para a prática do bem, utilizando-se os instrumentos adequados, a fim de uma edificação aprumada, correta e de alta qualidade.

Nestes termos, o primeiro passo deve ser em direção ao santuário interior, o coração do Templo. Esse é o caminho que leva à verdade.

---

[8] A Bíblia Sagrada, Antigo e Novo Testamento, traduzida em português por João Ferreira de Almeida, Edição revista e atualizada no Brasil, Sociedade Bíblica do Brasil, RJ.

Título II – Rito Escocês Antigo e Aceito

A liturgia do Grau de Mestre Secreto, por ser o inaugural, é de grandes dimensões e contempla vários assuntos relevantes e autoexplicativos, no entanto sob uma formatação sumária, e, tendo a faculdade dessa concisão, pode-se praticar o realce de outras expressões verbais que se afiguram de maior interesse e importância, pronunciadas no decorrer das práticas consagradas no cerimonial.

Atente-se às enunciações dos títulos subordinados ao assunto mencionado no parágrafo anterior.

I – *Devidamente cobertos e em segurança*

O que representa tal ficção?

O fato de fazer uma verificação no exterior do Templo é simbólico apenas, ou seja, não se trata somente de ver se a porta está fechada.

Também não significa só guardar ou proteger a Loja de Perfeição e verificar se há pessoas do mundo externo ou profano.

Além de outras interpretações, sob o processo mental voltado à fé, pode-se pensar que a Loja está coberta com o manto sagrado do GADU, em toda sua extensão, protegendo-a dos maus fluidos ou de tudo o que há de ruim. Representa, assim, que cada Obreiro está protegido das influências profanas, a fim de evitar que energias sentimentais e mentais indesejáveis encontrem guarida em seus corpos.

Portanto, a Loja está composta de pensamentos positivos e, por dedução, a evolução individual já passou pelo físico, pelo mental e se encontra no espiritual, com vistas ao melhor desenvolvimento dos trabalhos.

II – O Mestre Secreto foi *recebido debaixo do loureiro e da oliveira*

Não estaria debaixo de duas árvores ao mesmo tempo, obviamente. Significa, sim, que foi laureado com a distinção em coroa de folhas verdes de louro e oliveira, um ornamento que simboliza a vitória, uma conquista. Em outras palavras, oferece uma imitação da coroa usada por aqueles que obtiveram êxito, em alto grau, no seu campo de ação.

Na antiguidade era um ornamento usado até mesmo como joia real. Entre os diversos ramos, incluindo os de carvalho e de oliveira, a mais famosa era a coroa de folhas de louro.

A origem do uso da coroa de louros está no mito de *Dafne*, uma ninfa que se transmutara em um pé de louro para fugir de Apolo.[9]

Apolo e seu loureiro *Dafne* estarão juntos para sempre. Amar é tão nobilitante que mesmo quando não correspondido o amor é louvável. Por isso, Apolo, o Deus da luz, fez com as folhas uma coroa, consagrou os louros à vitória, coroando-se pela glória de ter amado, com a qual passou a ser representado.

Portanto, o loureiro simboliza o dever do triunfo por ter ele as folhas verdes e imperecíveis, razão por que representa a imortalidade da natureza.

Por outro lado, a Sagrada Escritura, sobre a oliveira, ensina que:

A oliveira aparece como esperança ou o prenúncio de vida: *Esperou ainda outros sete dias, e tornou a soltar a pomba fora da Arca. À tardinha a pomba voltou para ele, e eis no seu bico uma folha verde de oliveira; assim soube Noé que as águas tinham minguado de sobre a terra* (Gênesis 8:10-11); prosperidade: *terra de trigo e cevada; de vides, figueiras e romeiras; terra de oliveiras, de azeite e de mel* (Deuteronômio 8:8); símbolo de templos e a memória do Senhor: *Denominou-te o Senhor oliveira verde, formosa por seus deliciosos frutos; mas agora, à voz dum grande tumulto, acendeu fogo nela, e se quebraram os seus ramos* (Jeremias 11:16). É de significação análoga ao relato evangélico de que tinha esse nome o monte ao oriente de Jerusalém, aparentemente preferido por Jesus Cristo para fazer suas orações, instruir seus discípulos e transmitir suas mensagens ao mundo: *Quando se aproximaram de Jerusalém, e chegaram a Betfagé,*

---

[9] Ovídio – em *Metamorfoses*.

ao Monte das Oliveiras (...) Ao entrar ele em Jerusalém, agitou-se a cidade toda e perguntava: Quem é este? (Mateus 21:1:10). E estando ele sentado no Monte das Oliveiras, chegaram-se a ele os seus discípulos em particular dizendo: Declara-nos quando serão essas coisas, e que sinal haverá da tua vinda e do fim do mundo (Mateus 24:3 e seguintes).[10]

Em síntese, a oliveira manifesta-se como esperança ou o prenúncio de vida, prosperidade, aproveitada para construção de templos em memória do Senhor, e a sua sombra, o lugar de orações e de instrução pela transmissão de sua mensagem, e, em especial, a oliveira será, sempre, o símbolo da paz.

Em sentido intrínseco, o loureiro e a oliveira, por sua natureza, simbolizam a consagração e a glória aos que triunfam sobre as próprias paixões, cavam masmorras aos vícios e edificam templos às virtudes, o que conduz à paz interior e ao conhecimento, abertos com a Chave de Marfim, eixo e o proveito da Iniciação.

Por outras palavras, representam sinal de reconhecimento em razão da vitória, do triunfo, da paz e da esperança, porque, além de personificar um dos escolhidos, e nele residir a glória do aprendizado, conduz o aspirante a atingir mais conhecimento e avançar no aperfeiçoamento em si mesmo.

É a consagração do "herói" com uma coroa feita de ramos de loureiro e oliveira, representando não apenas a conquista da glória na aparência material, mas principalmente a glória dos planos da consciência. Esta é a alegoria.

III – Para um melhor efeito de seu trabalho, *Adonhiram recebeu lições de discrição e fidelidade*

a) **Discrição** – É a qualidade de quem sabe guardar segredo, prudência, reserva.

A Maçonaria exige reserva de seus seguidores quanto aos seus trabalhos, cultiva e difunde a virtude da discrição, que é o método de domínio da vontade e do saber de ficar calado.

---

[10] Loc. cit. 8.

A recomendação de nunca comentar ou revelar os segredos é mais veemente para com aqueles que mal podem interpretá-los, ou os interpretam de forma equivocada.

b) **Fidelidade** – Ela é posta à prova constantemente, porque o dever é de ser fiel no sentido de não trair e, de alguma forma, retribuir a confiança depositada; fidelidade às ideias anunciadas, fidelidade com os amigos, fidelidade às obrigações contraídas, a fidelidade de nada revelar, senão a um bom, fiel, legítimo e regular irmão.

Com certeza! Aquele que é de palavra é sempre reconhecido e lhe é atribuída inteira confiança, porque se sabe, de antemão, que cumpre suas promessas e, por isso mesmo, desfruta do conceito habitual de caráter íntegro e da estima de todos.

Lembre-se, também, que é uma exigência ser fiel com os princípios, ideias e anseios, metas, objetivos e propósitos e, assim, a paz reina na consciência e, o que é mais importante, predominam os momentos de felicidade.

Ademais, de nada vale o conhecimento senão quando intimamente ligado ao espírito e exteriorizado na forma de atitudes dirigidas pela virtude.

III A – Não obstante, além desses dois estados de espírito para a prática do bem, na passagem sucessiva da liturgia há a citação de moderada quantidade de outras virtudes,
entre as quais se podem destacar:

a) **Sigilo** – O 23.º Landmark, da compilação de **Mackey**, *prescreve a conservação secreta dos conhecimentos havidos pela Iniciação, tanto os métodos de trabalho como suas lendas e tradições, que só devem ser comunicados a outros IIr.*[11], refere-se, pois, ao sigilo dos mistérios e práticas maçônicas.

Os Regulamentos da Ordem consideram infrações graves revelar segredos da Ordem (sinais, toques e palavras), a quem estiver impedido

---

[11] Aslan, Nicola. *Landmarques e Outros Problemas Maçônicos*. Ed. Aurora, 2011.

de recebê-los, bem como violar juramento prestado, traindo os princípios, dogmas e credos da Ordem.

Também se inclui nos impeditivos à revelação de assuntos confidenciais ou que causam mal, razão pela qual quanto menos se revela a situação em particular e, na hipótese, sobre a maçonaria em geral, melhor será o modo de ver externo, de ambos.

Ao mesmo tempo, desde o grau de Aprendiz, quando se encerra qualquer Sessão, jura-se sigilo sobre tudo quanto se passou, e isso significa que não se podem revelar as formas de reconhecimento e muito menos os métodos de trabalho.

Aliás, o sigilo simboliza o sinal do Mestre Secreto e, sem dúvida, o seu significado está ligado ao sinal. Por quê? Porque é através do silêncio que o Iniciado exerce um domínio total sobre as palavras e, dessa forma, pode ele dedicar-se à meditação e à reflexão silenciosa, que lhe abrem as portas do seu progresso.

b) **Silencioso** – É situação de sossego, calma, paz. Voltado para si mesmo, calado, em posição de reflexão e recepção, o Maçom está atento a tudo o que ocorre nas proximidades. Ver, ouvir, receber, refletir e calar são as qualidades que distinguem o homem silencioso do homem vulgar. Não falar, portanto, não é sinônimo de não saber, não significa não ter nada a dizer, mas, sim, implica o mais profundo propósito de realmente aprender, para, no momento oportuno, com propriedade, maturidade e segurança, transmitir o conteúdo aglomerado que seu conhecimento lhe emprestará.

O calar é positivo porque, como é o adágio: "Aquele que sabe não fala e aquele que fala não sabe nada". Quem não domina sua língua não pode dominar a si mesmo.

A disciplina do silêncio se apresenta como um dos ensinamentos fundamentais. É centrada na necessidade de interiorização e maturação da alma na busca da verdade, de maneira que trabalha a favor da aproximação do "Eu sou", dando a oportunidade de se realizar uma interação profunda e evoluir. Possibilita, pois, o crescimento das ideias através da reflexão, e juntar todas as informações que os sentidos podem captar, sejam estranhas ou diferentes das que já se conhecia, torna possível tirar conclusões para visões mais elevadas de compreensão. Esta é uma das preocupações mais conscientes.

Observadas as qualidades do sigilo, do silêncio, da discrição e da fidelidade, por certo, o Maçom terá uma maior aproximação da sabedoria. Mantendo-se, portanto, em leve censura, olhando e ouvindo, ativa a inteligência e, por consequência, a serenidade de ânimo orientará suas palavras e ações.

De nada vale o conhecimento, no entanto, senão quando intimamente ligado ao espírito e exteriorizado na forma de atitudes dirigidas pela virtude.

c) **Igualdade** – É a uniformidade. É a relação entre as pessoas em virtude da qual todos têm os mesmos direitos fundamentais que provêm da humanidade e definem a dignidade humana.

d) **Liberdade de pensamento** – É o direito ou a faculdade de cada um se decidir ou agir segundo a própria determinação e, em especial, externar as opiniões ou crenças, desde que não esteja proibido por lei.

Evidentemente, à medida que o sujeito é livre e capaz de pensar, tem iniciativa, realiza seus sonhos e avança no aperfeiçoamento; aliás, é a razão do nome, cognome ou a atribuição do apelido ao Maçom de ser um "**pedreiro livre**". Num determinado grau, é o símbolo da passagem da escravidão para a independência.

e) **Inteligência** – É a faculdade de aprender ou compreender o que chega ao nosso conhecimento, ou a capacidade de entender ou interpretar o que nos é ministrado com perspicácia.

f) **Ciência** – É o saber que se adquire pela leitura e meditação, ou o conjunto organizado de conhecimentos relativos ao objeto que alguém se propõe a adquirir, no caso especialmente na Maçonaria, aqueles obtidos mediante a observação e a experiência dos fatos, através de um método próprio.

g) **Obediência** – Primeiramente, obedecer "aos nobres ditames da vossa consciência". Consiste, também, em obedecer, espontaneamente, sem submissão constrangedora, mas por fraternidade e amor. A obediência ao que é sublime e a obediência hierárquica, a obediência aos mestres, consoante a razão. O exemplo maior é a obediência do Mestre de Cerimônia ao TVP. Por fim, a obediência à lei é um dever do Maçom, constituído de usos e costumes.

h) **Sinceridade** – Confunde-se com pureza. Deve-se expressar ideias sem malícia, sem artifícios, sem dissimulação e sem intenção de enganar. A sinceridade é um dos componentes para a busca da verdade. As duas outras são a coragem e a perseverança.

i) **Assiduidade** – É a qualidade daquele que comparece com regularidade e pontualidade ao número de sessões aos graus que lhe permitem sua presença, ou seja, com a frequência exigida pela Lei Maçônica, e daí, então, desempenhar seus deveres ou funções com dedicação, sendo, portanto, para isso, aplicado e diligente.

j) **Dever** – Como diz o Ritual, é a fonte de todas as energias e a única arma cuja têmpera não falha. O dever do triunfo sobre as próprias paixões. O dever da obediência à lei, "Lei da Razão e da Natureza", que não pode ser ab-rogada ou diminuída, sempre foi única e interminável. O dever da investigação constante da verdade. O dever de estudar os ensinamentos da Maçonaria. "(...) o homem tanto mais sábio tem o dever maior de aprender, aprender para saber e saber para ensinar".[12]

III B – *Conclusão*

Por fim, é de bom alvitre repetir que

(...) o Mestre Secreto aceita a **obediência** *do* **sigilo** *e da* **fidelidade** *e a obrigação de proceder de forma* **discreta** *e* **silenciosa**. *(...) a Maçonaria consagra o máximo respeito à* **razão** *de livremente* **obedecer** *aos nobres ditames da vossa consciência. (...) A* **sinceridade** *é a Lei única, suprema e universal dos Maçons*.[13]

Diante de tais considerações, não se precisa empregar muito esforço para inferir serem as proposições elementares que descrevem o requinte da conduta de qualquer pessoa. São as virtudes que engrandecem o homem habituado a praticá-las. De maneira que o Mestre Secreto reconhece o dever de:

Agir em todo o tempo sob **obediência** espontânea, sem ser um feito sob submissão constrangedora, e, sim, ao natural, por um afetuoso ges-

---

[12] Ritual do 2.º Grau – *Companheiro-Maçom* – Adonhiramita, GOB, 2009.
[13] Ritual do 4.º Grau – *Mestre Secreto* – RJ, 2010, SCB do G33, REAA.

to ao que é sublime, observando o dever ético que impede a revelação de assuntos de caráter confidencial ou **sigiloso**. Ao mesmo tempo, o Mestre Secreto tem que tornar efetiva a **fidelidade** aos princípios, objetivos e propósitos a ele transmitidos, com a qualidade de quem sabe guardar segredo, isto é, sempre sendo prudente, reservado e com **discrição**, centrado na necessidade de interiorização e maturação da alma, numa interação profunda e que favorece a evolução, e, sobretudo, estabelecendo relações lógicas de **raciocínio**, bem como a absoluta **sinceridade** nas expressões, sem malícia, sem artifícios, sem dissimulação e sem a intenção de enganar.

Verdade (32, 34 e 44) **Caridade** (33) **Prudência** (34) **Tolerância** (34) e **Razão** (35) serão estudadas em outro capítulo, adiante.

IV – *Somos iguais a todos dentro da Maçonaria*

Somos iguais perante o Criador. Temos em comum a Instituição a que pertencemos.
O 22.º LANDMARQUE assim dispõe:

22.º – Todos os Maçons são absolutamente iguais dentro da Loja, sem distinções de prerrogativas profanas, de privilégios que a sociedade confere. A Maçonaria a todos nivela nas reuniões maçônicas.[14]

Sob este aspecto podem-se fazer as seguintes alusões:
Em Sessão, estamos em lugar comum: aspiramos o mesmo perfume; propomo-nos a dar e colher os bons fluidos dos Irmãos; formamos e partilhamos da mesma "Egrégora"; desfrutamos do mesmo poder da "Cadeia de União" ou Corrente Fraternal.
A igualdade em certos aspectos não é real. Veja-se: Deus nos deu a vida. Uns nascem sãos e outros nascem doentes. Uns são inteligentes e outros são imbecis ou idiotas. Uns nascem em berço de ouro e outros nascem pobres. Uns são criativos e os demais esperam a realização das criações. Uns procuram realizar seus ideais e outros apenas ficam no sonho.

---
[14] Loc. cit. 11.

No entanto, todos partilhamos de uma igualdade essencial: as mesmas fragilidades, vulneráveis aos mesmos vícios, e semelhança nos atos que causam prazer, dor ou alegria.

Portanto, "somos iguais a todos" e estamos nesta entidade oculta que resulta da "Força-Pensamento Coletiva". A "EGRÉGORA".

Por essa razão a assertiva:

(...) porque ricos ou pobres, sábios ou não, todos são amigos e amados Irmãos.[15]

Conceber na imaginação essa proteção como um filtro seletivo, permitindo que energias astrais e mentais benéficas, originadas dos Iniciados, irradiem-se em forças criativas, construtivas e poderosas, estimulando todos para sentimentos e pensamentos sublimes, e, por certo, se formará uma enorme ação fraterna para os objetivos desejados.

V – O aspirante pela "luz", *tendo visto o túmulo de Hiram, deseja ser recebido entre os Mestres Secretos*

Viu ele no percurso de sua viagem, pois, que tudo é passageiro, e que o corpo físico é apenas o lugar ou a casa individual desse período de existência.

Ao mesmo tempo, a sucessão dos dias transcorridos nos quais adquiriu maior grau, possibilitou-lhe examinar as suas três dimensões do túmulo que possuía: três pés de largura; cinco de profundidade; e sete de comprimento, e já o viu porque ele representa a Maçonaria Simbólica integralmente, ou seja, os três degraus do Aprendiz; os cinco do Companheiro e os sete de Mestre.

Na Bíblia Sagrada encontra-se o seguinte:

Eu sou a ressurreição e a vida; quem crê em mim, ainda que morra, viverá.[16]
(João 11;25)

---

[15] Ritual do 4.º Grau – *Mestre Secreto* – ECMA – julho / 2009.
[16] Loc. cit. 8.

Com base nessa pregação, o Mestre Secreto deve procurar desenvolver o seu espírito, que existe dentro dele, tornando a condição das leis corpóreas, da natureza, dignas de aceitação, e ele, por sua vez, ressurge mais delicado, tolerante e flexível. Lembra, também, que cada iniciação morreu da circunstância anterior, de modo que iniciou uma forma de viver em um nível mais elevado. De qualquer maneira, é a habilitação para aceitar a morte como algo natural e deduzir desta experiência a importância de aprender a morrer bem para viver sempre melhor.

Compreende-se, daí, que o verdadeiro sentido da existência é pela noção do espírito, que é uma manifestação do ser que procede de dentro para fora. Por consequência, percebe-se que cada indivíduo é o resultado de sua própria criação, ou melhor, é o resultado da criação de si mesmo. Mas, não é só: há que considerar que para descobrir a noção do espírito, o único caminho seguro consiste em indagar a consciência, que, em verdade, o espírito só será encontrado no fundo dessa autoconsciência.

VI – *Os combates devem ser dirigidos pela verdade, pela ciência e pela prudente tolerância*

Consta dos postulados universais e princípios gerais da Maçonaria a recomendação de combater o recurso à força e à violência para a consecução de quaisquer objetivos.

Na liturgia de seus sucessivos estágios de evolução, a Maçonaria indica o combate tanto a costumes vários, quanto a condutas censuráveis, tais como: a ignorância, a superstição, a tirania, o orgulho, a ambição, o ódio, o egoísmo, o fanatismo e as paixões que acarretam o obscurantismo, bem como a discórdia, a dominação e os privilégios.

Na hipótese, no entanto, ressalta que foi ela criada para preparar a libertação do espírito humano, dentro da precisa disciplina, porque não será obtida à custa de ataques irrefletidos.

Em outras palavras, a Maçonaria não estabelece limites à livre e constante investigação da Verdade para garantir a absoluta liberdade de consciência. Exige, sim, tolerância para com toda e qualquer forma de manifestação de consciência, de religião ou de filosofia, cujos objetivos sejam os de conquistar a Verdade, a Moral, a Paz e o Bem-Estar Social.

A verdade, pois, para o Maçom deve ser o ritual constante no sagrado espaço da causa humana, e esse dever pressupõe querer o proveito dela, procurando, sempre, obter a sua mais exata compreensão.

A tolerância, por sua vez, é a consciência clara de que a única coisa que nos pertence é o livre-arbítrio, acompanhado de uma firme resolução de bem utilizá-lo, admitindo e respeitando opiniões contrárias.

VII – *Os trabalhos são assíduos, tenazes como o trabalho do solitário que pesquisa seus próprios pensamentos*

A assiduidade nas Oficinas Litúrgicas é um dos atributos de maior importância para o Maçom, seja para sua disponibilidade na ocupação de cargo, porventura vago, seja para participar dos augustos trabalhos a fim de desenvolver a consciência de si mesmo e elevar o caráter.

A constância no trabalho, refletida no estudo, enriquece gradativamente e amplia a compreensão da realidade e a capacidade de ouvir, pensar e aprender.

Quando toma consciência da própria habilidade de estudar seus próprios pensamentos, torna-se evidente ao Mestre Secreto que é capaz de dirigir seu curso, no seguimento da melhoria do conhecimento e de sua força de argumentação. O processo de construção do conhecimento, que também envolve a investigação, análise, discussão, formação e reflexão de ideias, dará os elementos necessários para o aperfeiçoamento.

VIII – *É preciso libertar o espírito. Compreendeis?*

O Espiritismo ensina que o AMOR é a Essência Divina, que cresce com a Moralidade e a Inteligência. Instrui, ainda, que, para ir em direção a Deus é preciso vencer os Instintos em favor dos Sentimentos.

As religiões, sem dúvida, são os caminhos mais eficientes que levam à Espiritualidade. Mas a Maçonaria ensina o Maçom a libertar o espírito da matéria pelos hábitos constantes que levam o homem para o bem; por consequência, gradativamente, domina as paixões, elimina os vícios, tem melhor discernimento e segue aperfeiçoando o espírito.

Em outras palavras, pode-se dizer que *levantar templos à virtude e cavar masmorras ao vício*,[17] de forma disciplinada, faz que tal hábito se fixe no subconsciente e, assim, as entradas de energia, os CHAKRAS, se abrem cada vez mais, ficando expostos e sincronizados com as energias sobrenaturais.

Importa fazer menção, também, que a lei do amor, quase sempre, modifica a personalidade, extinguindo os defeitos, evidentemente, pela aliança com os sentimentos bons. Feliz aquele que ama com intensidade, porque não conhece as indecisões da alma e a fraqueza do espírito.

É sob o propósito do amor que o Espírito deve ser cultivado, unindo todas as criaturas, e o seu efeito será em suaves prazeres dessa entidade, que pertence a uma ordem ligada à ação da graça divina, prelúdio do paraíso.

Logo, libertar o espírito significa o percurso do caminho para o aperfeiçoamento que nos levará ao encontro com Deus.

É preciso libertar o espírito:
Para prestar atenção na sua Voz e ter Paz interior.
Para raciocinar sobre tudo e questionar tudo.
Para aprender com o erro.
Para viver na consciência.

IX – O candidato é *um Mestre que busca a Palavra Perdida*

Segundo a história da humanidade, somente o povo israelita esteve vinculado à grafia original do nome de Deus, em hebraico YHVH. No entanto, para a súplica em oração a Ele, aparecem as conhecidas palavras, em latim *Deus* e em inglês *God*, bem como outras locuções, tais

---
[17] Rituais do 1.º Grau – *Introdução ou Telhamento de Visitantes* – 2009.

como: *Pai, Senhor, Yahweh, Todo-Poderoso, Misericordioso, Supremo, Adonai,* tendo, com efeito, uma descrição com um vocábulo híbrido relativamente ao primitivo, conforme consta no Livro do Êxodo 6:2: *Falou mais Deus a Moisés, e disse-lhe: Eu sou Yahweh.*[18]

Como se pode deduzir, a grafia YHVH provém de milênios antes do advento do Cristianismo – e cuja pronúncia está irremediavelmente perdida.

Veja-se a seguinte transcrição, que parece refletir uma aproximação da realidade.

> *O Tetragrama Sagrado YHVH (*יהוה*, na grafia original, o hebraico), refere-se ao nome do Deus de Israel em forma escrita já transliterada e, pois, latinizada, como de uso corrente na maioria das culturas atuais. A forma da expressão ao declarar o nome de Deus YHVH, ou JHVH na forma latinizada, deixou de ser utilizada há milhares de anos na pronúncia correta do hebraico original (que é declarada como uma língua quase que completamente extinta). As pessoas perderam ao longo das décadas a capacidade de pronunciar de forma satisfatória e correta, pois a língua precisaria se curvar (dobrar) de uma forma em que especialistas no assunto descreveriam hoje em dia como impossível.*
>
> *Originariamente, em aramaico e hebraico era escrito e lido horizontalmente, da direita para esquerda.*[19]
>
> *Estudos revelam que apenas em cópias posteriores da Septuaginta Grega, datadas do final do Século I d.C. em diante, os copistas começaram a substituir o Tetragrama YHWH por Kýrios, que significa Senhor (em letras maiúsculas) e por Theós, que significa Deus. Essa foi a razão de YHWH ter desaparecido graficamente do texto do Novo Testamento em algumas traduções bíblicas.*[20]

Independentemente do vocábulo habitualmente pronunciado para se dirigir ao Criador, é preciso referir que o símbolo da Palavra Perdida é o Verbo, a *Verdade Divina*. A lenda de sua busca é o nosso ideal, cujo objetivo é o **encontro** da **verdade**. A alusão alegórica aos "segredos per-

---

[18] Loc. cit. 8 Êxodo 6:2.
[19] http://pt.wikipedia.org/wiki/Tetragrama_YHVH.
[20] Frédéric, Lenoir – *Comment Jésus est Devenu Dieu* – Livre de Poche – Capítulo 1-6.

didos" é o Nome Inefável do GADU, esquecido ou "tomado em vão" pela humanidade, especialmente a perda do conhecimento e consciência de sua natureza divina.

O verbo preexiste à criação, é a verdade e a luz do ser. É a origem da palavra fecundante, geradora, primeira manifestação divina; é a mesma ideia de um verbo original, de uma vibração inicial.

Situação análoga e exemplo para compreender melhor, nota-se que no romance de Dan Brown, *O Símbolo Perdido*, é revelado que *Mal'akh* é filho de Salomão, que lhe dá a palavra falsa, mas revela a verdadeira *Langdon*. Na verdade, não é uma palavra, mas um símbolo perdido, claro. Visto do alto, o monumento desse símbolo se parece com um círculo com um ponto no meio. Qual o significado de um círculo com um ponto no meio? Segundo o próprio Dan Brown, é um lembrete de um ensinamento escondido a olhos vistos nos livros sagrados. Nós, Maçons, já sabemos que um círculo com um ponto no meio significa a Unidade. Sempre representou o Ser Divino, o Todo.

Prossegue, assim, o Mestre em busca da Palavra Perdida revelada por Deus a Moisés, que a gravou numa medalha ou anel de ouro, depositando-a na Arca da Aliança. Entretanto, segundo a lenda, a Arca da Aliança restou perdida nas batalhas que os israelitas tiveram que combater com os sírios e, posteriormente, com os filisteus e, por fim, os babilônicos. Estes, não tendo conhecimento da extraordinária importância, deixaram sumir a joia com o nome Inefável.

Esse é o motivo, pelo qual a pronúncia está, desastradamente, perdida.

Demonstrado está, pois, que o Verbo é Pensamento interior, e a Palavra é algo exteriorizado, manifestado, e a natureza ou tudo que existe é o símbolo da realidade sobrenatural.

Resta, portanto, o dever da conservação, senão a marca deixada sobre os sentidos, em especial, no pensamento, na inteligência e no coração o verdadeiro conhecimento da Essência e do Poder da Palavra Perdida, e, o que é mais importante, a sua **NATUREZA DIVINA**, e, dessa forma, será conservado na mente o Seu Santo Nome e os preceitos da Sua Sabedoria, o que oferecerá uma perfeita semelhança com aquele que goza o Reino eterno, quem sabe o "Mestre Secreto".

X – *Ide com ele até defronte da Arca da Aliança. O Candelabro de Sete Velas o iluminará*

A iluminação, sem dúvida, serve para a preparação de penetrar em seu mundo interno, dado que ele é a própria Arca da Aliança, para conhecer a si próprio, por meio do conhecimento intelectual.

Não obstante, de acordo com a Bíblia Sagrada, a Arca foi construída para cumprir dois objetivos principais, para colocar no interior dela as duas Tábuas da Lei, a vara de Arão e o vaso de ouro, e para que tomasse posição na parte mais sagrada do Tabernáculo.

Veja-se o constante no Livro de Êxodo 26:30-34; o Livro de Deuteronômio 10:3-5; e O Livro de Hebreus 9:1-4:

Êxodo 26:30-34

30. Então levantarás o tabernáculo conforme o modelo que te foi mostrado no monte. 31. Farás também um véu de azul, púrpura, carmesim, e linho fino torcido; com querubins, obra de artífice, se fará. 32. e o suspenderás sobre quatro colunas de madeira de acácia, cobertas de ouro; seus colchetes serão de ouro, sobre quatro bases de prata. 33. Pendurarás o véu debaixo dos colchetes, e levarás para dentro do véu a arca do testemunho; **este véu vos fará separação entre o lugar santo e o santo dos santos.** *34. Porás o propiciatório sobre a arca do testemunho no santo dos santos.*

Deuteronômio 10:3 a 5

3. Assim, fiz ume arca de madeira de acácia, alisei duas tábuas de pedra, como as primeiras, e subi ao monte com as duas tábuas nas mãos. 4. Então o Senhor escreveu nas tábuas, conforme a primeira escritura, os dez mandamentos, que ele vos falara no monte, do meio do fogo, no dia da assembleia; e o Senhor as deu a mim. 5. Virei-me, pois, desci do monte **e pus as tábuas na arca que fizera**; *e ali estão, como o Senhor me ordenou.*

Hebreus 9:1-4

1 Ora, também o primeiro pacto tinha ordenanças de serviço sagrado, e um santuário terrestre. 2 Pois foi preparada uma tenda, a primeira, na qual estavam o candeeiro, e a mesa, e os pães da proposição; a essa se chama o santo lugar; 3 mas depois do segundo véu estava a tenda que se chama o santo dos santos, 4 que tinha o incensário de ouro, e a arca do pacto, toda coberta de ouro em redor; na *qual estava **um vaso de ouro, que continha o maná, e a vara de Arão, que tinha brotado, e as tábuas do pacto**; (o destaque é nosso)*[21]

X A – A Arca da Aliança

A Arca era uma caixa retangular que media 1,14m de comprimento por 68,58cm de largura e 68,58cm de altura. Feita em madeira de acácia revestida de ouro puro por dentro e por fora, havia uma borda de ouro rodeando sua parte superior, anéis de ouro nos quatro cantos, e bastões de madeira para que fosse carregada (Êxodo 25:10 a 16).[22]

A sua tampa, também feita de ouro puro, era o propiciatório. Em cada extremidade da arca, estavam dois querubins de ouro, um de frente para o outro, com seus olhares dirigidos ao propiciatório. As suas asas se tocavam mutuamente, estendidas para cima.

Ela foi posta no Tabernáculo, espécie de templo móvel, em forma de tenda, carregado pelos israelitas durante suas andanças no deserto, na parte denominada Santo dos Santos, que era uma espécie de cofre, local seguro e sagrado.

Como se viu no Livro de Hebreus 9:1-4, não restam dúvidas de que, naquele tempo, no interior da Arca, além das duas tábuas da lei, foram guardadas a vara de Aarão e um vaso ou pote de maná. Assim, a Arca era tratada como o objeto mais sagrado, e as três coisas mencionadas representavam as expressões e a aliança de Deus com o povo de Israel.

Mas, é preciso estar ciente de que, por um período de tempo, a Arca não tinha um local permanente de repouso. Veja-se que, depois de concluída a principal conquista da terra (1.467 a.C), foi levada para Silo, onde aparentemente permaneceu (com exceção de uma época em que ficou em Betel), até ser capturada pelos filisteus (Josué 18:1; Juízes 20:26-27; 1 Samuel 3:3; e 6:1). Ao voltar para o território israelita, repousou sucessivamente em Bete-Semes e Quiriate-Jearim, fican-

---

[21] Loc. cit. 8.
[22] Ibid. Êxodo 25:10.16.

do neste último lugar por cerca de 70 anos (1 Samuel 6:11-14; 7:1-2; 1 Crônicas 13:5-6).[23]

Finalmente, Davi conseguiu trazer a Arca para Jerusalém, devidamente carregada pelos levitas sobre os seus ombros (1 Crônicas 15:2 e 15), recebida com grande pompa, e ali ela permaneceu numa tenda durante o restante do reinado de Davi (2 Samuel 6:12-19; 11:11), onde Salomão começou a edificar a casa do Senhor (Reis 6:1) e completada (2 Crônicas 5:1-14).[24]

Ao abrir o Livro Sagrado, I REIS, 8-6, lê-se:

E os sacerdotes introduziram a arca do pacto do Senhor no seu lugar, no oráculo da casa, no lugar santíssimo, debaixo das asas dos querubins.[25]

É importante repetir que foram conservadas no seu interior as tábuas dos Dez Mandamentos, a Vara de Arão que floresceu e também brotou amêndoas e o pote de maná repousou, e, assim, era tratada como o objeto mais sagrado, como a própria representação de Deus na Terra.

A Bíblia relata complexos rituais para aproximação à Arca da Aliança, dentro do Tabernáculo.

Exatamente como aquele que somente os sacerdotes levitas poderiam transportar e tocar na Arca da Aliança. Outro, este que apenas o sumo-sacerdote, e ainda assim uma vez por ano, no chamado *Yom Kippur*, ou Dia do Perdão, quando a Luz de *Shekiná* se manifestava, entrava no lugar santíssimo do Templo. Estando ele em pecado, morreria instantaneamente.

Segundo a Bíblia, Luz de *Shekiná* significa que Deus se revelava como uma fumaça e se manifestava com sua presença entre os querubins que tinham asas de anjos, corpo de homem e rosto de bebê. Tocar na Arca da Aliança era um ato tolo, pois quem a tocasse seria morto, razão pela qual existiam varas para seu transporte.

Considerando que a presença divina se revelava e se fazia sentir junto à Arca da Aliança, e, em especial, que ela servia como o elo direto entre Deus e o Sumo Sacerdote, o Maçom, como conselheiro ilustrado, se equiparado àquele, tem a missão de propagar o bem e a sabedoria divi-

---

[23] Id. Josué 18:1; Juízes 20:26.27; I Samuel 3:3; 6:1; I Samuel 6:11.14; 7:1.2.

[24] Id. I Cônicas 15:2 e 15.

[25] Id. II Samuel 6:12-19; 11:11; I Reis 6:1; II Crônicas 5:1-14.

na. Guiado e iluminado pelo divino saber, a sua influência será súbita e hábil, em qualquer circunstância, em defesa dos princípios puros, fazendo valer a verdade e a justiça, baseados na nobreza de seus sentimentos.

O homem de fé serve a Deus.

X B – As Tábuas da Lei

Nas Tábuas de Pedra estava gravado o decálogo, ou seja, os dez mandamentos bíblicos da Lei de Deus, a lei moral (Êxodo, 20-1.17). Aquilo que o Senhor escreveu destinou à guarda no interior da arca.

Resumidamente, assim está previsto nas dez leis:

1 – Amar a Deus sobre todas as coisas.
2 – Não tomar Seu santo nome em vão.
3 – Guardar os domingos e festas.
4 – Honrar pai e mãe.
5 – Não matar.
6 – Não pecar contra a castidade.
7 – Não furtar.
8 – Não levantar falso testemunho.
9 – Não desejar a mulher do próximo.
10 – Não cobiçar as coisas alheias.[26]

Na verdade, no subconsciente estão gravados os três deveres para com Deus, e na consciência objetiva, os outros sete deveres para com o próximo.

X C – A vara de Arão que floresceu

No Livro de Números 17:1-4; e 7-10, lê-se que o Senhor disse a Moisés para que:

---

[26] Id. Êxodo 20:1.17.

> *2 Falasse aos filhos de Israel, e toma deles uma vara para cada casa paterna de todos os seus príncipes, segundo as casas de seus pais, doze varas; e escreve o nome de cada um sobre a sua vara. 3 O nome de Arão escreverás sobre a vara de Levi; porque cada cabeça das casas de seus pais terá uma vara. 4 E as porás na tenda da revelação, perante o testemunho, onde venho a vós.*
> *(...)*
> *7 E Moisés depositou as varas perante o Senhor na tenda do testemunho. 8 Sucedeu, pois, no dia seguinte, que Moisés entrou na tenda do testemunho, e eis que a vara de Arão, pela casa de Levi, brotara, produzira gomos, rebentara em flores e dera amêndoas maduras. 9 Então Moisés trouxe todas as varas de diante do Senhor a todos os filhos de Israel; e eles olharam, e tomaram cada um a sua vara. 10 Então o Senhor disse a Moisés: Torna a pôr a vara de Arão perante o testemunho, para se guardar por sinal contra os filhos rebeldes; para que possas fazer acabar as suas murmurações contra mim, a fim de que não morram.*[27]

A vara de Arão que floresceu é a prova da onipotência Divina em escolher quem é o incluído na condição de discípulo e reflete o reconhecimento de Deus na autoridade propagadora da garantia dos valores morais.

X D – Quanto ao Maná, leia-se no Livro de Números 11:5-9

> *5. Lembramo-nos dos peixes que no Egito comíamos de graça, e dos pepinos, dos melões, dos porros, das cebolas e dos alhos. 6 Mas agora a nossa alma se seca; coisa nenhuma há senão este maná diante dos nossos olhos. 7 E era o maná como a semente do coentro, e a sua aparência como a aparência de bdélio. 8 O povo espalhava-se e o colhia, e, triturando-o em moinhos ou pisando-o num gral, em panelas o cozia, e dele fazia bolos; e o seu sabor era como o sabor de azeite fresco. 9. E, quando o orvalho descia de noite sobre o arraial, sobre ele descia também o maná.*[28]

Sobre a constituição do Maná, as homilias ou pregações sobre o Evangelho, assim como vários escritores Maçônicos, narram que era um ali-

---

[27] Id. Números 17:1.4; 7:10.
[28] Id. Números 11:5.9.

mento produzido milagrosamente e fornecido por Deus ao povo de Israel, liderado por Moisés, quando de sua estada no deserto rumo à terra prometida. De acordo com a Bíblia, pode-se concluir que, após a evaporação do orvalho formado durante a madrugada, aparecia uma coisa miúda, flocosa, como a geada, branca, tal como a descrição bíblica, igual a uma semente de coentro e de aparência com o bdélio, que lembrava pequenas pérolas. Em outras palavras, eram liquens transportados pelos ventos que constituíam um alimento saboroso. Geralmente era moído, cozido e assado, sendo transformado em bolos. Diz-se que seu sabor lembrava bolachas de mel ou bolo doce de azeite.

Acerca do assunto, na Wikipedia consta o seguinte:

*Ao examinar o suposto "maná", em 1927, **Friedrich S. Bobenheimer**, da Universidade Hebraica de Jerusalém, descobriu que piolhos de plantas, cigarras e cochonilhas se alimentam das tamargueiras do deserto do Sinai e excretam o excesso de seus carbo-hidratos na forma de uma substância doce. Essa substância se evapora em partículas que se assemelham à geada. Supõe-se que esse era o "maná" que JOSEFO (um dos historiadores antigos) declarou ser ainda encontrado em sua época no Sinai.*[29]

Desconsiderando a descoberta de Bobenheimer, sob a acepção da Sagrada Escritura, Arão foi instruído a coletar a essência do maná em um pote de ouro e colocá-lo dentro da arca. O melhor do maná posto dentro do pote ou vaso de ouro, que, por sua vez, também o puseram dentro da arca, não apodrecia, revelando que Deus atendeu e sustentou as necessidades físicas e espirituais de seu povo. O maná anunciava a suprema sabedoria com que Deus conduz todas as coisas.

Os Querubins eram criaturas sobrenaturais que, na interpretação tradicional, eram tidos como anjos, vigilantes da entrada da Arca da Aliança.

A Coroa de Ouro, que adorna a Arca, é o símbolo dos pensamentos, aspirações e ideias elevadas.

A presença da Arca da Aliança, em qualquer lugar, servia de ligação entre Deus e os israelitas. O encontro com esse tesouro a fé emanava que exprimia o sentimento da presença divina.

---

[29] http://pt.wikipedia.org/wiki/Man%C3%A1.

O paradeiro da Arca da Aliança é desconhecido desde o ano 586 a.C., quando Nabucodonosor II, da Babilônia, conquistou Jerusalém e destruiu o Templo de Salomão, e, levando a efeito, também, o Santo dos Santos, onde a preciosidade era abrigada.

O Mestre Secreto é conduzido até defronte da Arca da Aliança para abri-la com a Chave de Marfim, mas teme que ela se quebre, devido a sua fragilidade, sendo, portanto, instrumento inadequado à tarefa pretendida, e por isso, necessário fazê-lo com a de ouro, prata e cobre, a fim de verificar o que ela contém.

O conteúdo interno da Arca da Aliança, por um princípio analógico, significa que o Mestre Secreto entra no seu íntimo para conhecer a si, como também aproximar-se do verdadeiro conhecimento de Deus, das Suas leis, dos profundos mistérios do universo moral, traduzidos na sua mente e no seu coração, e do mundo físico.

Assim, por meio do conhecimento intelectual, por sua mente atentando para o bem e por seu coração sediado por sentimentos de amor ao próximo, o Mestre Secreto tem plenas condições de espargir o belo, o útil e o perfeito.

XI – *O Candelabro de Sete Velas o iluminará*

O Candelabro de Sete Velas, ou MENORÁ em hebraico, também foi construído por ordem do Senhor, segundo o que consta nos versículos 29 a 39 do mesmo capítulo 25 do Livro de Êxodo, a seguir transcritos:

> *29 Também farás os seus pratos, as suas colheres, os seus cântaros e as suas tigelas com que serão oferecidas as libações; de ouro puro os farás. 30 E sobre a mesa porás os pães da proposição perante mim para sempre. 31 Também farás um candelabro de ouro puro; de ouro batido se fará o candelabro, tanto o seu pedestal como a sua haste; os seus copos, os seus cálices e as suas corolas formarão com ele uma só peça. 32 E de seus lados sairão seis braços: três de um lado, e três do outro. 33 Em um braço haverá três copos a modo de flores de amêndoa, com cálice e corola; também no outro braço três copos a modo de flores de amêndoa, com cálice e corola; assim se farão os seis braços que saem do candelabro. 34 Mas na haste central haverá*

quatro copos a modo de flores de amêndoa, com os seus cálices e as suas corolas, 35 e um cálice debaixo de dois braços, formando com a haste uma só peça; outro cálice debaixo de dois outros braços, de uma só peça com a haste; e ainda outro cálice debaixo de dois outros braços, de uma só peça com a haste; assim será para os seis braços que saem do candelabro. 36 Os seus cálices e os seus braços formarão uma só peça com a haste; o todo será de obra batida de ouro puro. 37 Também lhe farás sete lâmpadas, as quais se acenderão para alumiar defronte dele. 38 Os seus espevitadores e os seus cinzeiros serão de ouro puro. 39 De um talento de ouro puro se fará o candelabro, com todos estes utensílios.[30]

Como se vê, tem sete braços, três de cada lado e um no centro, e foi assim definido para ser colocado ao lado oposto ao da mesa dos Pães de Proposição, que pretendia iluminar obliquamente, e para tanto as lâmpadas estavam dispostas de maneira a serem vistas ao natural ou sem esforço.

Verdadeiro é, portanto, que o Candelabro de Sete Velas já estava presente entre os hebreus desde a construção do Tabernáculo, quando Moisés conduzia seu povo pelo deserto, fugindo do Egito em direção à Palestina. Aliás, existe uma grande conexão entre o Candelabro e a Arca da Aliança, sendo ele mais uma testemunha da aliança mística existente entre a criatura e o Criador e do homem com o Princípio de Vida.

Nicola Aslan, citando A. Leterre (JSD), Clemente, Bispo de Alexandria, Josefo e Filon, respectivamente, ensina que o Candelabro de Sete Velas tem a seguinte simbologia:

> *(...) os 7 grandes corpos celestes (Sol, Lua, Júpiter, Saturno, Marte, Vênus e Mercúrio) nos quais se distribui a luz incriada e no centro dos quais brilha o Sol, seu principal foco. É o anjo do Sol que, sob a forma de gênio resplandecente de luz, aparece a João e lhe descobre os mistérios que ele deve revelar aos iniciados (...).*
>
> *(...) os 7 planetas. (...) No meio estava a lâmpada do Sol, centralizando os 6 braços, porque este astro colocado no meio do sistema planetário comunica sua luz aos planetas que estão abaixo e acima, segundo as leis de sua ação divina e harmônica (...).*

---

[30] Loc. cit. 8. Êxodo 25:29.39.

Josefo e Filon, dois escritores judaicos, dão a mesma explicação da primeira.[31]

Os referidos sete "planetas" naquele tempo eram conhecidos como: Sol, Lua, Mercúrio, Vênus, Marte, Júpiter e Saturno, os quais, como se percebe, não eram todos planetas, pois nessa relação existe uma estrela, o Sol, e um satélite, a Lua.

Cumpre ressaltar também que o número sete era sagrado para as antigas civilizações, que lhe atribuíam um valor místico. Não era diferente entre os hebreus, como pode ser constatado em muitas passagens bíblicas: sete foram as vacas e as espigas do sonho do faraó (Gênesis, 41:18-20 e 25-27), sete dias dos pães ázimos, sete os dias da consagração dos sacerdotes (Êxodo, 29:2-37), sete os braços do candelabro, sete os planetas da antiguidade e o sábado como o sétimo dia santificado pelo Senhor.[32]

O Candelabro de Sete Velas, luzes, ou fogos, que resplandecem na Arca da Aliança, devem iluminar e fazer brilhar a parte mais íntima da consciência, do coração, da alma, do receptáculo arcano, símbolo do ajuste ou pacto que converte o Mestre Secreto "cumpridor de seus deveres".

---

[31] ASLAN, Nicola. *Instruções para Lojas de Perfeição*, Ed. Maçônica, p. 16.
[32] Loc. cit. 8 Gênesis 41:18.20; Êxodo 29:2.37.

Título III –
Maçonaria Adonhiramita
Mestre Secreto

Em preliminar e de maneira resumida, cumpre registrar que, em 1758, o Rito ou Ordem de Heredon (*Kilwinning*) criou o Conselho dos Imperadores do Oriente e do Ocidente, o qual, na tentativa de encontrar uma solução para a multiplicidade de formas ritualísticas, constituiu comissões, que apresentaram as conclusões que geraram o Rito da Perfeição ou Escocês com 25 Graus, que, em 1801, acrescido de mais 8 Graus, tornou-se o Rito Escocês Antigo e Aceito de 33 Graus. O Rito de Namur não vingou. O Rito Moderno ou Francês é de 7 Graus e o Rito ADONHIRAMITA, com 12 Graus e que mais tarde, com as publicações de Louis Guilleman de San Victor de uma tradução do alemão, dos Cavaleiros Noaquitas, passou a ser o 13.º Grau.

Expandiu-se na Europa essa reforma e através de Portugal a Maçonaria Adonhiramita chega ao Brasil, com a fundação da Loja Comércio e Artes, de forma regular, em 15 de novembro de 1815, que passou a congregar as mais fortes lideranças políticas da época, sob os auspícios do Grande Oriente Lusitano.

Em 1951, o Grande Oriente do Brasil, transformado em Potência Simbólica, deixou os Altos Graus para Obediências dos Ritos. Assim, o Grande Capítulo ADONHIRAMITA organizou os Ritos e a partir de 1953 passou a se denominar Muito Poderoso e Sublime Capítulo dos Cavaleiros NOAQUITAS para o Brasil. Em 1973 resolve-se modificar a estrutura administrativa e da graduação do Rito para 33 Graus, já que ficara sendo apenas no Brasil. E em 2 de junho de 1973 o Sublime Grande Capítulo passou a se chamar EXCELSO CONSELHO DA MAÇO-

NARIA ADONHIRAMITA, que, de acordo com artigo 2.º da Constituição de junho / 2000, adotou a nomenclatura de Graus Filosóficos, para o Rito Adonhiramita.

Assim, para iniciar este título, com base na própria nomenclatura, absorvendo-se em cogitações filosóficas ou sob essa lógica de raciocínio, cabe a indagação mais óbvia:

O que é Maçonaria? Qual o motivo da frequência aos Graus Filosóficos? E, aos de residência de local distante, qual a razão que os movem a se deslocarem até a Oficina Litúrgica?

A fim de responder tais indagações, verifica-se a tese sob os aspectos a seguir:

- **Social**, para fazer amigos e se reunir para jantar e conversar?
- Para conviver com pessoas de mesmo **pensamento e comportamento**?
- **Religiosa**, em busca da espiritualidade?
- **Escolaridade**, na expectativa de um dos Membros apresentar uma instrução?
- Associação de **caridade** para ajuda aos filiados ou à comunidade?
- Para praticar a ritualística?
- Para melhor entender o processo Iniciático?
- Para integrar a uma associação de **negócios** entre seus membros?

Na verdade, a Maçonaria oferece: cultura, instruções, conceitos salutares, bons exemplos; amigos em qualquer parte do mundo; oportunidade para a caridade; enfim, circunstâncias adequadas para apreciar sua importância e usufruir os mesmos princípios de uma religião, a moralidade, o respeito, filantropia, etc.

Assim é o conceito de Maçonaria: *é uma instituição essencialmente iniciática, filosófica, filantrópica, progressista e evolucionista, cujos fins supremos são: Liberdade, Igualdade e Fraternidade. E para atingir esses fins, proclama a prevalência do espírito sobre a matéria e pugna,* entre outras coisas, *pela investigação constante da verdade.*[33]

---

[33] Constituição do Grande Oriente do Brasil, artigo 1.º.

Não é preciso mobilizar forças intelectuais para entender que se deve ser verdadeiro e justo. É sempre importante lembrar que é fácil ser bom, mas difícil é ser justo.

Reunidos, o que somos? Uma associação de homens que se encontram uma ou mais vezes por mês para a prática da ritualística com a qual ou fora dela trocam informações. São pessoas que têm profundo respeito pelo outro, são amáveis e, por isso, todos querem prosseguir nessa convivência.

De qualquer maneira, Maçonaria não é associação de negócios, mas é todas as alternativas antes mencionadas, além de um curso autodidata ou programa ou plano perfeito de formação superior. É o caminho que conduz para a investigação da verdade.

Quem sou eu, de onde vim, para onde vou e qual o meu dever? O que fazer para entender?

Quem sabe! Os ensinamentos da Maçonaria ofereçam uma oportunidade para melhor entender, em especial, os Graus Filosóficos.

Se pareceu que nos Graus Simbólicos o desempenho não atingiu o prometido, as lições de moralidade não eram novas; a instrução científica é apenas rudimentar e os símbolos eram explanados de maneira imperfeita, é bom lembrar que as cerimônias e lições desses Graus Simbólicos eram usadas não para revelar, mas para ocultar, porque o aprendizado era e é restrito a alguns escolhidos. Os Graus Filosóficos dão nova oportunidade.

Lembre-se: *O truque da vida não é saber tudo, mas sim o mistério.*

Quanto à **investigação da verdade**, Joaquim Gervásio de Figueiredo, citando Dr. Oliver, diz que:

> *(...) A Maçonaria tal qual a temos hoje, é a única* **verdadeira relíquia da religião dos patriarcas** *(hebreus)* **antes do Dilúvio**, *ao passo que os antigos Mistérios do Egito e de outros países, que tão estreitamente se as semelhavam a ela, foram apenas corrupções da única e pura tradição (...)*[34]

Não é novidade afirmar que há "Pensamentos Maçônicos" que congregam os diferentes escritores e pensadores, estudiosos e historiadores

---

[34] Figueiredo, Joaquim Gervásio de, *Dicionário de Maçonaria*, de 1998, p. 239.

da Maçonaria, e, por consequência, o universo dos maçons. Sob essa ideia, o mesmo autor do Dicionário afirma:

> (...) As origens da Ordem Maçônica se perdem nas brumas da Antiguidade. Sendo que os escritores maçônicos do século XVIII especularam sua história sem o devido espírito crítico ou científico, baseando seus conceitos em uma crença literal na história e na cronologia do Antigo Testamento, e nas lendas curiosas da Ordem, oriundas dos tempos operativos das antigas observâncias ou Constituições (...).[35]

Em sendo assim, conceitos de versículos e cronologia da Bíblia quem sabe interpretar tem plena condição de escrever sobre Maçonaria.

Adiante, o mesmo autor afirma:

> À medida em que os conhecimentos científicos e históricos progrediram em outros campos de pesquisas, e especialmente na análise crítica da BÍBLIA, os métodos científicos foram gradativamente sendo aplicados ao estudo da Maçonaria.[36]

Quer dizer que o bom e verdadeiro Maçom é um pesquisador ardente em busca do conhecimento, e para tanto precisa ler, estudar, digerir e discernir.

O alto grau de exigência reclama sensibilidade e dedicação, tanto na questão da participação nas reuniões das Oficinas, quanto na atenção para o desenvolvimento das peças de arquitetura, que a progressão exige, sobre as quais, num processo de autoavaliação, há a convicção de plena compreensão de sua filosofia e conteúdo hermético.

Veja-se, em formato resumido, nos títulos correntes, a liturgia que não se inclui no conjunto de expressões inteligíveis de *per si*.

No que diz respeito a: 1) estar em segurança e cobertos, ou na guarda ou proteção da Loja de Perfeição; 2) a recepção debaixo do loureiro e da oliveira; 3) a obediência do sigilo e da fidelidade, a discrição e o silêncio, a razão de livremente obedecer e a sinceridade; 4) a igualdade; 5) ter visto o túmulo de Hiram; 6) os combates devem ser dirigidos pela verdade, pela ciência e pela prudente tolerância; 7) a assiduidade nos

---
[35] Ibid.
[36] Id.

trabalhos; 8) libertação do espírito; 9) a busca da Palavra Perdida; 10) a Arca da Aliança, a Vara de Arão, o Maná e o Candelabro de Sete Velas, são os assuntos já tratados no título II deste capítulo, cumprindo neste investigar as demais matérias de consideração sobre este grau.

I – *Por ter sido conduzido ao inefável considera-se Mestre Secreto.*

Inefável é um termo utilizado para determinar enigma de origem divina ou que ultrapassa os limites da experiência e com atributos de beleza e perfeição tão superiores aos níveis terrenos, que não pode ser expresso por palavras.

Em síntese, inefável é coisa de igual valor ao que causa sensação agradável, indizível, que também pode ser traduzida como inexprimível, indescritível.

Um exemplo simples, para se entender facilmente, se dá com as seguintes palavras:

Um sorriso inefável no rosto da moça, parecia acompanhar um sonho místico pelo espaço.

Na Bíblia Sagrada este termo aparece nos seguintes livros:

I Pedro, 1-8 e 9:
*8 a quem, sem o terdes visto, amais; no qual, sem agora o verdes, mas crendo, exultais com gozo **inefável** e cheio de glória, 9 alcançando o fim da vossa fé, a salvação das vossas almas.*
II Coríntios 9-14 e 15:
*14 enquanto eles, pela oração por vós, demonstram o ardente afeto que vos têm, por causa da superabundante graça de Deus que há em vós, 15 pelo seu dom **inefável**.*[37]

---
[37] Loc. cit. 8 I Pedro 1:8.9; Coríntios 9:14.15.

Num sentido que indica menor grandeza, por exemplo, a Iniciação assinala momentos inefáveis, os quais têm um significado místico, secreto e de esplendor pessoal.

Jorge Adoun, assim escreve sobre o assunto:

> *O Mestre Perdido deve entrar (...) em seu mundo interno, para buscar a LUZ INEFÁVEL, que se encontra na Câmara do Meio ou Centro de seu Ser. Esta Luz é a única que pode orientá-lo na busca da Verdade.*[38]

Rizzardo da Camino assenta:

> *O adjetivo "inefável" apresenta dupla interpretação: encantador, ou seja, uma obra ou uma ação encantadora; e indizível, que não se pode exprimir através de palavras.*
>
> *Loja Inefável passará a ser o receptáculo místico de ações que não podem ser expressas por palavras, mas a linguagem do silêncio perfeitamente serve de comunicação.*
>
> *Linguagem do Silêncio pareceria um contrassenso, pois toda linguagem exprime-se através de sons; há, contudo, sons que existem mas não se ouvem.*
>
> *Como exemplo prático, aludiríamos ao ouvido dos cães e de muitos outros animais, que percebem vibrações mais elevadas que as captadas pelo ouvido humano.*
>
> *A linguagem espiritual é inefável por natureza, contudo ela se comunica com a Divindade.*
>
> *A força de um pensamento emana sons peculiares que o vulgo não percebe, mas cujas vibrações atingem a quem são destinadas.*[39]

Por ilação, os sentimentos são indizíveis, sejam eles de admiração por determinada pessoa ou mesmo religiosos. Há aqueles que são indescritíveis ou inexplicáveis. A saudade, por exemplo, às vezes, é uma dor suave, mas, dependendo da causa, pode até agoniar.

Os ensinamentos maçônicos, por iguais, podem ser entendidos como inefáveis, em razão de que são mantidos na essência do coração e, por-

---

[38] ADOUN, Jorge, *Do Mestre Secreto e Seus Mistérios*, Ed. Pensamento, SP, p. 14.
[39] CAMINO, Rizzardo da, *REAA, do 1.º ao 33.º*, 2.ª ed. p. 102 e 103.

que não há palavras que bastam para conseguir com elas demonstrar o seu verdadeiro significado.

O comentário final sobre o tema, por todo o exposto, é resoluto na concepção de que, quando se participa de Oficina Litúrgica, a intensidade da parte imaterial, individual, deve ser mantida com as mesmas forças daqueles que exercem as ações, o que corresponde ao estado de igualdade e frequência espiritual comum à maior parte ou à totalidade do que significa inefável, para a criação de algo que emana energias, vibrações e forças construtivas e poderosas.

II – *Moabom tem o dever de atingir a perfeição, e ministrar instruções aos Obreiros*

Está na obrigação, em suma, de trabalhar com uma zelosa propensão de intensamente se afeiçoar aos valores que oferecem felicidade, ao natural. Tem, também, o encargo de conseguir a generalidade das qualidades, o que equivale à ausência de quaisquer vícios ou defeitos. No mesmo peso ou força, deve desfrutar o maior grau de bondade ou virtude.

Cumpre-lhe, portanto, persistir por certo tempo no campo evolutivo para tocar o ápice de correção ou o máximo de excelência nesse objetivo.

O desejo intenso de perfeição nada mais é que a conversão em um modelo útil e proveitoso para a família, para a sociedade, à pátria e à humanidade.

III – *(...) a idade (...) é de dez anos (...)*

Tal como está exposto no Título I do Capítulo IV, a idade do Maçom corresponde ao seu grau, e cada grau corresponde a um número. Reitera-se que a idade do Aprendiz é de três anos; a do Companheiro é de cinco; a do Mestre é de sete anos; e a do Mestre Secreto é de dez anos, cuja explicação pertence ao hermetismo (de compreensão obscura).

Neste particular o porquê está contido no próprio ritual: *(...) é a que faz que os oito ângulos e as seis faces da pedra cúbica se elevem ao novenário da pedra cúbica de ponta, cujo centro é o coração (...)*.[40]

No entanto, embora a percepção seja individual, pode-se avançar um pouco mais nessa abstração e imaginar que o Mestre Secreto, em seu estágio, isto é, tendo implementado dez anos de análise de sua parte imaterial, com a finalidade de aprender, teve progresso e melhorou muito, inclusive se deu conta disso, mas, ainda, há que, nas profundezas de seu ânimo, buscar e entrar no coração, e, para obter bom êxito nesse objetivo, é preciso o uso do pensamento e suas modalidades, como a meditação, a intuição, a concentração, a imaginação.

Sobre o assunto, no livro de Jorge Adoun consta a seguinte exposição:

> *A idade do Mestre Secreto (...) é DEZ (anos). Isto demonstra que o Iniciado deve dedicar toda sua vida à Obra, e que os anos não têm conta em seu trabalho e em sua busca. (...) o que busca o Mestre Perdido para chegar a Mestre Secreto?! Ele está buscando a Hiram, ao Sol Espiritual, a Eu Sou, que "morreu" e desapareceu nas trevas (...) pela conspiração da ignorância, da ambição e do egoísmo.*[41]

À página 31, o mesmo autor ensina que:

> *A idade do Mestre Secreto é de 10 anos, número secreto e sagrado – porque está composto do "zero", símbolo do infinito, e do "um", origem de todos os números, letras, ciências, artes e símbolos, de todo o abstrato e concreto. O número dez encerra os mistérios conhecidos e desconhecidos.*[42]

Por outro lado, há quem estabelece uma correspondência entre a idade do Mestre Secreto, de 10 anos, com a soma da *Tetractys*, figura dos pitagóricos considerada sagrada, que representa o resultante que consiste em conhecer o valor ou essência de um número pela soma artificial de todos os algarismos que seguem a unidade até o número que se deseja conhecer.

---

[40] Loc. cit. 15.
[41] Loc. cit. p. 14.
[42] Id. p. 31.

No detalhe, a matriz numérica, com seus símbolos e o número triangular 1+2+3+4, apresenta a sagrada *tetractys* dos pitagóricos. Veja-se a representação da *Tetractys* Sagrada:

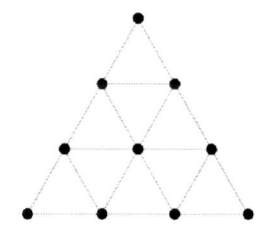

A soma pitagórica de 4 é 10, isto é, 1+2+3+4 = 10.
A soma pitagórica de 7 é 28. Em consequência, 2+8 = 10.
A Escola Pitagórica foi fundada por Pitágoras, que exerceu grande influência no desenvolvimento da Matemática.
O número 10 (dez) era um número pelo qual os pitagóricos tinham especial apreço. Era chamado *Tetractys*, palavra atribuída ao matemático e astrônomo grego Theo (c.a. 100 d.C.), significando um conjunto de quatro coisas. Os pitagóricos identificavam dez conjuntos, tais como:

1. Números: 1, 2, 3, 4.
2. Grandezas: ponto, linha, superfície, sólido.
3. Elementos: fogo, ar, água, terra.
4. Figuras: pirâmide, octaedro, icosaedro, cubo.
5. Coisas vivas: semente, o seu crescimento em comprimento; em largura; e em espessura.
6. Sociedades: homem, vila, cidade, nação.
7. Estações: primavera, verão, outono, inverno.
8. Faculdades: razão, conhecimento, opinião, sensação.
9. Idades da pessoa: infância, juventude, maturidade, velhice.
10. Partes das coisas vivas: corpo; e as três partes da alma: espírito, mente e emoções.

Pelo exposto, 10 (dez) é considerado o número perfeito, que contém em si mesmo todos os outros, simbolizando, por isso, Deus e o Universo. Mas, para que o Mestre Secreto seja equiparado ao número dez, sob esse conceito, há que trabalhar com esmero na prática das virtudes e a fim de obter o mais alto grau de bondade, para, assim, viver em União com o Espírito Divino do amor. As qualidades em menção lembram Jesus Cristo, que influenciou milhões de pessoas a seguirem a sua doutrina, porque com humildade, pureza, aptidão e habilidade para ensinar, domínio próprio, sua infinita bondade... conseguia: acalmar as tempestades, caminhar sobre as águas, curar as doenças... e, enquanto o Mestre Secreto não atinge o ideal da perfeição humana, deve perseverar para a evolução completa da sua parte imaterial.

IV – *Abertura do Livro Sagrado*

Por definição de uma relação de ordem, além da citação do dever de buscar o coração, cujo tema será versado adiante, é feita a iluminação nos altares, oportunidade em que se invoca sejam as luzes os símbolos supremos da verdade, bem como a consagração dos trabalhos para a manifestação e para o triunfo da sabedoria e da beleza.

Em seguida, exercitando um ato de contrição, é feita a leitura dos Versículos 7 e 8, constantes no Capítulo 7 do Livro de Mateus, da Bíblia Sagrada:

> *Pedi e vos será dado; buscai e achareis; batei e abrir-se-vos-á.*
> *Porque todo o que pede, recebe; e o que busca, encontra; e a quem bate, abrir-se-á.*[43]

Trata-se, sem dúvida, de um dos mais belos e conhecidos versículos bíblicos.

Primeiramente, antes de fazer algumas considerações a respeito, é preciso anunciar que as religiões existem para doutrinar aqueles que não sabem buscar nem andar por si mesmo no caminho da espiritualidade.

O indivíduo que tem ou denota espiritualidade, não precisa do **religar**, ou ligar de novo (religião). Para ele falar ao coração, basta que

---
[43] Loc. cit. 15.

faça uma pausa e se recolha em si mesmo, isto é, em seu próprio templo interior, mediante o controle da respiração e da ausência de pensamentos e de sentimentos que possam interferir nesse exercício e, desse modo, ouvir a voz que vem de dentro, do silêncio do seu próprio ser, que é um ato litúrgico espontâneo realizado com o seu próprio Mestre, ou Eu Interior.

Quem está realmente ligado a Deus, ou à Suprema Inteligência, não precisa dar testemunhos disso nem provar a ninguém que a sua vida melhorou depois que aceitou ou reconheceu em si a Divindade. Sua própria conduta pessoal irradia naturalmente essa condição.

Aquele que é espiritualizado não se queixa da vida, nem pede nada para si. Ele simplesmente aceita e agradece o que tem ou o quadro por que passa, enquanto, por um íntimo processo de clarividência, por seu empenho pessoal e seus merecimentos, adquire o necessário conhecimento e o poder para agir em nome do Senhor: "Eu e o Pai Somos Um" (João 10:30),[44] uma vez que, para todos os fins, são os desígnios da providência que conduzem ao bem, legítimos Mestres Perfeitos.

Ao mesmo tempo, cabe ressaltar que o poder da Corrente Fraternal é indizível, porque o seu alcance não se pode medir nem saber de sua grandeza. Jesus disse: *Pois onde se acham dois ou mais reunidos em meu nome, aí estou eu no meio deles.*[45]

V – *O que é a vida?*

É uma essência espiritual, uma manifestação do ser que procede de dentro para fora. (...) a vida possui uma íntima essência que a anima, uma realidade que se encerra e se revela nas diferentes formas em que ela se manifesta (...) temos que reconhecer a consciência como o centro verdadeiro e princípio interior da vida (...).[46]

O francês René Descartes (1596-1650), com frequência, é chamado de Pai da Filosofia Moderna. Ele iniciou com a premissa da dúvida.

---

[44] Loc. cit. 8 João 10:30.
[45] Ibid. Mateus 18:20.
[46] Loc. cit. 15.

Duvidou até mesmo se ele estava sonhando ou se estava acordado. *"Cogito, ergo sum"*, ou "**Penso, logo existo**", talvez seja a sentença mais famosa e o brado de convocação para procurar saber um pouco da história, da filosofia geral e da filosofia moderna.

A expressão que encerra essa verdade moral máxima vem comprovar que a consciência é um atributo altamente desenvolvido.

Sob essa acepção, pode-se afirmar que a consciência não é uma revelação súbita ou fruto de pensamento repentino, mas a continuidade das ligações dos neurônios, que evoluem gradativamente. A cada nova experiência, o cérebro faz uma representação mental que é armazenada na memória. Ao ingerir algo de sabor diferente, por exemplo, surge uma mudança nas conexões do cérebro. Assim, quanto mais a vida cresce na sua essência e importância, assim como em extensão de domínio, mais conexões são feitas no cérebro. E, ainda, as diversas atividades responsáveis pela consciência exigem a união de várias regiões do cérebro. Em outras palavras, à medida que se evolui sob o aspecto intelectual e se aprimora a conduta, representará o melhor que se faz em benefício aos outros e ao ambiente, que podem se expandir na sucessão dos dias, desde que mantida a consciência aberta.

Não há que se deixar de levar em conta, também, a íntima essência que anima, pois ela é que determina a corajosa decisão que transforma de dentro para fora, produz a maturidade de se submeter para uma mudança que distingue o modo de ser.

O crescimento e a transformação ocorrerá positivamente quando se toma consciência em relação ao autoconhecimento e o que integra o domínio das atividades psíquicas, sentimentais, emocionais...

VI – *Deuses da mitologia grega / romana*

O candidato, depois de passar por algumas averiguações, inclusive questionado sobre o conceito que ele tem da vida, faz remotas e íntimas viagens, nas quais se depara diante de várias circunstâncias. No seu início, percorre na frente das estátuas dos deuses romanos de nomes: Hércules, Vênus, Apolo e Minerva.

É preciso conceber o fato de que alguns dos deuses da mitologia romana, em especial os citados acima, têm origem na mitologia grega, e que dessa civilização alguns desapareceram e outros apenas mudaram de nome, pois Hércules, filho de Zeus, equivale a Héracles, Vênus a Afrodite, Apolo a Apollon e Minerva é igual a Atena.

Mas, não é só! De todos os deuses adotados pelos romanos, os gregos foram os mais importantes. Há indicativos, também, que a delegação de poderes conferidos pelo povo e do Partenon grego foi absorvida durante a invasão e a conquista da Grécia pelo Império Romano; entretanto, ao serem incorporados sob a acepção de proteção Divina ou das forças sobrenaturais, os romanos a reformularam. Tais deuses perderam seu aspecto utilitário e assumiram características humanas. Alguns receberam várias atribuições.

Autores da mitologia grega e romana registram que a civilização da Roma Antiga, antes do surgimento e crescimento do cristianismo, seguiu religiões de crença em vários deuses. Estes, apesar de serem imortais, possuíam características de comportamentos e atitudes semelhantes aos dos seres humanos, mas essas divindades decidiam a vida dos mortais. Cada entidade divina representava forças da natureza ou sentimentos humanos, conforme descrição daquelas antes identificadas e suas características.

Hércules simboliza o poder, do querer, da força ou atividade criadora. A força do homem contra todos os desafios para se tornar vitorioso.

O mito de Hércules, além de incorporar a representação por meio de uma imagem e da mitologia do personagem grego, ele também reuniu outras características e lendas marcadamente de procedência romana, tal como a vitória sobre o monstruoso Caco (com físico de três metros de altura e ladrava para vender), que vivia numa caverna sob o Palatino, uma das sete colinas de Roma.

Interpretações posteriores da lenda de Hércules o retrataram como um líder sábio e bom, assim como influenciou inegavelmente na cultura moderna, com adaptações para produções cinematográficas e outros programas de televisão.

O personagem pode ser identificado não só pelos atributos antes mencionados, mas por ser um campeão e um grande guerreiro. Notabilizou-se, pois, por sua bravura, com a destruição de diversos monstros perigosos, motivando admiração e, por inferência, oferecer mais segurança à humanidade.

Vênus simboliza a beleza e o amor divino, indicando o dever de ousar nas profundezas da alma para a elevação ao sublime.

Ela revela expressão de afeto, o sentimento ardente de amar e de ser amado. Conta o mito que, no período marcado por essa distinção, Vênus foi uma das divindades mais veneradas. Tinha um olhar distante, mas os seus olhos eram cultuados como ideal da beleza feminina.

Era considerada esposa de Vulcano, porém diz-se que mantinha uma relação adúltera com o colérico deus Marte, que só se acalmava nos braços de sua amada, simbolizando que até o mais impetuoso dos guerreiros desarma-se diante do amor.

Vênus possui muitas formas de representação artística, desde a clássica até a moderna. Sua anatomia é de conceito divinal, daí ser considerada pelos antigos gregos e romanos como a deusa do erotismo, da beleza e do amor.

Entretanto, a verdadeira representação de Vênus não é a do prazer ou da satisfação com a anatomia estrutural ou artística do físico, contudo exprime a contemplação da convivência, da cumplicidade, da troca de afeição, que se constitui numa agradável sensação de harmonia e que a união leva à percepção, por meio dos sentidos, do calor humano e do gosto pela vida.

Apolo possuía muitos atributos e funções, e possivelmente depois de Zeus foi o deus mais influente e venerado pelas pessoas da antiguidade clássica. Era identificado com o sol, a luz da verdade. Como o pai da luz, figura como a iluminação, para calar o ideal interior que acompanha a sabedoria, que conduz à realização da verdadeira natureza do homem e ao cumprimento de seu destino.

Como uma das divindades principais, está associado ao deus-Sol, qualidade que simboliza a luz da consciência, a inspiração reluzente do espírito, a iluminação interior, do ser, que dissipa a escuridão dos medos e das dúvidas. O sol é o propósito de vida, a representação do herói mítico, que, com o livre-arbítrio e a criatividade, anima para o cumprimento do dever. O sol, tal como é no seu sistema onde os planetas gravitam, mostra que o homem busca ser o centro das atenções, a essência, em torno do qual as outras pessoas são atraídas pela sensação harmônica, por ele transmitida, isto é, o sol reflete a capacidade do homem de brilhar e irradiar com generosidade a luminosidade.

Apolo, portanto, reproduz a imagem do belo, nobre e formoso.

Minerva é o símbolo do amor ou do conhecimento e da inteligência criadora. Na mitologia romana era a deusa da sabedoria, influxo da inteligência, conhecimento, arte, cujo trabalho é guiado pela mente e, especialmente, das estratégias de guerra; por isso, foi a protetora de Roma.

Era representada sempre como uma mulher, às vezes jovem ou já adulta, de majestosa beleza. Sempre com capacete na cabeça, e uma pluma no alto, às vezes, armada com uma lança e um escudo, como também se encontra com uma coruja nas mãos (símbolo de conhecimento) ou segurando uma pequena imagem da deusa da vitória.

Diversos autores registram que Minerva norteava a atividade intelectual, especialmente a de ensino; permaneceu virgem durante toda sua vida; era a deusa da excelência, da misericórdia e da pátria, razão por que era cultuada em vários templos em Roma.

Ante a narrativa contida neste tópico, de acontecimentos imaginários e dos aspectos da vida, da Roma Antiga, certo é que, para a grande maioria, vem a indagação: Por que são trazidos à lembrança alguns seres mitológicos na liturgia maçônica? Há evidências de que a explicação tende ao pensamento de que se trata de personagens simbólicos que tornam compreensível a sua alegoria.

Torna-se, daí, essencial a todo aquele que pretende entender profundamente as atitudes e reações do indivíduo, em face do meio social, o estudo desses mitos.

Seguramente, a mitologia transfere o conhecimento humano de um plano meramente material para um plano do inconsciente coletivo, e, deste, para um derradeiro plano espiritual. O desafio está em realizar a verdadeira religação do mundo externo ao mundo interno, do concreto ao abstrato, do material ao espiritual, do mortal ao eterno.

Um exemplo clássico é a sabedoria, também representada por Minerva, que sugere a procura da verdade, objetivo maior do Maçom. Viu-se, igualmente que:

> *Hércules simboliza o poder, o querer, a força e a ação.*
> *Vênus simboliza a beleza e o amor divino.*
> *Apolo, o pai da luz, imagem da iluminação.*
> *Minerva, símbolo do amor e da inteligência criadora.*

As características de cada personagem mitológica, com certeza, conferem estabilidade ao caráter, formam uma mistura consistente, responsável pela firmeza e pelo equilíbrio da personalidade.

Todo esse simbolismo, ao mesmo tempo, ensina que para ser sábio é necessário ser forte, a fim de vencer os obstáculos; e possuir beleza moral permanente e incorruptível, para adornar a obra fundamental da construção do Eu Sou.

VII – (...) *buscar o coração* (...)

VII A – Simbologia

O coração, em nossa cultura, simboliza os sentimentos, tal como o amor. Nas culturas orientais, o coração está mais associado à inteligência, à intuição e ao conhecimento. Os conceitos supracitados dão a aparência de serem diferentes; no entanto, pode-se arguir que o significado oriental não é menos sentimental, porque a afetividade está presente nos dois aspectos.

Os sentimentos, obviamente, são causados pelo que se pensa, pelo que se vê, ouve e fala. De modo circunstanciado, quando se muda de pensamento, automaticamente muda-se o sentimento.

É possível, sim, mudar os sentimentos a partir do direcionamento correto dos pensamentos. Logo, à medida que se tem a aptidão para criar padrões mentais e emocionais positivos, consequentemente, estes dão a forma de um estado sentimental igualmente otimista. Hipótese em que, se previamente determinada a disposição afetiva, digna de honra, infalível será ela em produzir seus resultados num caráter nobre e em outras particularidades favoráveis, considerando-se que as situações na sequência expendidas desenvolvem os respectivos efeitos, também nelas descritos:

- pensamentos aprazíveis criam hábitos de gentileza e bondade, que, por sua vez, refletem situações felizes que se propagam, onde admitidas;
- pensamentos puros geram hábitos de temperança e autocontrole, dos quais sobrevêm condições típicas de repouso e paz;
- pensamentos leais de perdão fortalecem-se em costumes de gentileza que se reverterão em benefícios de proteção e na garantia de integridade da pessoa possuidora dessa qualidade;
- pensamentos de amor e altruísmo consolidam a maneira de ser e de ajudar aos outros que vitalizam particularmente a prosperidade certa e duradoura, e riquezas verdadeiras.

VII B – Por outro lado, quando se ama, o coração acelera ao ver ou conversar com a pessoa amada, e, quando há qualquer desentendimento com a pessoa amada, ocorre um aperto no coração. Igualmente, no momento em que qualquer pessoa passa por fortes emoções, o coração dispara, e isso é até possível perceber. É a razão pela qual o coração é considerado o símbolo do amor, sendo o coração e amor; por conseguinte, reciprocamente indissociáveis.

O amor é o sentimento terno em que existe a predisposição de desejar o bem a outrem e que envolve, de modo geral, a formação de um vínculo emocional com essa pessoa, que, da mesma forma, é capaz de receber esse comportamento amoroso e enviar os estímulos sensoriais e psicológicos necessários para a sua manutenção e motivação. É tido por muitos como a maior de todas as conquistas do ser.

Além disso, o amor é o guia das demais partes da alma. O corpo material ou plano físico das pessoas pode funcionar independentemente, mas se não tiver ligação ao amor à vida não tem o mesmo significado, tal como quando há o sentimento afetivo do aclamado amor, que estabiliza todos os padrões convenientes do plano mental e espiritual.

Só para estabelecer um paralelo, tal como o coração exerce uma função essencial no funcionamento do corpo físico, igualmente o amor é imprescindível ao funcionamento da mente e do espírito.

O símbolo amor, geralmente, é revelado pela representação gráfica da imagem de um coração estilizado.

A palavra *coração*, com o apoio de expressões populares, exprime muitos outros significados. Vejam-se alguns:

- Coração de ouro – é a pessoa extremamente bondosa e generosa.
- Abrir o coração – é fazer confidências, desabafar ou abrir-se.
- Falar com o coração nas mãos – é falar com sinceridade.
- Ter o coração perto da goela – é ser muito franco, ou é não saber ocultar o que sente ou pensa.
- De todo o coração – afetuosamente.

VII C – Existem várias teorias acerca da notória imagem simbólica do coração, mas nada se pode afirmar sobre a sua veracidade como também seja decisivo. Vejam-se as hipóteses:

1.ª teoria – Sua origem estaria ligada à semelhança com a folha de hera, entendida como o símbolo da imortalidade e do poder.

2.ª teoria – O símbolo foi criado a partir de dois cisnes namorando, que representam o amor entre dois seres, inclusive a inabalável fidelidade entre eles por toda a vida. Tanto que quando ou macho ou fêmea morre, em pouco tempo o outro morre também.

3.ª teoria – A imagem que simboliza o coração mais antiga foi encontrada em uma caverna em Oviedo, na Espanha, e teria sido desenhada há cerca de doze mil anos. Nesse local há um mamute retratado com um coração pintado. O destaque para o coração talvez esteja relacionado ao ponto onde a lança deveria atingir para o abate.

São algumas teorias que esclarecem o porquê da conhecida representação gráfica do coração.

VII D – No que diz respeito à religiosidade, tanto no cristianismo, quanto no islamismo, o coração é onde está o reino do altar de Deus. Com frequência as representações do Sagrado Coração de Jesus e de Maria se apresentam como um culto ou para oração na cristandade.

Na Bíblia Sagrada, o coração é um símbolo de interiorização, de sabedoria, de inteligência e de amor. Entre os Hebreus, o coração é uma forma de vivência espiritual e um símbolo do controle dos pensamentos, das ações e da vida.

Hebreus 4:12 Porque a palavra de Deus é viva e eficaz, e mais cortante do que qualquer espada de dois gumes, e penetra até a divisão de alma e espírito, e de juntas e medulas, e é apta para discernir os pensamentos e intenções do coração.[47]

Nada obstante, a palavra *coração* aparece centenas de vezes na Bíblia Sagrada, nos seus diversos Livros, dos quais destaque-se:

Provérbios 4:20-23: 20 *Filho meu, atenta para as minhas palavras; inclina o teu ouvido às minhas instruções. 21 Não se apartem elas de diante dos teus olhos; guarda-as dentro do teu **coração**. (...) 23 Guarda com toda a diligência o teu coração, porque dele procedem as fontes da vida.*

Salmos 19:14 *Sejam agradáveis as palavras da minha boca e a meditação do meu **coração** perante a tua face, Senhor, Rocha minha e Redentor meu.*

I Crônicas 22:19 *Disponde, pois, agora o vosso **coração** e a vossa alma para buscardes ao Senhor vosso Deus; e levantai-vos, e edificai o santuário do Senhor Deus, para que a arca do pacto do Senhor e os vãos sagrados de Deus sejam trazidos, para a casa que se há de edificar ao nome do Senhor.*

Mateus 6:19-21 *Não ajunteis para vós tesouros na terra; onde a traça e a ferrugem os consomem, e onde os ladrões minam e roubam; 20 mas ajuntai para vós tesouros no céu, onde nem a traça nem a ferrugem os consomem, e onde os ladrões não minam nem roubam. 21 Porque onde estiver o teu tesouro, aí estará também o teu **coração**.*

Jeremias 29 13 *E buscar-me-eis, e me achareis, quando me buscardes com todo o vosso **coração**.*

---

[47] Loc. cit. 8 Hebreus 4:12.

Ezequiel 28:16-17 - 16 *Pela abundância do teu comércio o teu **coração** se encheu de violência, e pecaste; pelo que te lancei, profanado, fora do monte de Deus, e o querubim da guarda te expulsou do meio das pedras afogueadas. 17 Elevou-se o teu **coração** por causa da tua formosura, corrompeste a tua sabedoria por causa do teu resplendor; por terra te lancei; diante dos reis te pus, para que te contemplem.*

Provérbios 15:13-15 – 13 *O **coração** alegre aformoseia o rosto; mas pela dor do **coração** o espírito se abate. 14 O **coração** do inteligente busca o conhecimento; mas a boca dos tolos se apascenta de estultícia. 15 Todos os dias do aflito são maus; mas o **coração** contente tem um banquete contínuo.*

Provérbios 23:12-19 – 12 *Aplica o teu **coração** à instrução, e os teus ouvidos às palavras do conhecimento. 13 Não retires da criança a disciplina; porque, fustigando-a tu com a vara, nem por isso morrerá. 14 Tu a fustigarás com a vara e livrarás a sua alma do Seol. 15. Filho meu, se o teu **coração** for sábio, alegrar-se-á o meu **coração**, sim, ó, meu próprio; 16 e exultará o meu **coração**, quando os teus lábios falarem coisas retas. 17 Não tenhas inveja dos pecadores; antes conserva-te no temor do Senhor todo o dia. 18 Porque deveras terás uma recompensa; não será malograda a tua esperança. 19 Ouve tu, filho meu, e sê sábio; e dirige no caminho o teu **coração**.*

Romanos 10:10 *pois é com o **coração** que se crê para a justiça, e com a boca se faz confissão para a salvação.*

Salmos 37:30-31 – 30 *A boca do justo profere sabedoria; a sua língua fala o que é reto. 31 A lei do seu Deus está em seu **coração**; não resvalarão os seus passos.*

Romanos 1:21-22 – 21 *porquanto, tendo conhecido a Deus, contudo não o glorificaram como Deus, nem lhe deram graças, antes nas suas especulações se desvaneceram, e o seu **coração** insensato se obscureceu. 22. Dizendo-se sábios, tornaram-se estultos.*[48]

Sob inspiração bíblica que anuncia a existência da tenda, parte mais sagrada do Templo, e a alegoria dessa Grande Construção, também o Mestre Secreto deve penetrar no coração para reconhecer o seu mundo interno, condição que se impõe para encontrar, no seu âmago, a Verdadeira Luz, por meio do pensamento e suas modalidades, como a meditação, a intuição, a concentração, a imaginação.

---

[48] Ibid.

É preceito indiscutível que o pensamento é a causa de toda a criação. Essa certeza tomou consistência desde o primeiro Livro da Bíblia Sagrada, o Gênesis, no qual se lê: *1:1 No princípio criou Deus o céu e a terra.* E, como a matéria estava vazia, *1.3 Disse Deus: Seja feita a Luz. E a Luz foi feita.*[49] Assim, há a confirmação de que o espírito penetrou na matéria para a revelação. Tem-se nisso o pensamento, através de Deus, Pai e Criador, que originou de Si a parte material e o Espírito.

No Livro de Provérbios 23:6-7 lê-se:

6 Não comas o pão do avarento, nem cobices os seus manjares gostosos. 7 Porque, **como ele pensa consigo mesmo, assim é***; ele te diz: Come e bebe; mas o seu coração não está contigo.*[50]

O ensinamento contido nos Versículos antes transcritos é uma verdade moral máxima sob uma lógica já consolidada, princípio pelo qual apresentam-se grande número de autoafirmações, porquanto o universo mental revela-se nas feições do homem, pois: "tal como o homem pensa em seu coração, assim ele é".

O coração, pois, desde os tempos dos rituais egípcios, estimula a imaginação, influi nos sistemas filosóficos e motiva metáforas e representações.

O Livro dos Mortos relata a Saída da Alma para a plena Luz; a Ressurreição no Espírito; e, também, refere o Tribunal de Osíris, sempre ilustrado em Papiro, numa versão já bastante conhecida, que a própria internet nos oferece, cuja imagem representa cada passo do Julgamento de Osíris.[51]

Estima-se que o Livro dos Mortos foi escrito durante a XVIII dinastia egípcia, que reinou entre 1.550 a.C e 1.295 a.C.

Por óbvio, seu motivo central é a pesagem do coração do morto no prato de uma balança, cujo contrapeso é MAAT, uma pena de avestruz que simbolizava a verdade e a justiça. O morto era recebido para o seu julgamento e era realizado segundo o estado de evolução de seu coração.

---

[49] Id. Gênesis 1:1; 1:3.
[50] Id. Provérbios 23:6.7.
[51] *O Livro dos Mortos do Antigo Egito*, Ed. Hemus, 1982.

Independentemente dos critérios então aplicados, a alegoria mais interessante, para a hipótese e ocasião, é aquela em que, relativamente ao morto, são levados em consideração: a sua bondade no lar, a honestidade nos negócios, a cortesia na sociedade, o socorro aos frágeis, a sincera preocupação e a piedade com os infortunados, o perdão aos que se arrependem, o amor ao próximo e, sobretudo, a reverência a Deus.

Os cientistas afirmam que o centro das emoções é cerebral. Logo, as atitudes mencionadas são causadas por neurotransmissores que atuam no cérebro. Mas, de acordo com os ensinamentos litúrgicos, o coração é um local sagrado, e que faz alcançar elevados sentimentos de amor, razão pela qual é profundamente respeitável, venerável, santo, e que simboliza pureza, o amor.

Dessa maneira, ainda que o cérebro seja o lugar dos sentimentos, é fácil notar o batimento excessivo do coração quando ocorre a emoção do amor. Além disso, observe-se que, quando o cérebro produz essa sensação, ele transmite ao coração um estado de ânimo que altera ou faz com que o coração, automaticamente, fique mais agitado, acelerado ou que seus batimentos se sucedam com mais intensidade, motivo por que é usado como símbolo do amor.

Por fim, é interessante ressaltar que o coração concebe, o cérebro planeja e as mãos executam. Uma vez que a proposição é buscar o coração, o exposto demonstra que ele é a porta do "Eu Sou". Sendo, pois, ele a alternativa para o lançamento do plano bom; por sua vez, o cérebro apontará o caminho. Com efeito, mesmo existindo qualquer dificuldade, esse propósito, se perseverante, será suficiente para buscar o centro da vontade, da justiça e da verdade.

Assim, cônscio de seu dever, o Maçom que obedece ao bom conselho do espírito pensador, consequentemente, o seu cérebro raciocina para o bem e reconhece o seu mundo interno, necessário para conquistar a verdadeira Luz, ou seja, penetrará no seu **coração**, "Templo da Divindade", e, por dedução, chegará até a natureza suscetível do amor, libertando a mente dos desejos inconvenientes, de forma que se converterá em um ser justo, rígido de caráter, fraterno e aproximando-se do aperfeiçoamento.

VIII – *Buscar a Verdadeira Luz*

Uma das importantes passagens da Bíblia Sagrada, especificamente no capítulo I do Evangelho do Apóstolo João, nos versículos 6 a 9, consiste na seguinte enunciação:

Houve um homem enviado por Deus que se chamava João.
Este veio por testemunha, para dar testemunho da Luz, a fim de que todos cressem por meio dele.
Ele não era a Luz, mas veio para que desse testemunho da Luz.
Era a Luz verdadeira que alumia todo homem que vem a este mundo.[52]

Antes de qualquer outra coisa, importa esclarecer que São João Evangelista, ou o Apóstolo João, é um dos doze discípulos de Jesus que, nesses curtos parágrafos, faz referência a João Batista. Embora muito referenciados, são santos distintos. Aquele, além do Evangelho, também escreveu as três epístolas e o Livro do Apocalipse. E este foi um pregador judeu e, segundo a narração do Evangelho de São Lucas, João Batista era filho do sacerdote Zacarias e Isabel, prima de Maria, mãe de Jesus. Obteve o apelido de "Batista" pelo fato de pregar um batismo de penitência, ou seja, "de arrependimento para remissão de pecados"[53]. Batizou muitos judeus, incluindo Jesus, no Rio Jordão.

---

[52] Loc. cit. 8 Evangelho do Apóstolo João 1:6 a 9.
[53] Ibid. Lucas 3:3.

Feitas tais observações, lê-se que João Batista não era a luz, mas veio para que testificasse a respeito da luz. A verdadeira luz que ilumina a todo homem que vem a este mundo.

Inegavelmente, naquele tempo, Deus veio a este mundo como Homem para estar entre eles e, a todos quantos o receberam deu-lhes o poder de se tornarem filhos de Deus.

João Batista preparou o caminho, saiu do deserto, entrou na Terra Prometida e deu o seu testemunho dizendo: *Este é aquele de quem eu disse: O que vem depois de mim, passou adiante de mim; porque antes de mim ele já existia.*[54]

O "testemunho" era algo importante e necessário para que houvesse a confirmação de sua vinda. Os que duvidavam perguntaram-lhe: *por que batizas, pois, se tu não és o Cristo, nem Elias, nem o profeta?* Ele responde: "Eu não sou". Mais adiante vamos ver que Jesus vai dizer: "EU SOU!". *Eu batizo em água; no meio de vós está um a quem vós não conheceis.*[55]

João Batista é a testemunha com a missão de apontar e indicar: *Eis o Cordeiro de Deus!,* porque viu: *(...) o Espírito descer sobre ele... (...) e já havia dado testemunho de que Ele é o Filho de Deus (...).*[56]

Nessa mesma grandeza, o Mestre Secreto deve reconhecer o seu mundo interno, necessário para a busca da Verdadeira Luz, que significa, o espírito que se ocupa com o amor e as virtudes. Buscar o "Eu Sou".

> *Quem consegue dominar a mente pela imaginação adquire um poder com o qual é capaz de dominar todas as forças do universo e poderá dominar os fenômenos da natureza.*
>
> *A Mente Divina é a soberana (...) e quando o homem entra em contato com essa mente, por meio da imaginação, os seus poderes são divinos.*[57]

Alcançar a Verdadeira Luz é possível se houver a concentração de espírito, primeiro, para seguir a inscrição esculpida no portal de Delfos "co-

---

[54] Id. João 1:15.
[55] Id. João 1:25 e 26.
[56] Id. João 1:33, 34 e 36.
[57] Loc. cit. 38, p. 15.

nhece-te a ti mesmo" e, assim, recebida a luz do conhecimento, de acordo com as particulares aptidões, ser um sol resplandecente de paz, alegria e amor. Ainda que o mundo não compreenda e aprecie, o dever é brilhar.

A Verdadeira Luz, portanto, é a única que tem o poder de guiar o Mestre Secreto, das trevas da ignorância ao esclarecimento; da ausência de conhecimento à elucidação, a verdade, o saber; enfim, a que possibilita iluminar ou guiar o espírito, obtendo, assim, a capacidade de buscar o contato recíproco com a divindade.

IX – *(...) o Verbo nunca se perde e nunca se apaga, pois, depois de manipulado, passa a ocupar seu lugar no espaço e existirá no tempo, para sempre.*

É a sinopse que o Presidente, de maneira enfática, anuncia justamente para obter a atenção quando pede para anotar esta sua afirmação, lembra antes, porém, a marca do timbre do sigilo e da fidelidade.

As observações que faz nessa circunstância são para tornar evidente e compreensível que todos possuem os inefáveis atributos do espírito, mas, na acepção que abrange o todo, a liturgia sugere se pondere cada argumento antes de o pronunciar, inclusive se avalie o possível resultado que cada palavra ou ato pode causar a outrem, seja na sensação desagradável ou no sofrimento moral. De modo que, por mais razão que supostamente se tenha em relação a outra pessoa, por mais que ela esteja em dificuldades ou incidindo em erro, evite criticar, porque ninguém tem todas as informações para julgar e se colocar acima dos fatos e da verdade.

Concebe-se facilmente que as palavras se propagam e ficam registradas na história, assim como o que se fala fica registrado no plano espiritual.

O Apóstolo Paulo aconselhou a todos proferir palavras exclusivamente agradáveis, temperadas, equilibradas, amáveis, graciosas e, acima de tudo, verdadeiras, assim como eram as de Cristo. Este é o motivo pelo qual Ele atraía multidões: as palavras que pronunciava eram de coração e acompanhadas de atitude. Esse é o verdadeiro exemplo, porque, quando as palavras se revertem em atitudes, não só resultam em desperdício de mensagem, mas demonstram o caráter, a personalidade e o que se sente e o que se quer. Essa é a diferença.

A vossa palavra seja sempre com graça, temperada com sal, para saberdes como deveis responder a cada um. (Colossenses 4:6)[58]

Na hipótese de comportamento contrário, gera-se uma energia que não é positiva. Assim, a recomendação é no sentido de que quando se percebe que se está julgando alguém, é para atentar em transformar a crítica na disposição de prestar um auxílio, através de conversa esclarecedora com sugestões construtivas, conduzindo aquele ser ao bom caminho.

Estritamente sobre esse testemunho, pode-se dizer que a palavra é o pensamento manifestado, cujo objeto é afirmar ou vestir os conceitos formulados com roupagem adequada. Assim, durante a concentração mental, dirigida a um só objeto e, ao mesmo tempo, empregada a palavra, as vibrações da voz despertam as atividades dos centros ocultos no homem e o põe em contato com ondas de energia que determinam o pensamento que obedece à voz do Verbo.

Os princípios bíblicos nos dizem que o verbo é Pensamento e Palavra, ao mesmo tempo. É o intelecto Divino. E, em relação aos mortais, o Verbo se manifesta e se exprime pela criação, na existência, em algumas outras possíveis realizações.

Desse modo, o mundo é "a linguagem que o Espírito infinito **fala** aos espíritos finitos". Se o Verbo é Pensamento interior e Palavra exterior, a natureza toda pode ser tomada como um símbolo da realidade sobrenatural. Tudo o que existe, sob qualquer forma, traduz ou representa a ordem de existência. Assim, de uma ordem a outra, todas as coisas se encadeiam e se correspondem, concorrendo para a harmonia universal e total.

Assim, o Verbo, isto é, o pensamento e a palavra devem ser utilizados para coisas que exprimem grandeza, a fim de que o conjunto de elementos que se encadeiam concorram para a paz, a harmonia e a concórdia universal.

---

[58] loc. cit. 8 Colossenses 4:6.

X – (...) *Cuidai das criança e não será preciso punir os homens (...)*

Cuidar das crianças, especialmente através da educação, alegoricamente, é a estrutura maior e melhor que pode pensar para solidificar o assentamento de um povo que tem pretensões de evoluir na construção social.

O objetivo da educação deve ser sempre o de tornar o homem mais maduro, isto é, fazer dele uma pessoa que realize de forma perfeita e completa todas as suas possibilidades e aptidões. Isto se consegue através dum aprofundamento consciente e duma assimilação progressiva dos valores absolutos, perenes e transcendentes[59]

Além da educação, há que se fazer despontar o amor-próprio com a realização de campanhas na investida contra a fome e a miséria, com a finalidade de suavizar o sofrimento dos mais necessitados, bem como empenhar-se na participação, levando-se o apoio necessário, na administração dedicada de creches e orfanatos.

É possível favorecer a juventude, também, atuando nos movimentos juvenis paramaçônicos, tais como a Ação Paramaçônica Juvenil e a Ordem DeMolay, cujos trabalhos estimulam a moral, os bons costumes e a manutenção dos pilares da família, como também contribuem para com o seu desenvolvimento intelectual, não permitindo com isso o descaminho aos vícios.

É preciso, pois, propagar o amor, a religiosidade, e uma boa formação, para que possamos legar às crianças um País mais justo e verdadeiro.

---

[59] Papa João Paulo II.

XI – (...) *acredita que aqui viestes em busca de iluminação e aperfeiçoamento, (...) esta é a morada da ciência, da virtude e da caridade (...) a luta objetiva é libertar o espírito humano (...).*

É prontamente compreensível ou é rápido de idealizar que o Maçom, ao completar os Graus Simbólicos, não terminou o curso em que a Maçonaria ministra as instruções do processo iniciático. Caso resolva optar a trabalhar nos Graus Filosóficos, ele inicia uma nova etapa de iluminação e do seu aperfeiçoamento.

A iluminação, obtida mediante uma sucessão de estágios de elevação, não pela graça, mas pela ação ou efeito do trabalho em busca do conhecimento, requer muita leitura, estudo e discernimento.

Logo, o Maçom deve se voltar para a iluminação interior como forma de fazer parte, não só dessa consciência comum daqueles que terminaram esse perfeito programa de formação superior, mas também para o autoconhecimento, por meio da autoconsciência dos pensamentos, dos sentimentos e dos efeitos que produzem, no íntimo, as impressões externas e as suas reações. Assim, desenvolve a capacidade de perceber, gradativamente, o que precisa ser transformado e aquilo que causa conflito ou sofrimento, que, por efeito, aumenta a força dormente para que possa ser o que é ou será em sua essência.

O aperfeiçoamento diz respeito ao crescimento moral, ético, mental e espiritual. É relacionado, portanto, à percepção daquilo que é sagrado ou profundamente respeitável ou venerável, tangencia a ideia de indivíduo de conduta ideal, ou daquele que dá preferência ao caminho que o conduza a uma posição de aumento gradativo de valor.

Por fim, a proposição é a formação que leva a passagens de descobertas, num roteiro sem guia, por conseguinte, num percurso de conhecimento, iluminação e aperfeiçoamento muito particular, que, se realizado observando os seus mínimos detalhes, possibilita uma chegada, ao final dessa viagem, com um sentimento do verdadeiro significado da vida, a razão da existência, com a sensação de ter um caráter, a alma e o espírito, em glória ou no "paraíso".

No sentido contemplativo, esta é a ascensão, é o sentimento da noção de sublimação divina. Iluminação e aperfeiçoamento serão, assim, aproximação com a divindade, a qual todo Maçom deve buscar na enorme caminhada até a sua integração com ela.

Ademais, quanto serem os Graus Filosóficos a morada da **ciência**, destacando-se Gramática, Retórica e Dialética – Aritmética, Geometria, Astrologia e Música; da **virtude**, sobre o que se sobressaem as teologais e cardinais (Fé, Esperança e Caridade – Justiça, Prudência, Fortaleza e Temperança) e mais (Lealdade, Fidelidade, a Honestidade, a Bondade e o Amor); e da **caridade** que é o amor movido pela vontade à busca efetiva do bem de outrem; formam a base do desenvolvimento e consolidação desse sistema introspectivo e de educação.

Por último, libertar o espírito humano basicamente constitui-se com a constante indagação da verdade, a qual, sempre, é apoiada na ciência e na prudente tolerância, e se manifesta quando da prática das virtudes morais, da discrição e obediência ao desejo de felicidade, que é a busca divina.

XII – *(...) uma Loja de Perfeição (...) tem por finalidade principal evoluir a natureza humana e torná-la apta para receber as influências diretas dos planos superiores. Desenvolve, principalmente, a intelectualidade, sem negligenciar a espiritualidade (...).*

Desenvolver a intelectualidade, com certeza, será o resultado da aplicação dos instrumentos, ou aparelhos da inteligência, como a razão, a consciência, a compreensão, a percepção, a concepção, a imaginação, a memória, a lógica, e o raciocínio dedutivo e indutivo.

Através dessas faculdades do intelecto é que se adquirem conhecimentos, se obtém instrução e se avança no aperfeiçoamento. A intelectualidade abastece os instrumentos necessários à investigação e compreensão da realidade, especialmente conhecer a si mesmo e o conjunto de toda a existência.

Os Graus Filosóficos, portanto, constituem-se numa das bases sólidas para desenvolver a intelectualidade, porque através da liturgia e o conteúdo hermético de seus estágios de ascensão, aliados a introspecção e, por motivos óbvios, com os instrumentos antes mencionados, consegue-se dar ensejo ao autoconhecimento e à possibilidade de ter noção de tudo o que existe.

É meritório argumentar, no entanto, que a intelectualidade terá a propensão para a prática do bem, somente na hipótese de se desenvolver e edificar em fundação, que transmite a carga ao que a sustenta, em pilares penetrantes e consistentes na espiritualidade.

XIII – *(...) a suprema e perpétua luta da Maçonaria é contra os preconceitos ou superstições, mentiras ou ignorâncias, milagres ou tiranias, idolatrias religiosas ou políticas. (...) possuindo a Chave de Marfim, deseja abrir a Arca e verificar seu conteúdo. (...) usai do ouro, da prata e do cobre, pois só assim alcançareis os tesouros que desejais.*

É preciso repetir que o Mestre Secreto é guiado até a Arca da Aliança para abri-la com a Chave de Marfim e verificar o seu conteúdo.

No entanto, devido à fragilidade dessa chave e ser ela instrumento impróprio à tarefa pretendida, o Mestre Secreto é instruído a usar do ouro, da prata e do cobre, pois só com esses poderá possuir os seus tesouros.

O texto litúrgico sugere, pois, a substituição das características constitutivas da chave por uma composição por metais que podem ser transmutados, mais adequados para conseguir os tesouros pretendidos.

Qual a alegoria sob a representação dos metais passíveis de reações com os tesouros desejados? Vamos à resposta:

A transmutação desses agentes decorre de uma técnica que se funda em um conjunto de teorias relativas à constituição dos materiais, para a formação dos mais perfeitos metais, tal como o ouro.

Embora de origem imprecisa, há várias obras literárias que destinam algumas páginas sobre as técnicas químicas praticadas em tempos remotos que, entrelaçando tais operações, textos herméticos, misticismo, magia, filosofia e astrologia, tais conhecimentos mostram que as atividades de extração de metais, em estado natural, com a produção de ligas, pouco compreendidas e protegidas por segredos – obtém novos metais de maior valor.

Dessa estreita relação da metalurgia, surgiu a concepção alquímica da Terra como um ser que produz metais, entendidos como organismos vivos em seu interior, compostos sempre dos mesmos elementos **enxofre e mercúrio**, variando apenas em proporções. Nela ficam armazenados "embriões" metálicos – os minerais – que vão se desenvolvendo, amadurecendo e se transformando lentamente em diferentes metais, até alcançarem o aprimoramento maior, quando se transformam em ouro, o mais perfeito de todos.

O cobre, o chumbo e o estanho, por exemplo, correspondem a diferentes etapas de maturação. Dando-se à natureza tempo para que a transformação chegasse a termo em que todos se convertiam em ouro, ou em metal perfeito.

A proposta fundamental da transmutação naquele tempo consistia em ajudar a natureza em acelerar esse longo e lento processo transformador, através de fórmulas de grande segredo ao ser lançado sobre o metal em fusão, transmutava metais comuns em metais nobres, como ouro, prata e platina. O fato de eles serem compostos dos mesmos elementos – enxofre e mercúrio – permitia a transmutação de um em outro mediante tão somente uma recombinação das suas proporções.

Do raciocínio retro expendido se extrai a consequência de que o homem pode dar nova feição a tudo que se propõe a fazer.

Em assim sendo, é importante observar atentamente que a ficção objeto do presente texto, quanto à composição da chave que traz consigo, indica temeridade, justamente porque o Mestre Secreto entra no seu íntimo e pode se deparar com os seus defeitos, tais como: *preconceitos ou superstições, mentiras ou ignorâncias, milagres ou tiranias, idolatrias religiosas ou políticas*,[60] e, por isso, é instruído a usar uma chave consti-

---
[60] Loc. cit. 15.

tuída de ouro, de prata ou de cobre, pois só com uma delas poderá possuir os seus tesouros.

Ante essa figurativa expressão, surge a indagação: por que deve usar do ouro, da prata e do cobre e não do marfim? Como esclarecer essa questão?

Esotericamente, ou, sob o ligamento alquímico, entende-se que o elemento capaz de dar suporte e que opera a Grande Obra é aquele que participa no processo onde o metal comum é transformado em ouro, ou seja, no metal mais perfeito ou precioso.

O Marfim, embora seja uma substância fina e resistente, segundo a liturgia, não é considerado para esse efeito, um material de composição perfeita, pois não se pode transformá-lo. Diferente, portanto, da prata e do cobre, os quais podem ser transmutados.

Dessa forma, pode-se afirmar que o ouro é um metal puro e inalterável e perene, simbolizando a riqueza, a fidelidade e a eternidade. O Maçom que possui coração de ouro significa que é bondoso, detém desprendimento, tolerância e amor ao próximo.

A prata e o cobre, no entanto, embora em condição desigual ao ouro, são metais maleáveis, flexíveis e elásticos, mas resistentes. Ambos vêm simbolizar a maleabilidade do caráter, porque, na essência espiritual, pode-se atingir a perfeição igual ao ouro, pelo processo da purificação em sucessivas etapas, ou seja, através da liturgia das "Iniciações" ou "Elevações" e pela compreensão da filosofia e do conteúdo hermético contidos nas obras de ensino da Maçonaria.

No plano simbólico, traçando um paralelo entre a matéria e o espírito, da mesma forma que os metais impuros, também a imperfeição humana tem a possibilidade de alcançar a mesma perfeição, em sua essência espiritual. Tal como a matéria-prima é torturada pelo fogo, o espírito, nessa mesma grandeza, padece com as sucessivas etapas de sua purificação.

A alegoria quanto ao conteúdo interno da Arca da Aliança, por conseguinte, é a introjeção ao âmago do ser e se aproximar ao verdadeiro conhecimento de Deus, aceitar as Suas leis, e se submeter aos profundos mistérios do universo moral, traduzidos pela mente e pelo coração.

É necessário registrar que a Maçonaria está fortemente apoiada nos três princípios alquímicos – enxofre, sal e mercúrio – como, também, nos quatro elementos, igualmente alquímicos – terra, fogo, água, ar –, mas, sobretudo, impregnada pelo hermetismo e pela alquimia.

O Mestre Secreto, portanto, por meio do conhecimento intelectual, por sua mente atentando para o bem e por seu coração sediado por sentimentos de amor ao próximo, tem plenas condições de aperfeiçoar-se e, naturalmente, espargir o que é puro, belo e útil.

XIV – *(...) deseja a verdadeira chave e, para isso, necessita realizar a quadratura do círculo. (...) por meio do trabalho, atingir (...) a verdade. (...) estudastes a geometria e agora já conheceis as grandes curvas e círculos e a quadratura destes (...) Efetuastes, também, a transladação do coração ou centro da vida elevada (...)*

Realizar a **quadratura do círculo**, simplesmente, é construir um quadrado com a mesma área de um círculo, com a maior aproximação possível. Mas, para melhor compreensão do termo, é preciso aludir que, para o geômetra estudioso da cosmologia, ela é de significativa importância, porque o círculo representa o espírito, isto é, o espaço puro e somente notório, enquanto o quadrado representa o mundo evidente e compreensível.

Nessa acepção imaginária, pode-se ilustrar o assunto com o exemplo de que a terra representa o quadrado no qual tudo pode ser medido e compreendido, e o sol é uma imagem celeste, um círculo, símbolo visível da divindade do conhecimento e da verdade. Representa o espírito da luz.

A figura geométrica do octógono é considerada a que mais aproxima a união do quadrado com o círculo; portanto, é um símbolo do mundo intermediário, que comunica o inferior com o superior. Por esse motivo é que está relacionado com a ideia do mistério da "quadratura do círculo", que expressa a espiritualização do corpo e a "corporificação" do espírito. Ou melhor, "quadratura do círculo" é a união indissolúvel do espiritual e do material, que, por sua vez, é a imagem dessa "passagem" por esse mundo intermediário. Indica, pois, que se ultrapassa uma porta que dá acesso a outro lugar, o que pressupõe a morte, de uma forma de ser, para a ressurreição aos fenômenos produzidos pela atividade intelectual sobrenatural, que traz como consequência uma transmutação e um novo ato de nascer.

É o início da viagem de iluminação que transporta o espírito, a mente e o corpo para acessar e experimentar outros planos de realidade ou de potenciais de vida mais elevados. Assim, com essa atividade mental e espiritual ativadas, começa-se a vivenciar níveis de consciência mais elevados.

Por meio do estudo, usando o pensamento, com as suas modalidades, percebe-se a consecução de melhorias sensíveis da personalidade. Assim como os alquimistas tentaram decifrar o enigma da pedra filosofal e descobriam, com alegria, que a causa final procurada já estava dentro deles. Descobriam, assim, que era possível a transmutação dos metais, não apenas no seu aspecto físico, mas, principalmente, no seu aspecto espiritual.

Essa conclusão magnífica comandava o alquimista a abandonar a busca pelo processo de transmutação dos metais em ouro, já que havia descoberto um tesouro interior, no espírito, que ofuscava o brilho de qualquer outro tesouro da visão comum.

Trata-se, pois, da aplicação das faculdades humanas para alcançar o objeto central da reflexão filosófica. Essa é a designação do trabalho, meio com o qual é possível atingir a verdade. Que verdade é essa?

A Editora Pensamento, com a tradução de ROSABIS CAMAYSAR, apresentou, ao homem aplicado ao estudo, a magnífica obra *O Caibalion*. Através dela, convida tais estudantes a examinarem os preceitos herméticos, tal como expostos, que são: a mentalização; a correspondência; a vibração; a polaridade; o ritmo; a causa e o efeito; e o gênero. Na citada pequena e grande obra, em sua página 19, consta:

> *Os Princípios da Verdade são Sete; aquele que os conhece perfeitamente, possui a Chave Mágica com a qual todas as Portas do Templo podem ser abertas completamente.*[61]

---

[61] TRÊS INICIADOS, *O Caibalion*, Editora Pensamento, SP, 2007, p. 19.

Por outro lado, a quadratura do círculo pode ser explicada pelo significado do logotipo Esquadro e Compasso, o qual tem o sentido muito mais profundo do que simplesmente serem instrumentos do mister de construtor e a representação da medida justa e perfeita, a qual deve presidir as ações conforme a justiça, a equidade, a razão. O compasso como símbolo da perfeição e o esquadro como símbolo da retidão, do correto, do produtivo e sábio.

Observe-se como a ferramenta compasso desenha uma forma "circular":

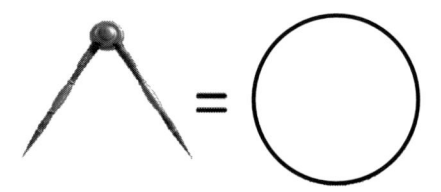

A ferramenta esquadro desenha uma forma de "quadrado":

Quando colocados juntos, como no logotipo da Maçonaria, as ferramentas esquadro e compasso formam um quadrado e um círculo:

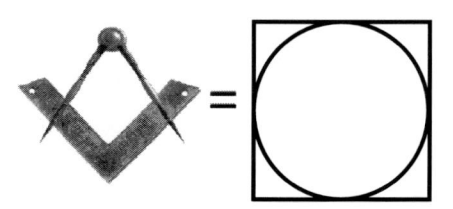

As formas do quadrado e o círculo estão relacionadas à "quadratura do círculo"; diz-se ser o principal objetivo do ofício maçônico. Uma referência espiritual, portanto, para a busca instintiva do homem para harmonizar a natureza física e espiritual.

Desde os tempos remotos, o esquadro tem representado o corpo físico. O círculo, por outro lado, tem sempre representado o espírito.

Na Renascença da poesia em geral, o círculo era um símbolo de perfeição e... um símbolo da alma humana. – J. Douglas Canfield, University of Arizona.

Existe um sinal que nunca mudou o seu significado em qualquer lugar do mundo civilizado, o Compasso e o Esquadro. Um sinal da união do corpo e da alma. – Deman Wagstaff, Wagstaff's Standard Masonry (1922).

... O compasso representa... o lado espiritual do homem, enquanto o esquadro representa o mundo material... o esquadro representa a matéria. No caso dos compassos... eles representam... o espiritual. – J. S. Ward, Interpretation of Our Masonic Symbols.

O Compasso, como o símbolo dos céus, representa a parte espiritual desta dupla natureza da Humanidade... e o Esquadro, como o símbolo da Terra, seu material, sensual, e a parte mais vil. – Albert Pike, Morals and Dogma.

De acordo com essa doutrina mística... todas as almas têm pré-existência e desceram do mundo espiritual para a prisão terrena do corpo... – John Yarker, The Arcane Schools, final 1800s.

... Antiga mitologia considerava e chamava aquelas almas encarnadas na Terra como "os mortos", "falecidos", foi encarnar, "morte", foi... o "túmulo" da carne. – Alvin Kuhn, meados dos anos 1900.

O corpo humano é o túmulo de transformação". "Túmulo no qual a alma desce para o propósito de trabalhar a sua própria salvação, para transformar e melhorar a si mesmo, e ascendendo de fora o mais forte e mais sábio para a experiência. – W. L. Wilmshurst, início 1900.

Assim o compasso e o esquadro simbolizam o estado do homem como um espírito eterno manifestando-se em um corpo temporário. O círculo, representado pelo compasso, é o lado espiritual, que não pode ser visto, ouvido, tocado, provado, ou cheirado, ou percebido pelos sentidos. Logo, ele é o íntimo e o perfeito Ser, a consciência. O quadrado, reprodução do esquadro, é a parte material que os sentidos distinguem.

O termo, assim como a execução do cerimonial da quadratura do círculo, não existe apenas para revelar ao homem a presença de seu espírito ou a intimidade de sua alma, mas para ajudá-lo a redescobrir seus poderes superiores, que estão ocultos e inexplorados pelo próprio corpo que ele habita.

O reconhecimento desses poderes interiores é a chave para a **quadratura do círculo**, ou para se tornar um ser que busca se instruir e a obtenção de um alto grau de aperfeiçoamento.

Essa é a ideia do processo da iniciação, ou seja, de revelar a sabedoria da divindade, a palavra sagrada perdida.

Observe-se que a realização da operação da quadratura do círculo e a sua transcendência será demonstrada no capítulo seguinte.

XV – Conclusão

Em síntese, o conjunto dos ensinamentos contidos neste capítulo inspiram a pensar que o membro dessa corrente filosófica tem o dever de obediência aos princípios nele mencionados, o que, na prática, traz em si um só preceito fundamental, o amor, da dimensão daquele pertencente a Deus.

Esse amor gera o bem de todos e a felicidade geral.

A sujeição a essa lei implica ser um exemplo de comportamento, sejam quais forem as circunstâncias de vida ou o modo de viver. A verdade é que a honestidade e a honorabilidade em nenhum momento devem estar sob julgamento.

Portanto, o Mestre Secreto, além de se tratar de um obreiro íntegro, precisa estar disposto a cumprir seus deveres para com Deus, para com seus semelhantes, para consigo mesmo, para com a família e para com a Pátria, sendo para isso senhor das próprias decisões na sua vida individual e social. De espírito livre.

Além disso, a obediência a essa lei tem conexão com o conhecimento da atividade psíquica, isto é, a consciência.

Enfim, a graça, o encanto, essa pessoa muito linda, é a força da honra de alguém, prêmio conquistado pelo legado de uma conduta inatacável, que cumpriu e obedece, sempre, ao direito natural e à lógica, porque aplica a correta razão.

Atente-se ao que ensina Albert Pike sobre o assunto:

> *Neste Grau, meu irmão, você está para aprender especialmente o dever da obediência à lei. Há uma única lei verdadeira e original, obediente à razão e à natureza, difundida a todos, invariável, eterna, que convida ao cumprimento do dever (...) Esta lei não pode ser ab-rogada ou diminuída, (...) única como Deus, seu grande Autor e Promulgador, que é o Comum Soberano de toda a humanidade, sendo Ele mesmo Uno. (...) A consciência está vinculada às leis. A consciência direta e certa é a razão correta reduzida à prática, conduzindo às ações morais (...) Não é suficiente que a consciência seja educada pela natureza; mas deve ser educada por Deus, conduzida pela razão, tornada operativa pelo discurso, auxiliada pela escolha, instruída por leis e princípios sóbrios; e então ela é justa, e pode ser certa. (...)*[62]

Adiante, na mesma página, da mesma forma ensina:

> *(...) A palavra de um Maçom (...) uma vez dada, deve ser sagrada" (...) Seja fiel, portanto, às promessas que faz, às garantias que dá, e aos votos que assume, uma vez que quebrar este ou aquele é aviltante e desonroso.*[63]

A lição, inevitavelmente, associa a ideia de que qualquer pessoa que queira percorrer os destacados acontecimentos da história mundial, e tenha pretensões de conhecer os traços fisionômicos de alguns de seus protagonistas, seguramente, conclui não ser possível haver representação da imagem verdadeira, seja ela reproduzida por fotografia, pintura ou estátua, se considerar os milênios passados e tendo ciência de que os originais não podem existir e que as cópias, com o tempo, perdem a vida e a verdade. Entretanto, a representação mental dos homens de genialidade e conhecimento permanece em livros, isentas dos prejuízos do tempo e capazes de uma renovação perpétua.

---

[62] Loc. cit. 3, p. 85 e 86.
[63] Ibid. p. 86.

Trata-se, pois, de um sereno exemplo ilustrativo de que o semear o bem sem olhar a quem acorda no ânimo a esperança de colher sempre o melhor. O Mestre Secreto assim instruído, e tendo aptidões para fazer o bem, é estimulado a levar a efeito os atos de bondade de maneira constante, não só porque é o certo, mas, também, porque será a causa de encontrar uma riqueza interior, a paz de espírito, e essa sensação já se reverte num grande prêmio e recompensa.

Em assim procedendo, o Mestre Secreto, reconhecidamente, será:
- Livre, porque é capaz de pensar e está em constante busca da luz, da verdade, do bem e se aperfeiçoando.
- Honrado, porque é um homem que reflete honestidade, respeito e integridade. É um homem pleno, que sobre nada e a ninguém deve prestar contas acerca de seus atos, porque a condição de Maçom significa honorabilidade, cavalheirismo, perspicácia e sensatez.
- Consciente, porque tem discernimento e sentimento do dever, ou de se privar, de praticar determinados atos.
- De boa moral, exatamente porque consciente de seus deveres e racional no uso de seus direitos. É um homem de bem e de bons costumes.
- Submisso às leis, porque cônscio de que elas são obrigatórias para manter a ordem e o desenvolvimento.
- Devotado à humanidade, porque trabalha visando ao bem-estar e porque ama os seus semelhantes. É bondoso e benfeitor.
- Devotado ao país, porque busca atribuir tempo a iniciativas para fazer avançar, pelo menos dentro do seu complexo demográfico social, as melhorias da educação e da formação das pessoas, especialmente os jovens, que, por via de consequência, mais facilmente, ocorrerão projetos de empreendedorismo que apontam como sendo uma das opções para o desenvolvimento social e econômico, e que ajudam a combater o desemprego e a pobreza.
- Devotado à família, porque tem, permanentemente, a preocupação no sentido de edificá-la e conservá-la dentro dos princípios morais e da razão.

Enfim, o Mestre Secreto é benévolo e indulgente, amigo de todos os homens virtuosos, e está sempre pronto a prestar ajuda, não olhando a quem, por todos os meios em seu poder, porque é um homem de alma sensível capaz de apreciar a importância das lições da Maçonaria e de usufruir o encanto do bom relacionamento, baseado nos mesmos princípios, preceitos éticos, benevolência e respeito de uma religião.

XV A – (...) notai (...) que a doutrina deste Grau tem por objetivo saber, querer, ousar e calar.

Sobre esses princípios ou ensinamentos da pirâmide da consciência, Jules Boucher ensina o seguinte:

> *Ao sair do Templo, estará ele (Recipiendário) verdadeiramente de posse desse novo nascimento simbólico? Só o Recipiendário é capaz de responder a essa pergunta, porque só ele é capaz de "querer" sinceramente que isso ocorra.*
>
> *Que ele se lembre então da divisa inscrita, nas Iniciações antigas, sobre o pedestal de granito que sustentava a Esfinge tetramorfa, de garras de Leão, asas de Águia, corpo de Touro e rosto de Homem, divisa que deve ser – como foi, outrora, para os perfeitos Iniciados: os verdadeiros alquimistas e os grandes Rosa-Cruzes do século.*
>
> *XVII – A divisa perfeita do Maçom:*
> *Saber, Querer, Ousar, e Calar-se.*
> *Saber com inteligência (Homem); Querer com ardor (Leão); Ousar com audácia (Águia); Calar-se com força (Touro).*
> *Só por um ato absoluto e entusiasmado de sua vontade é que o profano de ontem se transformará num "nascido duas vezes", isto é, o Espírito pelo qual uma nova Vida irá desenrolar os pomposos ciclos de seus esplendores espirituais.*
> *Será preciso, então, uma grande simplicidade. Lembremo-nos das palavras de Jesus, referidas por São Mateus (XVIII, 1 a 6):*
> *"Na verdade eu vos digo que, se não mudardes e não vos tornardes como crianças não entrareis no reino dos céus. Aquele que se fizer humilde como esta criança é o maior no reino dos céus."*[64]

---

[64] BOUCHER, Jules, *A Simbólica Maçônica*, Ed. Pensamento, 10.ª edição, 1997, p. 60.

Tabernáculo

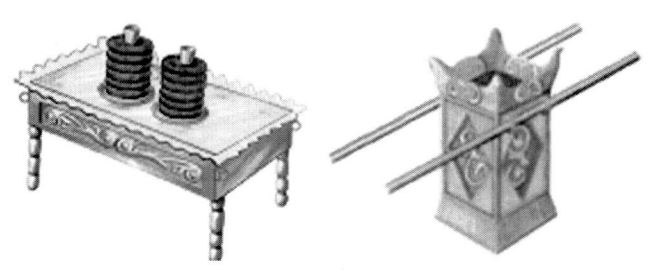

Mesa dos Pães, das Proposições dos Perfumes e dos Juramentos

Arca da Aliança e Candelabro

Arca da Aliança e Candelabro

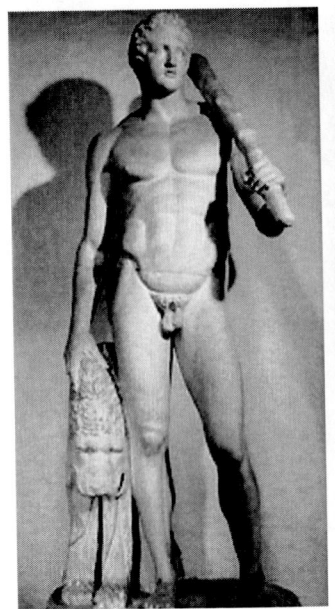

Hércules e Vênus

Apolo e Minerva

Altar dos Pães das Proposições

Altar dos Sacrifícios

Altares da Incensação

Sancta Sanctorum – Igreja de São Lourenço – Roma – It.

> CAPÍTULO V

Título I – Mestre Perfeito
Rito Escocês Antigo e Aceito e Maçonaria Adonhiramita

O título designado para o Grau tanto é para o Rito Escocês Antigo e Aceito quanto para a Maçonaria Adonhiramita: **Mestre Perfeito**.

Nenhuma referência há na Bíblia Sagrada acerca do funeral de Hiram Abif. Nada se obtém quando se pretende averiguar isso. Compreende-se o motivo pelo qual autores renomados consideram que a Lenda de Hiram Abif, especificamente ao Grau de Mestre Perfeito, ser uma adaptação ou integralização às tradições históricas culturais praticadas pelos antigos povos, tal como ocorreu com o mito de Tamuz, Deus dos Sumérios; Osíris, Deus da mitologia egípcia; Júpiter, Deus romano, identificado com Zeus; e outros. As referidas transmissões orais de lendas referem-se ao respeito prestado para aqueles a quem era atribuída importância significativa na sociedade.

Tais tradições eram levadas a efeito, principalmente, no Egito, na Grécia e em Roma, com seus cultos e liturgias prestados aos mortos.

No Egito, por exemplo, o morto que não tivesse um funeral adequado, com a ritualística devida, não era submetido ao julgamento de Osíris, nem podia aspirar à nova vida que aquele Deus oferecia.

Acredita-se que Salomão se preocupou no intento de prestar um funeral de pompa a Hiram Abif, cumprindo, assim, os rituais explicitamente metódicos, e, por consequência, essa inserção na liturgia Maçônica celebra a relação espiritual entre o grande artífice e os mestres elevados, a fim de ela efetivamente acontecer.

Assim, a liturgia que se desenvolve neste grau destina-se a preservar essas tradições para a manutenção dos fundamentos dessa concepção de outrora que se mantém pétrea no acervo da cultura universal.

Importa referir ainda que o presente grau é uma extensão do grau de Mestre, pois enquanto este oferece o cenário da morte, aquele mostra e indica o da vida, promovendo uma mudança interior, isto é, gera a morte de um modo inconsciente de viver para um estado consciente de uma nova forma de dedicação e fruição da vida.

Nada obstante ao expendido acima, tanto na liturgia do Rito Escocês Antigo e Aceito, quanto da Maçonaria Adonhiramita, constam a Lenda e a prescrição do Resumo Histórico e Místico do Grau, respectivamente, insertos nos Rituais do Grau de Mestre Perfeito.

As eloluções que seguem, contidas nos títulos correntes, são a causa de inspiração que gera o que pode servir de orientação aos procedimentos que sucedem habitualmente.

As características que distinguem este Grau são as seguintes:

I – *Comparecer ao pomposo funeral de avental e luvas brancas.*

O avental é o símbolo do trabalho. Lembra, portanto, o dever de uma vida ativa e laboriosa. É um distintivo maçônico dos mais importantes, bem como é uma insígnia que sinaliza posição peculiar e de enobrecimento, pela condição de Mestre Perfeito. E as luvas brancas são o símbolo da pureza, representando que o Maçom nunca deverá manchá-las, mantendo, sempre, suas mãos limpas de qualquer impureza.

II – O coração de *Hiram foi exposto à veneração pública, em uma urna colocada no terceiro degrau do* Sanctum Sanctorum.

A homenagem prestada deve-se ao tributo de grande respeito por ser um homem exemplar, um indivíduo dotado com um intelecto glorioso, uma alma nobre, um ser moral perfeitamente equilibrado, um ser humano bom, que qualquer pessoa pode e deve tornar-se, uma vez cumprida a caminhada rumo ao seu progresso e na realização de seu destino, para o seu proveito e o bem da humanidade.

Na subida consecutiva e gradativa na capacitação para adquirir conhecimento, este, ligado à construção de ideias e conceitos, ao homem exemplar, pelo poder constituído, foi atribuído o terceiro degrau em direção ao trono da Sabedoria, no que recai a concepção da necessidade de engendrar esforços, incessantemente, a fim de aprender para saber.

Acerca do *Sanctu Sanctorum*, no Livro de Hebreus, 9:3-7, lê-se:

> *3 mas depois do segundo véu estava a tenda que se chama o santo dos santos, (Sanctu Sanctorum) 4 que tinha o incensário de ouro, e a arca do pacto, toda coberta de ouro em redor; na qual estava um vaso de ouro, que continha o maná, e a vara de Arão, que tinha brotado, e as tábuas do pacto; 5 e sobre a arca os querubins da glória, que cobriam o propiciatório; das quais coisas não falaremos agora particularmente. 6 Ora, estando estas coisas assim preparadas, entram continuamente na primeira tenda os sacerdotes, celebrando os serviços sagrados; 7 mas na segunda só o sumo sacerdote, uma vez por ano, não sem sangue, o qual ele oferece por si mesmo e pelos erros do povo.*[65]

Pode-se inferir dos versículos bíblicos que o *Sanctu Sanctorum* é um dos locais mais sagrados da fé hebraica.

A tenda era uma sala no centro do Templo, onde uma vez por ano e somente o sumo sacerdote podia entrar nesse lugar e rezar e pronunciar o nome de Deus em hebraico.

III – *Este Grau tem por finalidade honrar a memória dos irmãos, à qual se deve respeitoso culto.*

Sim, o esoterismo do Grau é o culto aos mortos no qual são expostos e é prestada a honra, exaltação, glorificação, louvor, elogio ou aplauso manifestado pela opinião pública.

Certo é que, nesse momento doloroso, lembra-se do cumprimento do dever familiar, social, além da dignidade da pessoa falecida e o amor

---

[65] Loc. cit. 8, Hebreus 9:3-7.

que esta dedicou ao próximo, mais ainda se a vida lhe exigiu lutar bravamente para enfrentar atividades excessivas e as suas consequências.

Na hipótese de a prática do bem ter sido uma constante, vem ao pensamento que ele, o falecido, não havia perdido de vista o GADU, o criador, e a voz que o levou à salvação para encontrá-lo na morada da paz ou dos eleitos.

IV – *A construção do suntuoso mausoléu, realizada no curto espaço de nove dias, lembrará ao Mestre Perfeito que constância e profícua atividade produzem resultados admiráveis.*

A constância no empenho para a realização de qualquer trabalho e, em especial, contra os vícios, tem por consequência a paz de consciência. De igual modo, conseguir a meta estabelecida, com a determinação e a força que ela requer, manifesta ou revela satisfação, e, para o observador, em contrapartida, um sentimento de respeito e estima.

V – *A cor verde da forração.*

O verde é o emblema da vida e da natureza. É a cor simbólica da esperança. Também é a cor do Ramo de Acácia, que representa a sobrevivência de energias, que nem a morte pode destruir.

VI – *A Câmara, tendo 16 colunas, quatro em cada ângulo, dispostas de modo a dar-lhe a forma de um círculo.*

Havendo quatro ângulos e as dezesseis colunas dispostas em círculo, forma-se a figura da quadratura do círculo e, daí, conhecendo-a, sendo diligente e persistente, adquirirá capacidade para a solução desta. Evidentemente, a quadratura do círculo. Veja-se o texto a ser gerado no item VIII, a seguir.

VII – *No centro da Câmara fica o mausoléu, que é uma pirâmide triangular. Tendo numa face a letra M, na outra H e na última G. No solo, em frente a cada face, está uma pedra tosca irregular, por fora das quais haverá uma cercadura baixa em forma de um círculo.*

A pirâmide triangular representa os três aspectos do homem: Corpo, Alma e Espírito.

Em poucas palavras, é bom reproduzir alguns detalhes sobre esses atributos.

a) O **corpo** é apenas a residência ou o templo individual terrestre, ou o lugar onde se mora neste mundo. A função básica do corpo é o contato com o material, tudo aquilo que ocupa lugar no espaço.

Em II Coríntios, 5:1, lê-se: *Porque sabemos que, se a nossa casa terrestre deste tabernáculo se desfizer, temos de Deus um edifício, uma casa não feita por mãos, eterna, nos céus.*[66]

b) A **alma**, segundo apontamentos da Bíblia Sagrada, é composta em três partes, quais sejam: a mente, a vontade e a emoção. Estas três faculdades constituem a personalidade humana. A alma é a sede da nossa personalidade, o nosso "EU". Ela reúne as principais características da pessoa, tais como: amor, ideias, pensamentos. Leia-se na Bíblia Sagrada o seguinte:

Em Lamentações 3:20: *Minha alma ainda os conserva na memória, e se abate dentro de mim.*[67] Pode-se afirmar que a mente é uma função da alma.

Em I Crônicas 22:19: *Disponde, pois, agora o vosso coração e a vossa alma para buscardes ao Senhor vosso Deus.*[68] Buscar é ação natural da vontade.

---

[66] Ibid. II Coríntios 5:1.
[67] Id. Lamentações 3:20.
[68] Id. I Crônicas 22:19.

Em Isaías 61:10: *Regozijar-me-ei muito no Senhor, a minha alma se alegrará no meu Deus.*[69] Alegria é uma emoção da alma.

c) Sobre o **espírito**, em I Coríntios 3:16, lê-se: *Não sabei vós que sois o santuário de Deus, e que o Espírito de Deus habita em vós?*[70] Por isso o entendimento de que para se ter contato com Deus, que é espírito, há de se adquirir consciência espiritual.

Para compreender melhor é bom fazer um paralelo com o físico, que, para se ter contato com ele, somente é possível com substância capaz de receber certa forma. Contato com a matéria só é feito com outra matéria.

Assim, não há como se ouvir a voz de Deus com ouvido físico nem vê-lo com os olhos da carne. Logo, só é possível conhecer a Deus através do espírito.

Enfim, os detalhes do Mausoléu, inclusive, observando que a letra M significa *Mak-Benah* – filho da putrefação; a letra H significa Hiram e a letra G o símbolo de Deus, o Divino Geômetra, induzem à interpretação de que com a morte há a regeneração do espírito, a transformação da alma e o corpo é glorificado. São os aspectos passado, presente e futuro da salvação.

A pedra tosca irregular corresponde à matéria-prima do hermetismo. Significa a personalidade rude do Iniciado.

A cercadura baixa em forma de um círculo, em outras palavras, é o contorno que guarnece a esquife, e, tal como registrado no Ritual, simboliza Deus, que não tem começo nem fim. As pedras, por sua vez, representam a ignorância, isto é, material imprestável à construção do Templo.

É preciso, portanto, procurar desbastar essas pedras, com base ou inspiração em seu valor alegórico, cujo ensinamento vem desde os primórdios tempos, segundo o qual o homem deve conquistar o aprimoramento, não só para a melhoria pessoal, mas, também, para poder contribuir no sentido do progresso social. Para tanto, faz-se necessário dedicar periodicamente algum tempo ao aperfeiçoamento a fim de dominar a "arte de construir com as pedras polidas", ainda que a edificação seja concluída em longo tempo e com sacrifícios. A aquisição de maior grau

---

[69] Id. Isaías 61:10.
[70] Id. I Coríntios 3:16.

de instrução, aptidão e perfeição, certamente ocorre, quer nos trabalhos das Oficinas Litúrgicas, quer nos encontros fraternos, nos quais são ministradas explicações para esse fim, mas principalmente nos estudos da filosofia e do conteúdo hermético dos graus, como também da doutrina derivada da opinião dos bons escritores da Maçonaria e de outras origens filosóficas, teológicas, teleológicas, ocultismo, rosa-cruz, esoterismo.

VIII – *Repousando sua simbologia no Quaternário, observado este tanto na Bat. e no número de CCoI. e Luz. do Templo, quanto na Quadratura do Círculo.*

O Dicionário Aurélio ensina que o quaternário é composto de quatro unidades ou elementos, tal como é na cerimônia da iniciação: a terra, o ar, a água e o fogo.

Quatro é o número que marca a sua manifestação gráfica. A representação geométrica do quaternário, no entanto, em seu aspecto estático, é o quadrado, e, em sua vertente dinâmica, é a cruz. Logicamente, os seus elementos geradores se regem pela lei tétrade, na qual se inserem, por exemplo, os quatro braços da cruz, os quatro pontos cardeais, os quatro cantos do mundo; as quatro letras no nome de Deus (YHVH).

O tema, no entanto, dirige o pensamento no sentido de que designa a personalidade mortal humana, formada pela união de quatro princípios perecíveis: o corpo físico; a vitalidade; o corpo astral ou emocional; e o corpo mental concreto; estes hão de se subordinar à Tríade imortal: vontade espiritual; amor intuitivo; e inteligência superior, atribuída pela gradativa consciência do quão pouco se sabe. No antigo Egito, o candidato, ao penetrar no Templo pisava no quadrado colocado na entrada, e, ao fazê-lo, subentendia-se que estava transpondo o quaternário inferior, que é o que sabe ou o domínio da personalidade, e se propunha a desenvolver a Tríade Superior, o que é imortal. Esse pensamento está explicitado no telhamento de visitantes, em que consta o preceito de que o Maçom vai à Loja "vencer suas paixões, submeter sua vontade e fazer novos progressos na Maçonaria".

VIII A – Quadratura do Círculo

Ainda na condição de Neófito, o Mestre Secreto mostra indícios de que deseja a verdadeira chave para abrir a Arca e, para tanto, necessita realizar a quadratura do círculo. Posteriormente, sendo Mestre Perfeito, recebe os meios para a resolução da quadratura do círculo, questão filosófica, apresentada no grau antecedente.

A interpretação no sentido hermético de resolver o problema proposto é muito pessoal. Entretanto, não havendo a resolução, surge, daí, a indagação: o que é quadratura do círculo?

Em singela expressão verbal, realizar a quadratura do círculo é construir um quadrado com a mesma área de um círculo, numa maior aproximação possível.

Carlos Brasílio Conte, em sua obra intitulada *Pitágoras*, assenta que este investigou os processos de transformação de figuras curvas em retas equivalentes. Inicialmente, ele percebeu que, quando um triângulo é inserido dentro de um círculo, a área ocupada pelas duas figuras não se aproxima com intensidade.

Entretanto, substituindo o triângulo por outras figuras geométricas, com maior número de lados: quadrado, pentágono, hexágono, e assim por diante, verificou assim que a área da figura inserida vai aumentando e a área do círculo vai diminuindo.

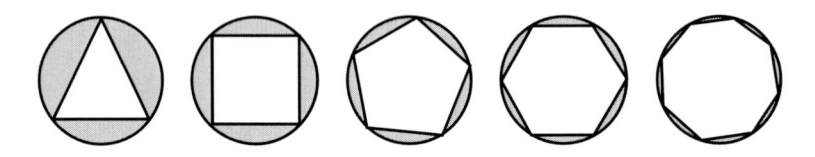

Em uma segunda etapa, fazendo o processo invertido, inserindo o círculo dentro das outras figuras geométricas, as duas figuras tendem a igualar-se.

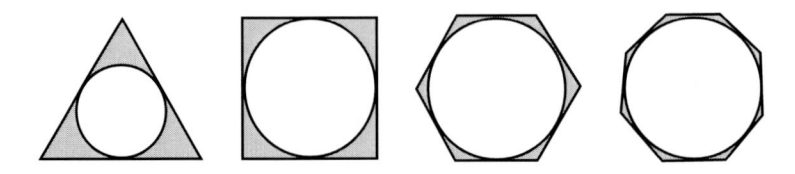

Observe-se que se serviu somente de uma régua e um compasso para tal demonstração.

Essa tendência dos polígonos levou Pitágoras à conclusão de que há na Geometria grandezas ou valores que tendem ao infinito e somente podem expressar-se por aproximações do valor exato. A aproximação seria que é possível conseguir-se uma medida justa, porém não perfeita.

Carl Louis Ferdinand von Lindemann, matemático alemão, notabilizou-se por sua prova, publicada em 1882, que o π é um número transcendente, isto é, não é raiz de nenhum polinômio com coeficientes racionais. Como resultado disso, é impossível exprimir π como um número finito de números inteiros, de frações racionais ou suas raízes (Wikipédia).

A transcendência de π estabelece a impossibilidade de se resolver o problema da quadratura do círculo: é impossível construir, somente com uma régua e um compasso, um quadrado cuja área seja rigorosamente igual à área de um determinado círculo.

Numa questão matemática, atribuindo-se o valor 1 ao raio "R" da circunferência (R = 1), por evidente, o diâmetro "D" é 2, (D = 2R = 2). Assim, a área do quadrado é igual ao lado "L" $L^2 = \pi R^2 = \pi 1^2 = \pi$, sendo o lado "L" igual a L = $\sqrt{\pi}$ = $\sqrt{3,1415926}$ = $\sqrt{1,7724538}$.

Esse exercício de resolução não é absoluto devido à irracionalidade de Pi (π) e é somente dado como referência matemática. Portanto, atinge-se uma aproximação de 99,999...% (infinitamente).

A demonstração feita é somente um pequeno esclarecimento. Podem ser realizadas outras comprovações matemáticas, utilizando-se como recurso o teorema de Pitágoras.

Carlos Brasílio Conte, na obra antes citada, assim termina a lição:

Filosoficamente, essas questões nos remetem a considerações Herméticas que afirmam: "o que está em cima é semelhante ao que está embaixo" ou "o macrocosmo é semelhante ao microcosmo", ou, ainda, "o infinitamente grande assemelha-se ao infinitamente pequeno".

Maçonicamente, a simbologia desses problemas permanece, em sua essência, no Compasso e no Esquadro (Emblema da Maçonaria). O Compasso, representando

> o *Espírito*, é um instrumento que consegue traçar círculos, curvas e até retas; o *Esquadro*, representando a matéria, é muito mais limitado e somente consegue traçar retas e ângulos. Unicamente por meio do trabalho conjugado desses dois instrumentos é que poderemos traçar quaisquer figuras e, dentro das "limitações humanas", elaborar uma peça de arquitetura justa e perfeita.[71]

Certamente, essa obra deve ser realizada em nós mesmos.

Ademais, a perfeita e absoluta quadratura do círculo, em virtude de o número Pi (π) ser transcendente, como se viu acima, só é possível no infinito. Nessa acepção, pode-se afirmar que só Deus, perfeito e transcendente, o consegue obter. Esta questão teórica pura torna-se, portanto, filosófica e simbólica no estudo ativo e minucioso da espiritualidade.

IX – *Este Grau apresenta a Pal. Perf., evidente atributo da sua perfeição nominal, mesmo que seja para perdê-la, novamente, nos Graus posteriores.*

A Palavra Perfeita, referida neste grau, sem dúvida, é o emblema da Divindade que indica o dever de aprender a agir no cumprimento de seu dever, e convida a descobrir a chave do conhecimento, enquanto ser Ela a Verdade Absoluta, o Princípio Criador, base no processo INICIÁTICO e sempre existente no movimento íntimo para alcançar o aperfeiçoamento.

X – *O emblema da Divindade era o Delta e, neste grau, se nota a introdução de um novo princípio. Dessa forma, os trabalhos têm por objeto demonstrar que o Homem, ser finito, não poderia subtrair da natureza seus segredos mais escondidos, nem criar as artes e as ciências, se sua inteligência não emanasse diretamente da Causa Primeira e deduzir, como consequência*

---

[71] CONTE, Carlos Brasílio, *Pitágoras*, 3.ed., São Paulo: Madras. 2008, p. 140.

imediata, que todos somos livres, irmãos e iguais usufrutuários dos produtos do mundo.

O Delta, como se sabe, é o triângulo equilátero que tem no seu interior o Olho da Providência, e, iluminado, o "Olho que Tudo Vê", e representa a presença de Deus, principal razão de se fazer a saudação ao cruzar o eixo do Templo.

O novo princípio, por óbvio, também tem referência com a Divindade, mas não se apresenta em figura que representaria essa ideia abstrata, porém, ainda que sem alusão explícita, é atribuído um Nome, o qual, observado o vocábulo de origem, pode-se outorgar-lhe derivação errônea ou incerteza quanto à designação de Deus.

Pensa-se ser de extraordinária dificuldade representar, por palavra, o Criador do Universo, que exprime apenas referência ao que é Sagrado e a reprodução daquilo que se pensa, tanto quanto a sua essência e ao que lhe é próprio, cabendo-nos unicamente dirigir a Ele glórias no processo mental, na expressão verbal e na ação.

Evidentemente que no decorrer de um funeral, além dos sentimentos de tristeza ou de pesar, dependendo das circunstâncias, a ideia converge quanto à finitude do homem e que não cabe a este criar os atos materiais, mas tudo fazer de acordo com o eflúvio da essência energética de toda criação, justamente por sua fragilidade e limitações.

É bom trazer à memória que, pela proveniência Divina, o homem tem em si o livre-arbítrio, que significa ter liberdade total para exercê-lo de acordo com a consciência e a sabedoria adquiridas.

Há que se estabelecer, também, a distinção entre o ter sido por vontade de Deus e o ser por vontade de Deus. É lógico que os acontecimentos são de acordo com a previsão da Causa Primeira, mas não significa que Deus tenha vontade de que fatos bons e menos bons aconteçam. Tanto que com o arrependimento todo aquele que n'Ele crê recebe o perdão. É a prova que criou leis retificativas. E, assim, a Criação, age por si mesma, num processo de aprendizagem constante.

Existe uma máxima: "a plantação é livre, mas a colheita é obrigatória". Assim, cada um recebe aquilo que necessita e merece, a partir da energia que emanou de seu coração.

Acerca do preceito contido no tópico sob número nove, em *O Livro dos Espíritos*, consta: "Quaisquer que sejam os prodígios realizados pela inteligência humana, essa inteligência tem, ela mesma, uma causa, e quanto mais o que ela realiza é grande, mas a causa primeira deve ser grande. Esta inteligência é a causa primeira de todas as coisas, qualquer que seja o nome sob o qual o homem a designe".

Assim, resumidamente, o homem livre exerce o poder de agir segundo a própria determinação e de acordo com a faculdade de distinguir o bem do mal e o conhecimento adquirido, razão pela qual quem sabe faz bem e quem não sabe não faz, mas sempre de acordo com a previsão e a inteligência emanada da Causa Primeira: Deus.

Nicola Aslan, em *Instruções para as Lojas de Perfeição II (Graus 4 a 14)*, Rio de Janeiro, 1992, sobre o presente Grau, citando Paulo Naudon, Ragon, Dr. Acosta, assentando que se baseiam no Ritual, leciona:

O Maçom que alcançou este grau estuda a filosofia da natureza e recebe a solução do problema da quadratura do círculo filosófico apresentado no grau precedente.

Ao encontrar novamente a palavra, que é Jehovah, ele alcança o objetivo. Aprendendo que o cumprimento do Dever, ao qual é convidado na qualidade de Mestre Secreto, é a realização "elevado princípio que está em nós e não fora de nós", ele descobre que a Chave do Conhecimento, enquanto objeto e verdade absoluta: não está no conhecimento considerado de modo mediato de apreensão desta, mas na participação direta e imediata ao Princípio, o qual está imanente no iniciado.

Ragon (CFIAM) diz também que o Mestre Perfeito conhece o círculo e a quadratura e que este grau relaciona-se com o quaternário, ou seja, com a mônada unida ao ternário. De certo modo, o 5º grau constitui o complemento do grau de Mestre, pois enquanto aquele oferece o cenário da morte, este apresenta o da vida, completando assim o sistema, pois nenhuma dessas modalidades pode existir sem a outra.

Segundo o Dr. Acosta (MMG), os trabalhos do 5.º grau tendem a demonstrar que o homem é infinito ao passo que tudo o que possui é finito.

Trata-se, pois, da consequência de que todos somos livres e iguais.

Neste grau, investiga-se o "objetivo e o subjetivo", a "Psicologia individual", a "Alma e a sua imortalidade", "alcance da Razão". O Mestre Perfeito tem por nome "Consciência e Alma" e sustenta o princípio da "Liberdade, Igualdade e Fraternidade da linhagem humana, estudando e aprendendo a dominar as paixões e ensinando a destruir o fanatismo".

O tema central do 5.º grau é o Conhecimento, caminho para a Liberdade e a Perfeição. O Conhecimento pode ser definido como um ato do espírito que procura formar uma noção sobre as coisas, seja através da imagem visual ou tátil, seja através da elaboração do juízo e do raciocínio. O mais importante dos conhecimentos para o homem é, naturalmente, o conhecimento de si mesmo o qual, pela autocrítica que implica, torna-se o caminho mais certo para a perfeição do espírito e do coração.[72]

Percebe-se, pois, que os renomados autores tornam mais inteligível o contido na Lenda do Grau Mestre Perfeito do Rito Escocês Antigo e Aceito e no Resumo Histórico e Místico do Rito Adonhiramita, respectivamente.

ALBERT PIKE afirma que:

(...) um Mestre Perfeito precisa evitar aquilo que ludibria, e igualmente aquilo que é falso.
Ser um homem honesto é simples e fácil. Requer de nós honestidade nos contratos, sinceridade ao afirmar, simplicidade ao negociar e fidelidade ao desempenhar. Dormir pouco, estudar muito; dizer pouco, e ouvir e pensar muito; aprender o que podemos ser capazes de fazer, e então fazer, fervorosa e vigorosamente, tudo o que pode ser exigido de nós pelo dever e pelo bem.[73]

Essas, em síntese, são as qualidades do Mestre Perfeito.
Ademais, com base no apontamento "(...) mausoléu, realizado no curto espaço de nove dias, lembrará ao Mestre Perfeito que constância e profícua atividade produzem resultados admiráveis", ressalte-se que o presente Grau se caracteriza pela honestidade e principalmente pela ação, pelo movimento, pela diligência: agilidade, dinamismo, rapidez.

---

[72] Loc. cit. 31, p. 29 e 31.
[73] Loc.cit. 3, p. 92.

De modo que a liturgia propaga que não respeita os que gastam o seu tempo inutilmente e conseguem obter resultados financeiros na habilidade de enganar, como, também, aqueles que vivem a custas de outrem e observando a vida por seus pensamentos e sentimentos.

A ociosidade origina efeitos maléficos. Atrai enfermidades e vícios. Na Bíblia Sagrada lê-se:

6 Vai ter com a formiga, ó preguiçoso, considera os seus caminhos, e sê sábio; 7 a qual, não tendo chefe, nem superintendente, nem governador, 8 no verão faz a provisão do seu mantimento, e ajunta o seu alimento no tempo da ceifa. 9 o preguiçoso, até quando ficarás deitado? quando te levantarás do teu sono?[74]

O instinto operário da formiga envergonha o ocioso, que mergulha na utilidade, trazendo grandes problemas a ele e ao núcleo familiar e, por extensão, de parentesco, uma vez que se rende à preguiça e porque fica no esquecimento e perde a eficácia, tornando-se inútil aos fins que a vida visa, em situação de morto e sepultado, sem, no entanto, ao acima referido, com o pomposo funeral.

Da mesma maneira, aquele indivíduo que não é apto para apreciar as belas artes, ou seja, uma escultura ou fina pintura; um pensamento heroico ou uma atitude importante; uma composição poética; uma música harmoniosa; por certo, trata-se de alguém que vive nas condições triviais ou na situação do sujeito vulgar.

Por igual, para quem pensa ser perda de tempo ou insensatez criar um espírito crítico e questionador, não acreditar em tudo que dizem, enfim, filosofar, e, acima de tudo, pensa e exprime com soberba essa sua mediocridade na acepção da alma, que nada mais é que a insignificância e o progresso intelectual defeituoso de sua própria alma, é um alienado, seja da maneira que for, às finanças pessoais, aos seus negócios; enfim, a ganhar dinheiro, que é prioridade na política inspirada num sistema econômico e social que visa, na essência, ao consumo, que, por sua vez, produz carências e desejos materiais e figurados.

Em sentido inverso, a pessoa que se ocupa com a leitura de bons livros e se as suas atitudes são sempre sustentadas na inteireza de caráter,

---

[74] Loc. cit. 8, Provérbios 6:6-9.

firmeza sem obstinação e severidade sem a inflexibilidade, terá discernimento, critério no proceder e, com efeito, será devidamente respeitado.

Por certo, qualquer bom livro, especialmente de filosofia, será sempre um instrumento de uma área de estudos, que envolve investigação, análise, discussão, formação e reflexão de ideias, ou uma melhor visão de mundo, seja no sentido abstrato ou fundamental. As interpretações realizadas nesse propósito e que se firmam e se enriquecem, gradativamente, influenciam na formação e nas relações inerentes à sociedade. Assim, a partir da filosofia surgem as ciências, o homem reorganiza suas inquietações e se utiliza de experimentos, através de instrumentos e procedimentos, põe em equação o campo das hipóteses e exercita a razão para interagir com a sua própria realidade. Enfim, em última análise, tudo é a causa de favorecer tanto o progresso científico, quanto no questionamento de tais conhecimentos. Nesse contexto, a filosofia surge como "a fonte de todas as ciências", ou seja, o estudo que apresenta a base de todo o conhecimento.

Sob esses conceitos pode-se afirmar que o tempo despendido sob certo disfarce e dedicado em tolices ou desperdiçado em estudos imprestáveis e improfícuos, deve ser evitado, senão eliminado.

Nessa acepção, também, vem à ideia o verbete: *o homem tanto mais sábio tem o dever maior de aprender, aprender para saber e saber para ensinar.*[75]

Esse, sem dúvida, é o trabalho da alma, com o estudo da filosofia, que se caracteriza pela intenção de ampliar incessantemente a compreensão da realidade, ouvir e pensar, enfim aprender especialmente o que se pode realizar e aquilo que pode ser exigido pelo dever de obter o bem pessoal, da família e da humanidade.

O Mestre Perfeito não deve usar seu conhecimento para enganar quem quer que seja, e muito mais deve evitar aquilo que é falso. Do mesmo modo, o Mestre Perfeito jamais poderá receber o que não lhe seja devido, e, se o fizer, sabe que está tomando aquilo que a Deus pertence, e se usufruir de riqueza, situação privilegiada, ascendência sobre outrem, fama, sentimento de apego de alguns, em razão do que lhe é impróprio, certamente será obrigado a prestar a justa conta à Divindade.

---

[75] Loc. cit. 12.

CAPÍTULO VI

Título I – Secretário Íntimo
Rito Escocês Antigo e Aceito

Tanto neste quanto na Maçonaria Adonhiramita, o acesso à liturgia do Grau é conferido por comunicação e, como se vê, relativamente ao Rito Escocês Antigo e Aceito, o título é de Secretário Íntimo, o qual não coincide com o da segunda, Preboste e Juiz.

Acerca do assunto, lê-se em 1 Reis, Capítulo 9, Versículos 10-13, o seguinte:

> *10. Ao fim dos vinte anos em que Salomão edificara as duas casas, a casa do Senhor e a casa do rei, 11. como Hirão, rei de Tiro, trouxera a Salomão madeira de cedro e de cipreste, e ouro segundo todo o seu desejo, deu o rei Salomão a Hirão vinte cidades na terra da Galileia. 12. Hirão, pois, saiu de Tiro para ver as cidades que Salomão lhe dera; porém não lhe agradaram. 13. Pelo que disse: Que cidades são estas que me deste, irmão meu? De sorte que são chamadas até hoje terra de Cabul.*[76]

Ao mesmo tempo, a Lenda correspondente ao Ritual do Grau Secretário Íntimo, em síntese, narra que o Rei de Tiro, verificando que a região da Galileia, a qual fora prometida como pagamento da construção do Templo, era território estéril, habitada por população grosseira e ignorante, de modo que se dirigiu ao Palácio Real e invadiu a Câmara de Salomão. Joaben, observando a excitação deste, de forma oculta deu cobertura ao seu Rei, pelo afeto sincero que sempre teve com ele. Descoberto por Rei de Tiro, exigiu-lhe a prisão, que, no entanto, aceitou as explicações de Salomão, compreendendo o gesto do servidor.

---

[76] Loc. cit. 8 I Reis 9:10.13.

O ensinamento deste Grau também se refere ao conjunto de atitudes e reações do Maçom, mas, em específico, lembra que deve ser cuidadoso, pontual e diligente; digno de fé e, por isso, sempre cumpridor daquilo a que se obriga; abnegado e, com efeito, a sua ação há de ser com desprendimento, em proveito de uma pessoa, causa ou ideia; sempre com a intenção de fazer o bem.

Todavia, tal conduta, ou, por outra, qualquer indivíduo que possui as características de ser digno de respeito e admiração, tem o reconhecimento dessas qualidades pelas pessoas com as quais tem convivência, e, por óbvio, só por elas é perceptível essa condição.

Logo, não há que censurar fragilidade alguma de outrem com a finalidade de embaraço, nem há de se divulgar tal fraqueza para desvalorizar essa pessoa, nem se deleitar em lembrá-la para fazer parecer tal indivíduo menor, ou para se considerar superior a ele; nem nunca exaltar ou tentar tirar o prestígio de qualquer homem, a menos que o objetivo tenha o ânimo capaz para consagrar esse ato.

A austeridade ou o rigor, quanto à maneira de comportamento, há de ser mais individual e menos com os outros. E se assim é a prática, pode-se considerar que, em qualquer das duas formas citadas, é mais acertado, superior, e mais justo. Nada obstante, depois de tornada efetiva, qualquer delas, é tão bom ter a informação de que é bem aceita, ou que outro qualquer pensa ou faz referências positivas sobre quem assim procedeu.

Em contrapartida, o egoísta, ou aquele que ama de maneira exclusiva e excessivamente a si, consequentemente, tem menos inclinação para feições amorosas com os outros. De igual modo, aquele que é ríspido nas avaliações com relação ao comportamento dos outros não levará muito tempo para agir ou tomar decisões injustas.

Sob o mesmo enfoque, é fácil notar que a pessoa generosa tem sempre predileção para que a balança entre os benefícios conferidos e os recebidos tenha mais propensão para com os primeiros, e está constantemente disposta em retribuir qualquer favor obtido. No sentido inverso, aquele que não retribui um favor é merecedor de lástima, seja pela incompetência decorrente de pobreza de espírito ou impureza da alma ou miséria pecuniária.

Aquele que é de bom caráter, geralmente, quando lhe é prestado um favor, fica com o sentimento de render um ato de cortesia que corresponda à atenção recebida, como agradecimento. Tal imposição não se dá por qualquer ajuste das partes, nem pela própria manifestação de vontade, mas pela ordem natural das coisas. É um dever que surge de dentro do ânimo desse sujeito, para o qual é mais instintivo o hábito de ser virtuoso do que agir para causar dano. Ao mesmo tempo, o homem que possui tais convicções pode não lembrar uma ofensa a sua dignidade, mas nunca esquecerá um ato de reconhecimento.

De fato, o indivíduo que é generoso e que é de pensamento direcionado a socorrer a liberdade individual e que tem ideias ou opiniões avançadas, de regra, é solidário e de maior capacidade criativa, bem como é de coração aberto, franco e sincero, intenso na prática do bem, cortês e feliz, por consequência, estimado por aqueles que o conhecem. A pessoa em referência valoriza os amigos mais do que fortuna ou fama, e a gratidão mais do que dinheiro ou poder.

Por fim, é importante ressaltar que os Maçons devem se tratar mutuamente com gentileza e afeição, que, por certo, a manutenção desse respeito e dessa bondade proporcionará um ascendente sentimento de fraternidade. É bom que haja mais ternura para com as faltas, porventura concretas, mais perdão, mais solicitude pelo aprimoramento e pela condição social dos outros.

O dever do Maçom, portanto, é envidar esforços para controlar seu próprio temperamento, dominar suas próprias paixões, enfim, em tudo quanto concorrer para a paz, harmonia e progresso do homem. Em sentido lato, a boa formação tornará o homem capaz de trabalhar não só para o seu proveito, mas, também, para o melhor de seu próximo, da pátria e da humanidade, inclusive compreender que cada um deve fazer a sua parte com o fim de preservar a tranquilidade que regula e preserva o universo.

Sobre o Secretário Íntimo, Albert Pike, em sua obra *Moral e Dogma*, ensina que:

> *O ensinamento deste Grau é, pois, ser zeloso e fiel; ser desinteressado e benevolente; atuar como pacificador, em caso de dissensões, disputas e querelas.*[77]

---

[77] Loc. cit. 3, p. 94.

Rizzardo da Camino, em sua obra *REAA, do 1.° ao 33.°*, assim registra:

Zelo, Fidelidade, Desinteresse e Bondade, quatro atributos do Secretário íntimo, envolvem a situação do curioso que assim age, impelido pelo desejo de proteger ao seu Amo, ou seja, aquele, quem serve; o Maçom serve ao seu Irmão e à Humanidade.[78]

Infere-se, pois, que os Renomados autores corroboram o expendido acima.

Não tente, portanto, fazer reparos ou criticar atitude ou fraqueza de quem quer que seja, pois a lenda deste Grau muito bem ensina que havia uma intenção, o propósito e a finalidade de proteger o seu Rei. O exemplo exclama que quase sempre há um objetivo imediato do ato praticado licitamente. Logo, há que se pensar não só tentar saber o porquê das coisas, mas também a intenção que está por trás delas.

---

[78] Loc. cit. 39. p. 137.

Título II – Preboste e Juiz
Maçonaria Adonhiramita

Comparativamente, tal como antes mencionado, o título na Maçonaria Adonhiramita é Preboste e Juiz, diverso da do Rito Escocês Antigo e Aceito.

Na Bíblia Sagrada, sobre Juízes, lê-se o seguinte:

> *18. Juízes e oficiais porás em todas as tuas cidades que o Senhor teu Deus te dá, segundo as tuas tribos, para que julguem o povo com justiça. 19. Não torcerás o juízo; não farás acepção de pessoas, nem receberás peitas; porque a peita cega os olhos dos sábios, e perverte a causa dos justos. 20. A justiça, somente a justiça seguirás, para que vivas, e possuas em herança a terra que o Senhor teu Deus te dá.*[79]

O Resumo Histórico e Místico do grau amplia os conhecimentos com a narrativa na parte da Lenda correspondente.

Dos referidos apontamentos, é preciso tentar interpretar a representação do cofre de ébano, colocado ao fundo do santuário, onde são guardadas as atas e as queixas dos Obreiros, aberto somente com a chave misteriosa de ouro.

O Santuário é o *Sanctum Sanctorum*, a parte interior e a mais sagrada do verdadeiro tabernáculo, a qual é considerada o símbolo mais expressivo da perfeição, onde podem ser oferecidos tanto dons como sacrifícios de acordo com o atributo da consciência.[80]

Igualmente, a Bíblia Sagrada faz menção do ébano como uma mercadoria valiosa de escambo:

---

[79] Loc. cit. 8, Deuteronômio 16:18.20.
[80] Ibid. Hebreus 9:3 a 9.

> *Os homens de Dedã eram teus mercadores; muitas ilhas eram o mercado da tua mão; tornavam a trazer-te em troca de dentes de marfim e pau de ébano.*[81]

Ébano é uma madeira nobre e na maior parte das vezes muito dura, escura e densa.

Por isso, a rigidez do móvel, opondo resistência a qualquer força e com fechadura de ouro.

Na hipótese, a parábola bíblica, conjugada com o contido no resumo místico do Ritual, denota que nesse cofre, localizado num dos lugares mais íntimos, estão guardados os hábitos que conduzem o homem para o mal; os defeitos graves que tornam a pessoa inoportuna, inconveniente e inadequada na atmosfera que a cerca, justamente porque se trata de lugar difícil de penetrar por ser espesso e muito consistente, razão pela qual a sua abertura ocorre somente com chave de ouro.

Em palavras que mais se combinam com o tema Preboste e Juiz, a acessibilidade daquilo que é referido no Ritual, isto é, as atas e queixas trazidas pelos Obreiros, é tudo quanto pode ser objeto de questão judicial; litígio, discussão, controvérsia, discórdia, desavença, disputa, contenda, contrariedade; são acondicionados no fundo do santuário, onde está a faculdade de reter essas ideias e impressões; lembranças ou recordações que devem ser combatidas.

Isso promove uma elaboração intelectual no âmbito do ser, o qual tem de dispor de autodomínio em relação aos seus ímpetos, saber distinguir, com imparcialidade, o que é preciso destruir e o que é preciso construir, o real do irreal, o justo do contorcido, eliminando, enfim, tudo aquilo inclinado para o mal. O Maçom deve adotar, portanto, uma conduta na qual são praticadas atitudes consideradas válidas e bem-aceitas na sociedade.

No sentido prático, no que tange a administração e distribuição da justiça, o preceito básico é o de que a inteligência não deve ficar sob limitações dogmáticas, tanto religiosas como para os princípios da ordem jurídica.

A religião tem seus dogmas indiscutíveis e devem ser obrigatoriamente aceitos pelos fiéis, sob pena de incorrer no pecado.

---

[81] Id. Ezequiel 27:15.

Os ordenamentos jurídicos têm cláusulas pétreas, que são passíveis de alterações somente através do legítimo poder constituinte, ou, desde que tenham o escopo de ampliar o direito ou a garantia já estabelecido, porque a alteração somente é considerada inconstitucional quando visa a abolir ou reduzir o alcance jurídico da norma.

A própria Maçonaria tem seus *Landmarks*, postulados que são imutáveis e orientam e dão uniformidade à prática maçônica.

Contudo, este Grau tem por finalidade educar o Maçom sob a orientação de pautar suas ações, pensamentos, propósitos e palavras nos ideais da Justiça. Desse modo e com base nesse propósito, quando se fizer necessário, na condição de Preboste ou Juiz deve julgar segundo a melhor consciência, fundada na moderação e na igualdade, ainda que em detrimento do direito objetivo ou em prejuízo da lei, porque o direito a ela se sobrepõe. O julgamento, portanto, deve ser fundado na natureza das coisas, na vontade divina, num direito maior que tudo, até ao poder do Estado. Assim, mesmo diante de artigos de fé e de cláusulas pétreas ou normas constitucionais relativas às matérias por ela definidas, entende-se que podem ser discutidas, e, se verificada a sua inadequação, devem ser derrogadas.

Assim, na condição de Maçom, as funções de um Juiz consistem em fazer justiça igual para todos, devendo este, pois, ajudar o fraco, aliviar o mal causado pelo déspota e prover o remédio da situação sem qualquer perigo a quem se propõe a ajudar.

Além disso, neste Grau, o desejo de saber converte-se no domínio da ciência, onde os Maçons mostram-se capazes de corrigir seus defeitos, na medida em que escutam suas queixas, e aptos a organizar seu trabalho; enfim, de fazer justiça, com critério de moderação e de igualdade, cuja consagração nasce de sua consciência e de forma natural. Daí a relação com o Direito Natural, a posse da chave de ouro e o amor à sabedoria.

CAPÍTULO VII

Título I – Preboste e Juiz
Rito Escocês Antigo e Aceito

I – *O Ritual conclusivamente assenta:*

> A lenda do Grau... é baseada nos princípios da **imparcialidade e justiça**, pois sem a primeira não haverá **equidade** na aplicação da segunda.

Antes disso, porém, a liturgia indica convicções de moral, enunciadas a partir das páginas iniciais e consecutivas, e, sob tal proposição, já ressalta que o emblema do Grau consiste em uma balança em equilíbrio, como símbolo da **justiça** e da **imparcialidade**.

Em resumo, refere que a obra do Grande Edifício Moral deve ser construída com o próprio esforço e, bem assim, aquele que assume o Grau de Preboste e Juiz deve provar perante a Razão Suprema a necessária **humildade**, razão pela qual há que se dedicar aos estudos, habilitando-se a prosseguir na pesquisa da **verdade**, através dos nobres atributos da **discrição, tolerância, fidelidade e discernimento**, devendo para tanto ser **cauteloso, bondoso ou benevolente, justo** e **imparcial**.

O Grau, portanto, conduz aos caminhos da **justiça**, que deverá ser alcançada pelo equilíbrio entre o **direito** e o **dever**. Não esquecendo que para saber a quem pertence à **Soberania**, é necessário analisar o seu fundamento.

a) Preboste

O vocábulo **preboste** deriva do latim *præpositus*. Na nossa língua, preposto.

Na internet, em especial, no site da *Wikipédia*, tem-se a informação de que durante o Antigo Regime da França, na Idade Média, sob o termo *prévôt*, o preboste era um agente do senhor feudal ou do Rei, isto é, um funcionário público encarregado de ministrar justiça e gerir a administração econômica dos domínios que lhe era confiada.

No Exército Português, até 1993, de acordo com o Decreto-Lei n.º 42.564, de 7 de outubro de 1959, havia um órgão central de direção da Polícia Militar, denominado como Chefia do Serviço de Preboste.

Segundo o Dicionário Aurélio, preposto é aquele que dirige um serviço, um negócio, por delegação da pessoa competente.

A fim de melhor esclarecer, assinala-se que as disposições de caráter jurídico também tipificam tal representação. Para esse efeito, de acordo com o preceito da CLT, em seu artigo 843, "Na audiência de julgamento deverão estar presentes o reclamante e o reclamado, (...)".

> *§ 1.º – É facultado ao empregador fazer-se substituir pelo gerente, ou qualquer outro preposto que tenha conhecimento do fato, e cujas declarações obrigarão o proponente.*

A jurisprudência consolidada esclareceu que o preposto, para as demandas trabalhistas, deve ostentar a condição de empregado da empresa.

> *Súmula n.º 377 do TST PREPOSTO. EXIGÊNCIA DA CONDIÇÃO DE EMPREGADO (nova redação) – Res. 146/2008, DJ 28.04.2008, 02 e 05.05.2008. Exceto quanto à reclamação de empregado doméstico, ou contra micro ou pequeno empresário, o preposto deve ser necessariamente empregado do reclamado. Inteligência do art. 843, § 1.º, da CLT e do art. 54 da Lei Complementar n.º 123, de 14 de dezembro de 2006.*

O Código Civil de 2002, por sua vez, nos artigos 1.169 a 1.171, igualmente dispõe sobre os prepostos, sem, todavia, indicar a necessidade de existência de vínculo empregatício.

> *Art. 1.169. O preposto não pode, sem autorização escrita, fazer-se substituir no desempenho da preposição, sob pena de responder pessoalmente pelos atos do substituto e pelas obrigações por ele contraídas.*

Art. 1.172. Considera-se gerente o preposto permanente no exercício da empresa, na sede desta, ou em sucursal, filial ou agência.

Preboste ou preposto é, portanto, quem foi posto pelo preponente em seu próprio lugar. Ou seja, a ação do preposto é, para todos os efeitos, a ação do preponente: *qui mandat, ipse fecisse videtur*, ou o mandatário age em nome do preponente.

Preponente é quem põe outro em seu lugar.

Na hipótese, não há dúvida de que o preboste ou preposto é mandatário da Maçonaria para agir em seu nome, mas para a prática do bem. Ao contrário, se não for justo, sofrerá a devida punição.

b) Juiz

Por outro lado, de acordo com o Dicionário Aurélio, **Juiz** é aquele que tem o poder de julgar. E mais, Juiz de Direito é o Magistrado judicial que, no território de sua jurisdição, julga segundo a prova dos autos e segundo o direito.

Em outras palavras, Juiz de Direito é um cidadão investido de autoridade pública com o poder para exercer a atividade jurisdicional, julgando os conflitos de interesse que são submetidos à sua apreciação.

O juiz é, em diversos países, como membro do Poder Judiciário, de um modo geral, e, na qualidade de administrador da Justiça Estatal, é o responsável para declarar e ordenar o que for necessário para efetivar o pedido da parte, a quem entende estar correta no processo. Filosoficamente, é o responsável por manter a ordem social.

Em nosso País, o princípio do juiz natural está previsto nos incisos XXXVII e LIII, ambos do art. 5.º da Constituição Federal de 1988, os quais garantem que: *XXXVII – não haverá juízo ou tribunal de exceção; LIII – ninguém será processado nem sentenciado senão pela autoridade competente.* Em idêntico significado, todos têm o direito de serem processados e julgados somente por juízes constitucionalmente competentes, pré-constituídos na forma da lei e imparciais por sua natureza.

A imparcialidade exigida pelo princípio do juiz natural deve ser entendida como aquela apta a possibilitar que o magistrado julgue conforme a sua livre convicção legal, independentemente de qual seja a parte litigante ou o objeto do litígio, motivo pelo qual o juiz precisa se autossubmeter aos institutos da suspeição e impedimento.

Do mesmo modo, ainda que sem a investidura no cargo antes referido, qualquer pessoa, em especial o Maçom, à medida de sua capacidade de avaliar e discernir segundo a melhor consciência, deve empenhar-se no sentido de se tornar efetivo naquilo que é justo, enfim para que todos obtenham e gozem de seus direitos naturais.

O conceito de direito natural manifesta-se na existência do direito baseado na natureza das coisas e, em última análise, na vontade divina, no direito justo, denominando-se por concepção *jus* naturalista (do *jus*-naturalismo originário de pensadores católicos, como Tomás de Aquino). O direito natural é entendido como um direito ideal, o verdadeiro, o certo, o seguro, integrado por princípios ou regras que recuperam necessariamente o justo, isto é, aquilo que compreende a exatidão ou a precisão.

É um direito que já nasce incorporado ao homem, alcançada a significação ou ideia, no mais alto grau possível, sendo assim maior que tudo, até que o poder do Estado. É algo que não se materializa, mas que existe independente de qualquer coisa.

Thomas Hobbes concebe o direito natural como "a liberdade que cada homem tem de usar livremente o próprio poder para a conservação da vida e, portanto, para fazer tudo aquilo que o juízo e a razão considerem como os meios idôneos para a consecução desse fim".

Infere-se, pois, que para praticar a **justiça**, primeiramente, há de se possuir uma perfeita noção dela, e é o procedimento com a maior honestidade; ser imparcial na defesa do direito e da moral; fazer valer a verdade; contribuir para a manutenção da ordem, da paz e da harmonia entre os homens, senão a harmonia e a ordem social, dando a cada indivíduo o que lhe for justo.

Com suporte na elocução da veemente defesa da Justiça vem à lembrança o preceito elementar que é o da igualdade de direitos, consagrados na Declaração Universal dos Direitos do Homem. Isso dá a ideia de que o Maçom deve ser senhor dos seus hábitos. Dispor de autodomínio em relação aos seus ímpetos, saber distinguir com imparcialidade o real do irreal, desprezando as doutrinas exóticas, conceitos dúbios e principalmente os princípios que não coadunam com o Amor e a Fraternidade. E, muito particularmente os vícios tidos como normas sociais (bebida, fumo, sexo...), mas que, inadvertidamente, corrompem, aviltam e envelhecem. Dessa forma, Justiça para o Maçom é a Bondade no lar, a honestidade nos negócios, a cortesia na sociedade, o prazer no trabalho, a piedade e a sincera preocupação para com os desvalidos da fortuna, o socorro aos mais fracos, o perdão para o penitente, o amor ao próximo e, sobretudo, a reverência às coisas sagradas.

O bom-senso sempre há de prevalecer. A justa razão, o juízo perfeito, as emoções equilibradas, por certo, alicerçam o bom-senso, e este tem a capacidade de neutralizar a intolerância, a vaidade, o sectarismo e outras desavenças que tantos males causam à sociedade e em particular ao Homem Maçom.

O ato de julgar, na hipótese, em conflito envolvendo interesses alheios, deve ter por base o fruto da razão que responde pelo equilíbrio do emocional, favorecendo a intermediação, amigável, sincera, fraterna e sempre conciliável.

A Justiça aplicada na absoluta imparcialidade orienta que não se pode antecipar os fatos ou prejulgar, sem que sejam, criteriosamente, calculadas e medidas as suas consequências, para uma solução equitativa.

O Maçom livre, portanto, é sensível ao bem e busca sempre seu engrandecimento como ser atuante e culto. Com sabedoria, pois, procederá com absoluta isenção e a máxima honestidade de propósitos, será coerente com os princípios e, por consequência, útil a serviço da Humanidade. Através da difusão de conhecimentos a que tem acesso e acumula, a sua ação construtiva, que exerce permanentemente em todas as suas celebrações, o conduzirá a uma existência melhor pelos caminhos da realização da Justiça.

c) Equidade

A **equidade**, em qualquer bom dicionário da língua portuguesa se encontra o seu significado. No dicionário Houaiss, por exemplo, pode-se ler: "julgamento justo; respeito à igualdade de direito de cada um, que independe da lei positiva, mas de um sentimento do que se considera justo, tendo em vista as causas e intenções". No dicionário Aurélio lê-se: "1. Disposição de reconhecer igualmente o direito de cada um. 2. Conjunto de princípios imutáveis de justiça que induzem o juiz a um critério de moderação e de igualdade, ainda que em detrimento do direito objetivo. 3. Sentimento de justiça avesso a um critério de julgamento ou tratamento rigoroso e estritamente legal. 4. Igualdade, retidão, equanimidade."

Na Grécia, que pode ser concebida como o local de sua origem, a equidade era chamada de *epieikeia*, e revelava a ideia de adaptação do direito ao caso concreto. Os filósofos gregos, Platão e, posteriormente, Aristóteles, voltaram a atenção para ela. O último, no entanto, definiu a *epieikeia* como pouco prática, devido à corrupção no Judiciário e, por isso, não recomendou o seu uso.

Os romanos, de outro modo, foram os que criaram a palavra *aequitas* e *aequus* que em *latim* significa igual e equitativo; segundo o povo romano, *aequitas sequitur legem*, ou seja, a equidade acompanha a lei. Os romanos, também, tinham o ditado que segue: *Summum ius summa iniuria*, que significa "Perfeita justiça perfeita injustiça". Queriam dizer com isso que, se aplicada a lei rigidamente sem a devida atenção às condições reais dos envolvidos, podem-se cometer injustiças.

Equidade, portanto, consiste na aplicação da lei ao fato concreto, observando-se os critérios de justiça e igualdade. Em outras palavras, a equidade adapta a regra a um caso específico, a fim de deixá-la mais justa. Ela é uma forma de se aplicar o Direito, mas sendo o mais próximo possível do justo para os litigantes.

Essa adaptação, contudo, não pode ser de livre-arbítrio nem pode ser contrária ao conteúdo expresso da norma. Ela deve levar em conta a moral social vigente e os princípios gerais do Direito.

Acerca disso, é bom lembrar que o conceito de isonomia consiste num "princípio que determina a igualdade de todos perante a lei" (art. 5º da CF). Jurisprudência, bem assim, é "fonte secundária do Direito que se funda em aplicar, a casos semelhantes, orientação uniforme dos tribunais".

Em síntese, isonomia consiste na garantia de direitos iguais a todos perante a lei. Jurisprudência consubstancia-se com as decisões dos tribunais a respeito de questões semelhantes. A equidade é a adaptação da lei a fim de fazer justiça da forma mais humana e justa possível.

O Direito Positivo vem, gradativamente, minimizando a importância da equidade, com o intento de introdução e abstração de normas jurídicas, garantindo, de alguma forma, a abrangência de todos os fatos. Porém, é notório ser impossível conseguir tal efeito, porque a generalidade e abstratividade da norma jurídica não absorve todos os novos fatos ainda não previstos em lei.

Logo, a equidade é utilizada como um mecanismo para suprir lacunas da lei ou das outras fontes formais do direito, quais sejam: os costumes, a doutrina, a jurisprudência e os princípios gerais de direito, porque as novas relações e os novos fatos jurídicos possíveis são infinitos.

Desse modo, por meio da equidade é possível a flexibilização da norma aplicável para não resultar em injustiça, e, assim, pode o juiz criar e aplicar nova norma específica para caso também específico e, por consequência, tornar a realização da justiça mais ampla e equitativa. Pode ser compreendida como a justiça amoldada à especificidade de uma situação real, pois atenua a rudeza de regra jurídica positiva.

Assim, equidade é o princípio pelo qual o direito se adapta à realidade da vida sociojurídica, conformando-se com a ética e o bom-senso, diminuindo as lacunas do ordenamento, com o intuito de melhorá-lo, tornando-o mais eficaz e justo.

Sendo assim, equidade funda-se na circunstância especial de cada caso concreto, concernente ao que for justo e razoável dentro dos critérios subjetivos do aplicador das normas do direito de forma adequada com o objetivo de melhor solucionar a questão.

Por fim, pode-se dizer que equidade é a justiça natural, limitada às contingências do agente e do fato.

d) Imparcialidade

O princípio da **imparcialidade** é aquele em que qualquer manifestação, opinião e, principalmente, julgamento seja realizado de forma pela qual, senão todas as partes, a maioria dos envolvidos possam concordar com ele. Um exemplo simples e de aspecto complexo é aquele em que, quando induzido a opinar sobre assunto que diz respeito à fé, esse conceito deve ser emitido de forma que os seguidores de todas as crenças religiosas, ateus e agnósticos possam aceitá-lo.

A imparcialidade, pois, permite analisar os fatos, compreendendo a reflexão sobre o universo do assunto e a causa em exame e se pronunciar sem envolvimento emotivo com os cidadãos mediados.

Logo, o princípio da imparcialidade corresponde a um ponto de vista neutro, o qual orienta e socorre a não pender favoravelmente para uma das partes da controvérsia.

Do mesmo modo, na hipótese em que há a imposição de se tomar uma resolução num debate ou discussão em que segue uma escola filosófica ou uma tendência de pensamento ou ideia, ainda assim esta deve ser com plena isenção e que a solução seja com a neutralidade possível.

e) Verdade

Para qualquer pessoa, a **verdade** absoluta está sempre condicionada à necessidade desta e a limitadas probabilidades. Diz-se que não há condição de transmitir a verdade absoluta, porque cada indivíduo tem que conhecê-la por si e em si mesmo. Não é por acaso o advento do *Conhece-te a ti mesmo*.

A verdade, pois, para o Maçom, deve ser o ritual constante no sagrado espaço da causa humana, a qual, de acordo com o Dicionário Aurélio, é o que está em conformidade com o real, exatidão, realidade. É a enunciação de pensamento com franqueza, com sinceridade. É a coisa verdadeira ou certa. Corresponde ao princípio certo. É a apresentação fiel de alguma coisa da natureza.

Para se encontrar a verdade é preciso renunciar ao mundo e viver a plenitude da vida moral, isto é, no exercício prático que leva à efetiva realização da virtude. Portanto, a verdade é a própria simplicidade, a própria singeleza, a própria lógica natural.

O Sumo Pontífice João Paulo II, em sua Carta Encíclica de 14.9.98, diz que:

> *A fé e a razão constituem como que as duas asas pelas quais o espírito humano se eleva para a contemplação da verdade. Foi Deus quem colocou no coração do homem o desejo de conhecer a verdade e, em última análise, de O conhecer, para que, conhecendo-O e amando-O, possa chegar também à verdade plena sobre si próprio. (cf. Ex 33, 18; Sal 2726, 8-9; 6362, 2-3; Jo 14, 8; 1 Jo 3, 2).*
>
> *No âmbito da autoconsciência pessoal, quanto mais o homem conhece a realidade e o mundo, tanto mais se conhece a si mesmo na sua unicidade... O que chega a ser objeto do nosso conhecimento torna-se, por isso mesmo, parte da nossa vida. A recomendação conhece-se a ti mesmo estava esculpida no dintel do templo de Delfos, para testemunhar uma verdade basilar que deve ser assumida como regra mínima de todo o homem que deseje distinguir-se, no meio da criação inteira, pela sua qualificação de "homem", ou seja, enquanto "conhecedor de si mesmo".*
>
> *Aliás, basta um simples olhar pela história antiga para ver com toda a clareza como surgiram simultaneamente, em diversas partes da terra animadas por culturas diferentes, as questões fundamentais que caracterizam o percurso da existência humana: Quem sou eu? Donde venho e para onde vou? Porque existe o mal? O que é que existirá depois desta vida? Estas perguntas encontram-se nos escritos sagrados de Israel, mas aparecem também nos Vedas e no Avestá; achamo-las tanto nos escritos de Confúcio e Lao-Tze, como na pregação de Tirtankara e de Buda; e assomam ainda quer nos poemas de Homero e nas tragédias de Eurípides e Sófocles, quer nos tratados filosóficos de Platão e Aristóteles. São questões que têm a sua fonte comum naquela exigência de sentido que, desde sempre, urge no coração do homem: da resposta a tais perguntas depende efetivamente a orientação que se imprime à existência.*[82]

Na citada Carta Encíclica, afirmou, também, que queria continuar concentrando a atenção sobre o tema da verdade e sobre o seu fundamento em relação com a fé. Porque neste período de mudanças rápidas e complexas, deixa, sobretudo, os jovens na sensação de estarem privados de pontos de referência autênticos. E reafirmando a verdade da fé, pode-se restituir ao homem de hoje uma genuína confiança nas suas capacidades cognoscitivas e oferecer à filosofia um estímulo para poder recuperar e promover sua plena dignidade.

---

[82] http://www.vatican.va.

Ademais disso, há sessenta e cinco textos dos Evangelhos com os quais Jesus iniciou uma sentença com a expressão – em verdade – e há, pelo menos, três lições que podemos extrair desses textos sagrados.

1.ª lição – As verdades pronunciadas por Jesus eram suas verdades.

Por exemplo, em João 14:6; Ele havia afirmado "Eu sou o caminho, a verdade e a vida; ninguém vem ao Pai senão por mim". João, Evangelista, iniciando seu livro, escreveu de Jesus que Ele era o verbo de Deus, que estava desde o princípio com Deus e que agora havia se manifestado aos homens em forma de homem. Ou seja, todas essas e outras referências apontam Jesus como sendo a verdade. Portanto, somente quem é a verdade – Cristo – pode falar toda a verdade e em verdade.

2.ª lição – Que Jesus tinha um compromisso com a verdade.

Jesus sentiu que o maior anseio do povo era encontrar alguém que lhes falasse a verdade a respeito de Deus. O compromisso que Ele tinha com a verdade era resultante do fato de que Ele sabia que somente a verdade libertaria o povo da ignorância e da opressão. O povo corria para ouvir Jesus exatamente porque saciavam nEle sua sede de ouvir a verdade. NEle não há engano, não há trevas nem sombra de dúvidas. Cristo é a verdade que liberta; a verdade que orienta; a verdade que revela; NEle está toda a verdade, e tudo o que Cristo disse e diz é verdade. "E, se julgo, o meu julgamento é conforme a verdade, porque não estou sozinho, mas comigo está o Pai que me enviou".[83]

3.ª lição – Que Jesus queria que os seus obreiros fossem homens comprometidos com a verdade.

Questionado sobre o que Ele achava de João Batista, Jesus disse que ninguém era maior que João. – O que Jesus viu em João para dar um testemunho tão forte? "João não fez milagre algum, mas tudo o que João falou deste homem era verdade".[84]

O Evangelho é também a Verdade. "É o Espírito da Verdade, que o mundo não pode receber, porque não o vê nem o conhece, mas vós o conhecereis, porque permanecerá convosco e estará em vós".[85]

---

[83] Loc. cit. 8, João 8:16.
[84] Ibid. João 10:41.42.
[85] Id. João 14:17.

Nada melhor que transcrever as sábias palavras do Santo Padre João Paulo II em conclusão:

A responsabilidade pela verdade implica também amá-la e procurar obter a sua mais exata compreensão, a fim de a tornarmos mais próxima de nós mesmos e dos outros, com toda a sua força salvífica, com o seu esplendor, com a sua profundidade e simultaneamente a sua simplicidade.[86]

O Preboste e Juiz deve provar perante a Razão Suprema a necessária humildade.

f) *Humildade*

Humildade – é a virtude que dá o sentimento, a noção e a consciência da fragilidade humana perante as forças da natureza e o poder divino. É sinônimo de modéstia, pobreza, respeito, reverência.

É a virtude dos sábios. Com a sua prática, abrem-se largas portas para a aquisição do conhecimento.

É a qualidade daqueles que não tentam se projetar sobre as outras pessoas, nem mostrar serem superior a elas. A Humildade é considerada como a virtude que dá o sentimento exato do bom-senso para se autoavaliar, inclusive em relação às outras pessoas.

Com humildade deve-se mostrar grandeza nas pequenas coisas, aprimorando-se e lutando para o possível êxito, sem deixar de zelar e clamar pelos que ficaram embaixo e necessitam de ajuda.

II – É preciso dedicação aos estudos, habilitando-se a prosseguir na pesquisa da verdade, através dos nobres atributos de Discrição, Tolerância, Fidelidade e Discernimento.

a) **Discrição** – Além do expendido na letra "a", item III, título II, do capítulo IV, importa observar que não mais se reveste a Maçonaria de um

---
[86] Loc. cit. 82.

segredo absoluto, quanto aos seus ensinamentos, de vez que a sua doutrina tem divulgação habitual e, por isso, é conhecida e está ao alcance de estudiosos que não pertencem à Ordem.

Lembre-se que a discrição é a disposição moral de ser prudente e recatado.

b) **Tolerância** – é a qualidade de admitir e respeitar opiniões contrárias. Em regra, é a tendência de admitir modos de pensar, de agir e de sentir que diferem dos nossos. É o respeito absoluto à crença alheia ou ao ideal alheio, para que se harmonize o direito espiritual, que é inerente ao homem culto.

Em outras palavras, a tolerância tem como significado a generosidade e é a consciência clara de que a única coisa que nos pertence é o livre-arbítrio, acompanhado de uma firme resolução de bem utilizá-lo. É, portanto, uma forma de expressão da virtude e, por isso mesmo, aparece como chave e remédio contra o desregramento das paixões.

De certa forma, a tolerância se confunde com a virtude, porque representa o conhecimento de que nada verdadeiramente pertence ao homem, senão a livre disposição de suas vontades, e que só pelo esforço e bom uso dessa vontade pode compreender e empreender aquilo que for julgado o melhor.

Sumariamente, pode ser compreendida como a mais profunda tolerância nas seguintes situações:

1. Em ouvir não só as queixas, mas também as posições ideológicas, seja para com a religião ou sobre as convicções políticas.
2. Nos pontos de vista das pessoas que não se limitam à atenção, mas aceitar a difusão das ideias, mesmo que coincidam com o ouvinte.
3. Compreensão pelos sistemas e formas de gestão da Maçonaria, ritos, cerimônias, valores, ensinamentos, enfim, desde que coerentes com o ideário maior da Ordem e com as leis e regulamentos próprios.
4. Para com as ausências em Loja, sobre as quais não devendo implicar que os não presentes deixem de praticar os seus deveres Maçônicos.

c) **Fidelidade** – observe-se o exposto na letra "b", item III, título II, do capítulo IV, repetindo que, em sendo fiel com os estáveis princípios, ideias e anseios, metas, objetivos e propósitos, estar-se-á em paz com a consciência e, o mais importante, causa felicidade.

d) **Discernimento** – é a faculdade de julgar as coisas de maneira clara e sensata. A consciência maçônica mostra ao homem os passos que devem ser dados, com firmeza, mas com a devida prudência. A justiça é uma conquista de valores, um elemento de grandeza, um número perfeito, um símbolo inigualável que se emprega com magnificência quando se tem discernimento.

III – *Aquele que assume o Grau de Preboste e Juiz deve ser Cauteloso, Bondoso, Justo e Imparcial.*

a) **Cauteloso** – deve ter o cuidado necessário para evitar qualquer mal. Há de se comportar e agir com moderação e prudência, evitando riscos ou perigos. Precavido.

b) **Bondoso** – deve estar permanentemente disposto a praticar o bem, sendo assim benevolente, caridoso. Ter boa vontade com as pessoas, sendo, pois, afetuoso, benevolente. Ter amor para com a humanidade, sendo, dessa forma, filantrópico. Possuindo essa qualidade e o dom da bondade, é um ser virtuoso e honrado.

Quanto aos conceitos de **Justo** e **Imparcial**, observe-se o expendido no item I, letras "b" e "d", deste título e capítulo.

O Preboste e Juiz deve saber a quem pertence a **Soberania** e analisar o seu fundamento. Não esquecer a **benevolência**.

c) **Soberania** relaciona-se à autoridade suprema, geralmente no âmbito do país. É o direito exclusivo de uma autoridade suprema sobre um grupo de pessoas, de regra uma nação. Há hipóteses em que essa soberania é atribuída a um indivíduo, como no Estado em que seu sistema de governo é monárquico, no qual o líder é chamado genericamente de soberano.

Entende-se por soberania a qualidade máxima de poder social por meio da qual as normas e decisões elaboradas pelo Estado prevalecem sobre as normas e decisões emanadas de grupos sociais intermediários, tais como a família, a escola, a empresa, a igreja. Nesse sentido, no âmbito interno, a soberania estatal traduz a superioridade de suas diretrizes na organização da vida comunitária.

Jean Jacques Rousseau, um dos mais famosos intérpretes da doutrina clássica francesa, formulou a ideia e prescreveu: como titular da soberania o rei foi substituído pelo povo, razão pela qual, por sua natureza, a essa autoridade suprema, atribuiu-se-lhe a qualidade de inalienável e indivisível e, assim, deve ser exercida pela vontade geral.

A partir do século XIX foi elaborado um conceito jurídico de soberania, segundo o qual esta não pertence a nenhuma autoridade particular, mas ao Estado, que orienta as relações entre os próprios Estados e enfatiza a necessidade de legitimação do poder político pela lei.

d) A benevolência para com todos, fruto do amor ao próximo, produz a afabilidade e a doçura. E a indulgência ante as faltas alheias e o perdão das ofensas, indiscutivelmente, **dá por aberto** o caminho da boa convivência entre os homens.

Benevolente, indulgente e voltado ao perdão de toda e qualquer ofensa, estará caminhando rumo ao equilíbrio, junto aos Irmãos, criando o protótipo da morada da paz, da felicidade constante ou do lugar ideal para se viver.

IV – *Inferência*

A generalidade do expendido sobre a lenda deste Grau mostra que o que se pretende atingir é inculcar no Maçom a Justiça com imparcialidade e a equidade.

A Bíblia Sagrada narra uma lenda que distingue admiravelmente a sabedoria do Rei Salomão, demonstrando a pronta compreensão de qualquer pessoa de um modo eficaz de se fazer justiça.

O livro de 1 Reis, Capítulo 3, versículos 16 a 28, relata que duas prostitutas procuraram Salomão para que o Rei lhes resolvesse uma séria contenda: cada uma acusava a outra de ter-lhe roubado o filho.

Explicando a situação: ambas tinham dado à luz na mesma época, com uma diferença de apenas três dias. O filho de uma delas morreu sufocado *porquanto se deitara sobre ele*. Ainda no decorrer daquela noite, enquanto a outra dormia, procedeu na troca daquele que estava morto pelo vivo. Ao acordar, a que ficou inerte percebeu que a criança que se encontrava junto a ela estava morta. Sofrendo pela perda, o infortúnio leva-a ao desespero, como qualquer pessoa. Quando os raios de sol penetram no quarto constata que os bebês haviam sido trocados. E, para espanto, vê o seu verdadeiro filho nos braços de outra mulher, sendo amamentado insensível e tranquilamente.

Disse então essa mulher: Não, mas o vivo é meu filho, e teu filho é o morto. Replicou a primeira: Não, o morto é teu filho, e meu filho o vivo.

O caso chega ao Rei Salomão. Tido como justo e sábio, teve a missão de resolver a contenda, e o faz de maneira sensata.

As duas prostitutas apresentam-se diante do rei e cada uma, a seu modo, relata a sua versão dos fatos. Salomão, aturdido com uma história de tamanha complexidade e, sem saber, de fato, quem estava com a razão, tem uma surpreendente ideia.

23. Então disse o rei: Esta diz: Este que vive é meu filho, e teu filho o morto; e esta outra diz: Não; o morto é teu filho, e meu filho o vivo.

24. Disse mais o rei: Trazei-me uma espada. E trouxeram uma espada diante dele.

25. E disse o rei: Dividi em duas partes o menino vivo, e dai a metade a uma, e metade a outra.

26. Mas a mulher cujo filho era vivo sentiu suas entranhas se lhe enterneceram, e disse: Ah, meu senhor! dai-lhe o menino vivo, e de modo nenhum o mateis. A outra, porém, disse: Não será meu, nem teu; dividi-o.

27. Respondeu, então, o rei: Dai à primeira o menino vivo, e de modo nenhum o mateis; ela é sua mãe.

28. E todo o Israel ouviu a sentença que o rei proferira, e temeu ao rei; porque viu que havia nele a sabedoria de Deus para fazer justiça.[87]

---

[87] Loc. cit. 8. I Reis 3:23.28.

Quanto a esse tema bíblico, para um acabamento de um padrão ideal, veja-se o constante no Livro de Provérbios de Salomão, 3:13 e 14, que assim atesta:

Feliz é o homem que descobre a sabedoria, e que adquire inteligência; pois adquiri-la vale mais do que a prata, e o seu lucro mais do que o ouro.[88]

Sob outro ponto de vista, convém assentar que: *É fácil ser bom, mas difícil é ser justo.* (Autor desconhecido)

Torna-se a repetir que a lição que este Grau proclama é a Justiça, não só no julgamento, mas, também, nas decisões que se sucedem no decurso do tempo, e, em particular, na interlocução e nos gestos com as pessoas.

Sobre a matéria destinada ao Preboste e Juiz, Albert Pike, ministra diversas explicações em sua excelente obra *Moral e Dogma*. Da integralidade do interessante texto, ouso destacar o seguinte:

Aqueles que são investidos com o poder de julgamento devem julgar as causas de todas as pessoas vertical e imparcialmente, sem qualquer consideração pessoal à força dos poderosos, ao suborno dos ricos, ou às necessidades dos pobres. Essa é a regra cardeal que ninguém contestará (...)

Sempre existirá uma grande diferença entre quem cessa de praticar o mal, e quem sempre praticou o bem. (...)

Ninguém necessita cobiçar o ofício de juiz; pois em assumi-lo se assume a responsabilidade mais grave e mais opressiva. (...) o homem está sempre pronto para julgar, e sempre pronto para condenar seu próximo, enquanto na mesma situação de caso absolve a si mesmo. (...)

Portanto, seremos justos em julgar outras pessoas apenas quando formos caridosos; e devemos assumir a prerrogativa de julgar os outros apenas quando o dever nos compele; uma vez que estamos assim quase certos de errar, e as consequências do erro são muito sérias. (...) Pessoas boas são (...) respeitáveis, (...) seu semblante possui importância e influência; suas túnicas são imaculadas. (...)

---

[88] Ibid. Provérbios 3:13 e 14.

Maçom deve tratar seus irmãos que se perdem, (...) mas com caridade, com bondade amorosa condoída. (...) Que sua voz esteja em uníssono com todos esses poderes que Deus está usando para recuperá-lo.[89]

No final, o renomado autor cita os versículos 1 e 2, do Capítulo 7, do Livro de Mateus, asseverando que *o Maçom nunca se esqueça da injunção solene, necessária de ser observada em quase todos os momentos de uma vida ocupada*:

Não julgueis, para que não sejais julgados; porque com o juízo com que julgais, sereis julgados; e com a medida com que medis vos medirão a vós.[90]

E adverte:
Tal é a lição ensinada ao Preboste e Juiz.
Albert Pike, ainda que em capítulo diverso, isto é, dentro do Capítulo do Secretário Íntimo, registra: "Aquele que ama muito a si mesmo necessariamente amará menos aos outros; e o que habitualmente dá julgamentos ásperos não demorará muito para dar julgamentos injustos".[91]

Abrindo-se o Livro da Lei, em I Reis, 3.9, lê-se:

Dá, pois, a teu servo um coração entendido para julgar o teu povo para que prudentemente discerna entre o bem e o mal; porque quem poderia julgar a este teu tão grande povo?[92]

Importa considerar que este foi o pedido que Salomão formulou ao Senhor Deus. Portanto, nada pediu para si, mas pediu sabedoria para governar seu reino.

O Senhor agradou-se dessa oração e disse a Salomão: "11 Pois que... não pediste para ti muitos dias, nem riquezas, nem a vida de teus inimigos... 12 eis que faço segundo as tuas palavras. Eis que te dou um cora-

---

[89] Loc. cit. 3, p. 101 a 105.
[90] Loc. cit. 8, Mateus 7:1.2.
[91] Loc, cit. 3, p. 95.
[92] Loc. cit. 8, I Reis 3:9.

ção tão sábio e entendido, que antes de ti teu igual não houve, e depois de ti teu igual não se levantará."[93]

Sabedoria e inteligência é o sentimento de reverência a Deus. E Deus viu isso em Salomão porque ele se propôs a fazer a sua vontade, como também a sua lição, abençoada por Deus, acompanhará a sua imortalidade.

Seguindo o exemplo de Salomão, há que se rogar ao Senhor sabedoria para servir a Ele e ao próximo, que, por certo, as suas dádivas serão sempre generosas.

---

[93] Ibid. I Reis 3:11.12.

Título II – Primeiro Eleito ou Eleito dos Nove
Maçonaria Adonhiramita

I – *Propósito do Grau*

Primeiramente, valho-me da interpretação dos sábios que formularam o Ritual do Grau 7. O próprio Escopo do Grau assenta que o seu desenvolvimento doutrinário *consagra a necessidade do triunfo da* **Virtude** *e da* **Verdade**.

Ao mesmo tempo, no final da liturgia, há a recomendação: *Sede bravo contra vossas próprias fraquezas na defesa da verdade.*

Essas duas orações gramaticais, resumidamente, refletem a mensagem dada a conhecer no presente Grau.

Entretanto, tendo em conta que o objetivo de sua doutrina é a *bravura*, penso não ser demais dizer que corresponde àquele que age com coragem, valentia, e que é admirável.

Virtude é um hábito do bem, sobre os atos que a geram; serão desenvolvidos adiante.

Com relação ao significado e demais conceitos sobre a *verdade* cumpre apontar a conveniência de atentar ao expendido neste Capítulo, em seu título I, item I, letra "e".

É preciso evidenciar que do conteúdo litúrgico do Ritual, além das qualidades que produzem as propriedades antes referidas e afora os assuntos que indica e que são autoexplicativos, ainda há que se destacar o seguinte:

I A – A lenda:

Em síntese: O motivo pelo qual foi outorgado o título de Mestre Eleito é porque, tendo sido recebido em uma caverna, iluminada por uma lâmpada, uma cristalina fonte aplacou sua sede.

Encontrava-se nessa caverna, Abiram, o homicida do Gr. Arquiteto do Templo, dormindo e tendo ao alcance de seus pés um punhal.

Abiram representa a ignorância, a liberdade cerceada e o crime.

*O Gr. Arquiteto do Templo representa a **inteligência**, expressão da **verdade**, é a **liberdade** que percebe a **luz**; é a **virtude** que emana do coração. (...)*

*O dever é executar a sentença que **libertará** o Homem da **ignorância**. (...)*

*A idade do Eleito dos Nove simboliza o número da Humanidade, a passagem secreta (...) a Cruz da Natureza (...) estrela luminosa – o **Quinário** (símbolo do homem) que necessita estabelecer seu domínio sobre o **Quaternário** (designativo da união de quatro princípios perecíveis: o corpo, a vitalidade, o corpo astral ou emocional, e o corpo mental concreto) por meio da **compreensão**.*

II – *Virtudes*

Além do conteúdo hermético acima reproduzido, o conteúdo litúrgico sugere ao Primeiro Eleito ou Eleito dos Nove o cumprimento de seus deveres; por esse motivo precisa ser **calmo, justo** e **tolerante**. Lembra, também, que a inefável união da sabedoria e da beleza há de prover o Mestre Eleito de **honra** e **glória**.

Ainda que não de maneira enfática, sem levar em conta o contido no escopo do Grau, a liturgia infunde no pensamento as *virtudes*:
a) Teologais: **fé, esperança e caridade**.
b) Cardeais: **justiça, prudência, fortaleza e temperança**.

Na Cerimônia de Elevação, já na recepção do canditato, há as afirmativas:

*(...) que deseja trabalhar contra as próprias fraquezas na defesa da **verdade**.*
(...) unamos os nossos esforços para descobrir o assassino.
*(...) podeis esperar **indulgência**, se a **sinceridade** guiar vossas palavras.*

III – *Vícios*

*(...) não vemos em seus traços sinais **de ignorância**, ou de quaisquer estigmas engendrados pelo **preconceito e fanatismo** (...) **Crueldade tirania e vaidade**.*
*(...) Não é daqueles que preferem imolar a inteligência à **fortuna** e a consciência à **ambição**.*
*(...) diante daquele que matou o espírito da humanidade, asfixiando e atrofiando a sua inteligência, impedindo os trabalhos, sendo o reflexo da **tirania** e do **fanatismo** que oprime a consciência.*
*(...) combatei a **ignorância**, a **cupidez** e o **egoísmo**.*

III A – Na parte final da liturgia há as recomendações:

(...) tenhais confiança na Justiça e jamais procureis julgar e punir por vossos próprios desejos e interesses.
*– **Sede bravo contra vossas próprias fraquezas na defesa da verdade**.*

IV – *A respeito do significado e demais conceitos sobre a verdade, atente-se ao expendido neste Capítulo, título I, item I, letra "e".*

V – *Quanto à Virtude, é bom lembrar que o próprio Ritual do Grau de Aprendiz de 2009, em sua página 220, indica que é o sublime impulso da alma imortal, já desperta, apontando à criatura a prática do bem.*[94]

O estudo das virtudes é essencial porque é através desse exame que se começa a trabalhar profunda e intimamente o "Eu interior". É através dessa análise, aliada ao estudo dos vícios, que se distinguem, com suces-

---

[94] *Ritual do 1.º Grau – Aprendiz-Maçom – Adonhiramita*, GOB, 2009.

so, os sentimentos de pensamentos. Separar aquilo que é puro daquilo que é contorcido. Aquilo que, às vezes, é transmitido como dogma, mas faz alcançar o sentido de não ser adequado. Também é através desse estudo que se desenvolve a consciência, eleva-se o caráter e, consequentemente, a essência do indivíduo.

Apoiado na enunciação do pensamento que a doutrina do Grau consagra a necessidade do triunfo da Virtude e da Verdade, bem como considerando a escravidão material, que se caracteriza na ignorância, na cupidez e no egoísmo, por isso a segurança: deve-se tratar de vitalizar as virtudes.

Sócrates já afirmava que a virtude é a chave para uma vida feliz e a recompensa em si mesma.

No entanto, as virtudes não são hábitos do intelecto, como entendiam Sócrates e Platão, mas da vontade. Os atos, para gerarem as virtudes, não devem desviar-se nem por defeito, nem por excesso, pois a virtude consiste na justa medida.

Segundo o Dicionário Aurélio, Virtude *é a disposição firme e constante para a prática do bem.*

Virtudes são todos os hábitos constantes que levam o homem para o bem, quer como indivíduo, quer como espécie, quer pessoalmente, quer coletivamente.

Santo Agostinho disse que *a virtude é uma boa qualidade da mente.*

Santo Tomás de Aquino disse que *a virtude é um hábito do bem.*

VI – *As Sete Virtudes*

É um tema complexo. Tem-se conhecimento também de que as Ordens Iniciáticas e Religiões tratam delas sempre porque são ou seriam as práticas que elevam e aproximam o ser humano da perfeição, ou de Deus. Porém, esses conceitos e considerações sobre as virtudes alteram-se de acordo com a cultura dos povos, inclusive em função da diversidade das escolas que as estudam (Cabala, Alquimia, Cristianismo, Budismo, Islamismo).

No complexo dos padrões de comportamento em que se está inserido, as virtudes cardeais são aquelas essenciais de que as outras decorrem:

VII – *Virtudes Teologais*

a) Fé: Desenvolve a visão espiritual, pois "pela fé o homem vê espiritualmente Deus e as suas obras, crendo nas coisas invisíveis". A fé do Maçom não deve ser uma fé cega, baseada naquilo que lhe dizem. O Maçom apoia sua fé em seus estudos e em suas experiências próprias, tendo assim não apenas uma fé, mas uma ciência da existência do Criador.

b) Esperança: Dá ao indivíduo a confiança necessária para enfrentar as provas duras da batalha. Dá a força misteriosa que transforma qualquer homem em guerreiro inigualável. Na batalha que o Maçom, de coração puro e mente sã, sempre vai ao bom combate, a sua esperança não é a vitória, porque esta se torna certa, mas a de estar honrando seus pais, mestres, ancestrais e o Criador.

c) Caridade: Maçom sem caridade é cruel e trai seus princípios e regras, porque a Ordem Maçônica não é compatível com crueldade e traição, mas sim com o Amor e a caridade sinceros e, ao lado do compartilhar, a maior personificação do Amor sagrado com o próximo ou a humanidade.

VIII – *Virtudes Cardeais*

a) Justiça é o fundamento principal da Maçonaria. Sua razão maior de existência. Não existe Maçonaria sem justiça. Mas o Maçom não deve se tornar um "juiz", nem tampouco se considerar capaz de sair julgando as pessoas. O Maçom deve ser exemplo vivo da justiça, procurando assim mexer com o íntimo das pessoas. Ele também deve ir de encontro às injustiças, não se calando nunca, sendo a voz viva da consciência daqueles que antes dele lutaram pelos mesmos ideais.

Mas, para isso tudo, além de observar os conceitos desenvolvidos neste capítulo, especificamente no título I, item I, letras "b", "c" e "d", lembre-se que o Maçom deve essencialmente fazer justiça consigo mesmo. Deve se analisar, autoavaliar e aprender a se controlar. Deve ser justo com seu corpo, com sua mente, com seu coração, com sua família, com seu lar, amigos e sociedade.

b) Prudência, frequentemente, é associada com a sabedoria, introspecção e conhecimento. Neste caso, a virtude é a capacidade de julgar entre ações maliciosas e virtuosas. Portanto, dá a conhecer o Bem e o Mal, desenvolve as noções de certo e errado, ensinando a escolher um e evitar e desmascarar o outro. É a personificação da inteligência e da razão. Ajuda o Maçom a escolher o momento certo de agir e a melhor forma de fazê-lo.

c) Fortaleza é a personificação da coragem e da disciplina. Coragem de ir contra aquilo que é injusto, mesmo que seja criticado por isso. Coragem de encarar a si próprio e assumir seus erros e culpas. Coragem de ser bom e humilde. Coragem de reconhecer a força do oponente e com ele aprender. Disciplina porque ela liberta. O ser que disciplina sua mente e seu corpo dá um grande passo no caminho da Luz, pois não se sente mais preso aos valores e padrões sociais. É disciplinado o suficiente para não incorrer em erros "coletivos" e tem coragem de renunciar e ir de encontro àquilo que fere os seus princípios. Por essas razões, a Fortaleza, ou Força, é a principal virtude na luta contra os vícios.

d) Temperança significa equilibrar, colocar sob limites. É a personificação da moderação e do comedimento. Dá o equilíbrio à ação, ajudando o Maçom a não exagerar nem fraquejar em suas posturas. Também o ajuda a esperar o momento certo de agir.

De forma sóbria e objetivamente, formulada a pergunta: o que se pode exigir e esperar em termos de "ser bom"? De imediato, desponta a qualidade de sábio, que exprime o espectro de quatro temas que desenvolvem a Luz da Perfeição e que é o reflexo da doutrina das "Virtudes Cardeais": Prudência, Justiça, Fortaleza e Temperança. O termo latino *cardus* ou cardeais significa a abertura do portal da vida.

Por fim, cabe observar que os níveis da alma encontram paralelo nas virtudes: o plano sensual une-se à temperança a sua moderação; a dimensão, já superior da afetividade, encontra adaptação na fortaleza; e, finalmente, o mais elevado dos níveis humanos, a razão, tem de ser esclarecido pela prudência ou sabedoria. A boa relação dessas virtudes, entre si, atrai uma outra superior, que as coordenam em unicidade: a justiça. Por isso a Justiça é a mais importante.

IX – *Valores Humanos*

Mas não é só. A respeito do assunto, há, ainda, o Método de Educação em Valores Humanos, em que se estabelece um programa de cinco principais princípios aceitos a serem trabalhados para a edificação do caráter: **Verdade, Ação Correta, Paz, Amor** e **não Violência**. "A cada valor absoluto correspondem valores relativos que devem ser assimilados, ressaltados e praticados no cotidiano. A vivência desses valores alicerça o caráter por meio de transformações dos níveis da consciência."[95]

Importa referir igualmente que:

Os valores amor e paz, com seus aspectos relativos, são valores espirituais inerentes à natureza humana.

A verdade e a não violência e os seus derivados valores são mandamentos e disciplinas éticas que o indivíduo deve desenvolver em relação à sociedade, e são ilimitadas suas aplicações.

A Ação Correta, juntamente com seus aspectos subsequentes, é um princípio de conduta que se aplica às características que o indivíduo deve desenvolver em si.

A fim de uma melhor visualização didática, os valores absolutos, com seus respectivos valores relativos, são os seguintes:

1. **Amor** – Dedicação, Amizade, Generosidade, Devoção, Gratidão, Caridade, Perdão, Compaixão, Compreensão, Simpatia, Igualdade, Alegria, Espírito de Sacrifício e Renúncia, Humanidade.

2. **Verdade** – Otimismo, Discernimento, Interesse pelo Conhecimento, Autoanálise, Espírito de pesquisa, Perspicácia, Atenção, Reflexão, Sinceridade, Otimismo, Honestidade, Exatidão, Coerência, Imparcialidade, Sentido de Realidade, Justiça, Lealdade, Liderança, Humildade.

3. **Não violência** – Fraternidade, Cooperação, Concórdia, Altruísmo, Força Interior, Respeito à Cidadania, Patriotismo, Responsabilidade Cívica, Unidade, Solidariedade, Respeito à Natureza, Respeito pelas Diferentes Raças, Culturas e Religiões, Uso Adequado: do Tempo, da Energia do Dinheiro, da Energia Vital, da Energia do Alimento e do Conhecimento.

---

[95] MARTINELLI, Marilu. *Aulas de Transformação*. 7.ª ed. São Paulo: Peirópolis, 1996, p. 20. 141p.

4. **Ação correta** – Dever, Ética, Honradez, Vida Salutar, Iniciativa, Perseverança, Responsabilidade, Respeito, Esforço, Simplicidade, Amabilidade, Bondade, Disciplina, Limpeza, Ordem, Coragem, Integridade, Dignidade, Serviço ao próximo, Prudência, Retidão.

É preciso registrar que a Maçonaria oferece noções para observar, desenvolver e deixar florescer esses valores humanos, de uma forma natural e espontânea, ajudando ao hábito de condições comportamentais novas, permitindo, inclusive, que o Maçom descubra por si mesmo todos os empecilhos psicológicos que obstruam a real percepção de seu caminho, apoiando a descoberta do que mais lhe interessa.

De igual modo, há outra categoria de virtudes: as **intelectuais**, que são ligadas à inteligência, e as virtudes **morais**, que são relacionadas com o bem. A virtude intelectual consiste na capacidade de aprender com o diálogo e a reflexão em busca do verdadeiro conhecimento. A virtude moral, por sua vez, é a ação ou comportamento moral, é o hábito considerado bom de acordo com a ética.

5. **Pela via moral**, existem, por exemplo: Amor, Perdão, Caridade, Benevolência, Ética, Justiça, Honestidade, Verdade, Piedade, Abnegação, Tolerância, Fraternidade, Solidariedade, Humildade, Paciência, Desapego.

6. **Pela via intelectual**, e que resulta no progresso espiritual, há Sabedoria, Conhecimento, Razão, Lógica, Sensatez, Análise, Coerência, Julgamento, Reflexão, Discussão, Estudo, Questionamento, Determinação, Busca, Curiosidade, Vontade.

Em breves palavras, desenvolve-se a seguir a expressão essencial das virtudes que correspondem a essas duas categorias.

X – *Virtudes – Via Moral*

a) Amor: sentimento que predispõe alguém a desejar o bem de outrem, ou de alguma coisa, ou Sentimento de dedicação absoluta de um ser a outro ser.

b) Perdão: remissão de pena; desculpa; indulto.

c) Caridade: no vocabulário cristão, o amor que move a vontade à busca efetiva do bem a outrem: benevolência, complacência, compaixão, beneficência, benefício; esmola. Ao lado dessa partilha, é a maior personificação ou a procura de identificação do Amor de Deus com o próximo ou a humanidade.

Uma das virtudes teologais.

É a mãe de todas as virtudes, como dizem os antigos, e diziam-no com razão: é a raiz de todas as virtudes, porque ela é a bondade suprema para consigo mesmo, para com os outros, para com o Ser Infinito. A caridade, assim, supera a nossa natureza, porque, graças a ela, o homem avança além de si mesmo, além das suas exigências biológicas. Veja-se, também, o exposto na letra "c", item VII, título II, do capítulo VII.

d) Benevolência: além do expendido na letra "d", do item III, Título II, deste Capítulo, cabe registrar que a benevolência caracteriza-se pela boa vontade para com alguém. Complacência com inferiores. Afeto e estima.

e) Ética: é o estudo dos juízos de apreciação referentes à conduta humana suscetível de qualificação do ponto de vista do bem e do mal, seja relativamente à determinada sociedade, seja de modo absoluto.

f) Justiça: constitui-se na necessidade de defender o direito e a moral, e, sempre, observar ao nosso derredor e verificar se não é por demais a nossa omissão para com os nossos semelhantes, sob pena de, incessantemente, carregar um sentimento que condena. Deve-se, portanto, despertar e fazer valer a verdade e a justiça, dando a cada um o que for justo, de acordo com sua capacidade, obras e méritos, porque, no mínimo, a pena pela omissão será o risco do sofrimento eterno.

Justiça significa, também, o cumprimento da Lei, não só as Leis vigentes em nosso País, incluindo aí o respeito às autoridades constituídas, mas também viver segundo os ditames da honra, no amor ao próximo, segundo o Código de Moral, revelado na Bíblia.

Para esse efeito este é o ponto de vista, mas também é bom verificar o que foi desenvolvido neste capítulo, especificamente no título I, item I, letras "b", "c" e "d", e no título II, item VIII, letra "a".

g) Honestidade: é a qualidade do homem honrado, digno, decente, íntegro, probo, conveniente, correto, adequado, casto, puro, virtuoso.

A honestidade se torna absolutamente impossível se os movimentos desordenados da mente não forem reprimidos e se os apetites materiais não obedecerem à razão.

h) Verdade: em síntese, é o que está em conformidade com o real, exatidão, realidade. É a enunciação de pensamento com franqueza, com sinceridade. É a coisa verdadeira ou certa. Corresponde ao princípio certo. É a apresentação fiel de alguma coisa da natureza.

Encontrar a verdade não é tarefa fácil, mas ela é a própria simplicidade, a própria singeleza, a própria lógica natural.

Observem-se os conceitos expendidos neste capítulo, item I, título I, letra "e".

i) Piedade: Amor e respeito às coisas religiosas; religiosidade; devoção. Pena dos males alheios; compaixão, dó, comiseração.

j) Abnegação: desinteresse, renúncia, desprendimento, devotamento. Sacrifício voluntário do que há de egoístico nos desejos e tendências naturais do homem, em proveito de uma pessoa, causa ou ideia.

l) Tolerância: observe-se o exposto no capítulo VII, título I, item II, letra "b".

m) Fraternidade: amor ao próximo. União ou convivência como de irmãos; harmonia, paz, concórdia, fraternização.

n) Solidariedade: laço ou vínculo recíproco de pessoas ou coisas independentes. Adesão ou apoio à causa, princípio, de outrem. Sentido moral que vincula o indivíduo à vida, aos interesses e às responsabilidades dum grupo social, duma nação, ou da própria humanidade. Relação de responsabilidade entre pessoas unidas por interesses comuns, de maneira que cada elemento do grupo se sinta na obrigação moral de apoiar o(s) outro(s).

o) Humildade: afora o expendido na letra "f", item I, no título I, deste capítulo, pode-se referir ainda ser a virtude que cria o sentimento de percepção da nossa fraqueza. É sinônimo de submissão, o que não tem o sentido de servil.

É uma das virtudes maiores, e, por isso mesmo, dificílima de ser cultivada.

A prática dessa virtude é um indício de sabedoria do homem que se identifica com o desejo de ser bom ao próximo como a ser bom a si próprio. O homem é dotado do livre-arbítrio e de inteligência e deve aperfeiçoar-se continuamente. Ser Maçom é ter humildade, ajudar os fracos e desvalidos da sorte.

p) Paciência: virtude que consiste em suportar as dores, incômodos, infortúnios, sem queixas e com resignação. Perseverança tranquila.

q) Desapego: falta de apego, desinteresse, indiferença, relativamente às coisas materiais.

XI – *Virtudes – Via Intelectual*

a) Sabedoria: neste Capítulo já se viu o conceito de sabedoria e ser sábio. Objetivamente, porém, para esse efeito, é essencial ter grande conhecimento, erudição, prudência, moderação, temperança, sensatez, discrição, fidelidade, calma, ser fraterno, justo e tolerante, saber manter sigilo e o silêncio, enaltecer a virtude com grande conhecimento e ter noção das ciências, amando a DEUS sobre todas as coisas, e ao próximo como a si mesmo, enfim ser versado em praticar todos os conceitos e princípios ensinados na Ordem. É o ser livre porque nessa dimensão é capaz de pensar, tem iniciativa, realiza os sonhos e está em constante busca da luz, da verdade, do bem e da perfeição.

b) Conhecimento: ato de conhecer, ter ideia ou noção de algo. Informação, ciência. Discernimento, critério, apreciação. Consciência de si mesmo. Em sentido mais amplo, conhecimento é o atributo geral que têm os seres vivos de reagir ativamente ao mundo circundante, na medida de sua organização biológica e no sentido de sua sobrevivência.

c) Razão: é a faculdade que tem o ser humano de avaliar, julgar, ponderar ideias universais; raciocínio, juízo. Faculdade que tem o homem de estabelecer relações lógicas, de conhecer, de compreender, de raciocinar. Inteligência. Bom-senso, juízo, prudência, É a lei moral, o direito natural, justiça, direito. Fundamento ou causa justificativa de uma ação, atitude, ponto de vista. É um sistema de princípios no sentido de que *a priori* a verdade não depende da experiência.

d) Lógica: na tradição clássica, aristotélico-tomista, é o conjunto de estudos que visam a determinar os processos intelectuais que são a condição geral do conhecimento verdadeiro. Por outra, é o conjunto de estudos originados no hegelianismo, que têm por fim determinar categorias racionais válidas para a apreensão da realidade concebida como uma totalidade em permanente transformação; lógica dialética.

e) Sensatez: é a qualidade de sensato, ou seja, aquele que tem e age com bom-senso é judicioso. Prudente, previdente, cauteloso. Discreto, reservado, circunspecto. É a qualidade de quem sabe guardar reservas, e seus atos se revestem de prudência.

f) Análise: é o ato ou efeito de analisar. É o estudo pormenorizado, observando e examinando com minúcias todas as suas relações. Crítica. Exame de cada parte do todo para conhecer sua natureza, suas proporções, suas funções, suas relações.

g) Coerência: é a qualidade ou estado ou atitude de coerente. Que procede com nexo e lógica ou "coerência". Ligação ou harmonia entre situações, acontecimentos ou ideias. Ação harmônica.

h) Julgamento: é o ato de decidir com livre-arbítrio. Formar opinião ou juízo crítico sobre. Avaliar. É o ato de decisão pelo justo, de acordo com as obras e méritos do sujeito de julgamento. Consideração.

i) Reflexão: é o ato ou efeito de refletir. É a volta da consciência, do espírito, sobre si mesmo, para examinar o seu próprio conteúdo por meio do entendimento, da razão.

j) Discussão: é a ação de discutir, debater, estabelecer polêmica. Examinar, investigar, questionando. Pôr em debate. Defender ou impugnar (assunto controvertido); questionar. Negar a exatidão de...

l) Estudo: é o ato de estudar. Aplicação do espírito para aprender. Conhecimentos adquiridos à custa dessa aplicação. Aplicar a inteligência para aprender. Dedicar-se à compreensão do objeto de estudo. Observar atentamente. Exercitar-se ou adestrar-se naquilo que se propõe a estudar.

m) Questionamento: é questionar ou levantar questão, discutir, controverter sobre o que se apresenta e suscita dúvida.

n) Determinação: é o ato ou efeito de determinar-se. Capacidade de determinação para resolução de algo. É estar definido, fixo, estabelecido, decidido, diligente, rápido.

o) Busca: é o ato ou efeito de busca. Procura com o fim de encontrar alguma coisa. Investigação cuidadosa, pesquisa, exame. Movimento íntimo para alcançar um fim. Tratar de descobrir, encontrar, conhecer, perquirir. Esforçar-se para conseguir. Imaginar, idear, planejar.

p) **Curiosidade**: desejo de ver, saber, informar-se, desvendar, alcançar, interesse. Desejo de aprender, conhecer, investigar determinados assuntos. Desejo irreprimível de conhecer os segredos. Informação que revela algo desconhecido e interessante.

q) **Vontade**: faculdade de representar mentalmente um ato que pode ou não ser praticado em obediência a um impulso ou a motivos ditados pela razão. Sentimento que incita alguém a atingir o fim proposto por essa faculdade, aspiração, anseio, desejo.

Torna-se a escrever que as virtudes acima são conexas à inteligência e análogas com o bem, mas as citadas não esgotam a espécie, podendo-se, portanto, sob essa concepção acrescer outras mais.

XII – *Virtudes do Grau*

Não há como deixar de manifestar, igualmente, que, antes do término das cerimônias decorrentes da elevação, o Orador é encarregado de ilustrar sobre o assunto do Grau, e, assim, efetua exposição sobre as virtudes deste, que são: o Sigilo, a Calma, a Justiça e a Tolerância.

a) **Sigilo** – De acordo com o exposto na letra "a", item III.A, título II, capítulo IV, um dos 25 dispositivos da compilação de *Mackey*, considerados pela maioria dos autores as mais antigas leis que regem a Maçonaria, prescreve a conservação secreta dos conhecimentos havidos pela Iniciação, tanto os métodos de trabalho quanto suas lendas e tradições, que só devem ser comunicados a outro Maçom. Refere-se, pois, ao segredo dos enigmas da Maçonaria e aos atos de rotina interna.

Afora as circunstâncias formais citadas, lembre-se que quanto menos se revela, seja sobre a Maçonaria ou sobre questões individuais ou coletivas, melhor é a resposta obtida.

b) **Calma** – A arte de conservar, em todas as circunstâncias, a calma e o equilíbrio é prática indispensável a um autocontrole perfeito.

Entretanto, saber não é tudo; é necessário fazer. E para bem fazer, ninguém deve dispensar a calma e a serenidade, imprescindíveis ao êxito de qualquer proposição.

Por outro lado, cabe observar que em qualquer atitude de excitação ou irritação no modo de proceder, ou na manifestação verbal, a primeira palavra que se ouve de alguém mais sereno é **calma**. Esta qualidade, na hipótese de ainda não ser real, há de ser inconscientemente incorporada, para todos os efeitos.

c) No que diz respeito ao conceito de **Justiça**, requer seja observado o que foi desenvolvido neste capítulo, especificamente no título I, item I, letras "b", "c" e "d", e no título II, item VIII, letra "a", e item X, letra "f". E, **Tolerância** no capítulo VII, título I, item II, letra "b".

Pode-se relacionar, igualmente, Honra, Glória, União, Resignação, Cultura, Beleza, Força, Divindade.

XIII – *Vícios*

O Ritual do Grau 1 ensina que *é o hábito que nos arrasta para o mal*.[96] E o Dicionário Aurélio registra que significa *o defeito grave que torna uma pessoa ou coisas inadequadas para certos fins ou funções*. Os vícios principais são:

a) **Ignorância**: que é condição de quem não é instruído; tem falta de saber ou ausência de conhecimentos.

b) **Cupidez**: ação do cúpido, o que significa o ambicioso por dinheiro ou bens materiais; cobiça.

c) **Egoísmo**: amor excessivo ao bem próprio, sem consideração aos interesses alheios.

d) Neste mesmo sentido, o Rito Escocês Antigo e Aceito toma por base **a ignorância**, a **ambição** e o **ódio**.

Além desses, pode-se citar com outros vícios: o crime, a duplicidade, a hipocrisia, a superstição, o fanatismo, a tirania, a avareza, o orgulho, a cobiça, a injustiça, a inveja, a falsidade, o ciúme, o preconceito, o erro, a intolerância, o roubo, a perversidade, o desejo de vingança e a força bruta. Os vícios são os flagelos causadores de todos os males que afligem a humanidade e entravam o processo de evolução. Tudo, enfim, que avilta o homem.

---

[96] Loc. cit. 92.

XIV – *Simbologia das alfaias utilizadas*

a) **Câmara obscura**: utilizada para a representação da morte de Abiram; nela o candidato deve refletir sobre o que vê. Representa a necessária concentração reflexiva, que há de preceder uma nova etapa de progresso.

b) **Copo d'água**: sacia a sede, preparando-o para uma longa jornada, pois está no início de sua caminhada dentro da Maçonaria.

c) **Lampião**: que projeta uma luz fraca, exigindo mais atenção para examinar em volta, por ser tudo desconhecido, como é o futuro.

d) **Punhal**: representa uma arma de ataque. Com ele, reis feriram suas vítimas e fanáticos feriram reis, nunca tendo servido à justiça e à verdade.

e) **Fonte:** é o símbolo da pureza e da energia que verte do solo. Sem ela não há vida; apenas desolação.

f) **Vendado, descoberto e descalço, com um laço no pescoço**: representa que o candidato deverá ser apresentado à Assembleia de Mestres indefeso e desorientado, quando deverá ser interrogado. Esta deve ser nossa condição humana perante a vida, buscando a Justiça e a Verdade sem preconceitos, prejulgamentos, com a visão distorcida pelo ódio ou malquerença, armado e pronto para luta fratricida.

g) **Abiram ou Hoben – o assassino** representa a ignorância, a liberdade cerceada e o crime. O 2.º Vig. incita o candidato a não resistir, não hesitar, vingar nosso Mestre Adonhiram com ênfase. Abiram, assustado, crava o punhal em seu próprio coração. Significa que o candidato deve ter a coragem de ferir a ignorância e matar o egoísmo, e que será sempre capaz e corajoso de matar uma a uma suas franquezas ou faltas.

XVI – *Representação de atos*

a) **Vingança:** Rei de Tiro exigiu de Salomão vingança pela morte de Adonhiram, sob o entendimento de que um crime contra a humanidade não pode ficar impune. Todavia, o Primeiro Eleito há de buscar a justiça e a verdade, ensinamentos deste Grau. O Mestre, devido à lei de sua própria natureza espiritual, não pode se vingar pessoalmente, nem servir de instrumento de vingança da sociedade, na qual como iluminado deve transcender.

b) **Pressa irrefletida:** Salomão soube reconhecer que agira com precipitação, julgando o candidato apenas pela aparência, porque aquele trazia as mãos tintas de sangue e estava armado, levado pela indignação pela morte de seu grande Arquiteto Adonhiram. Teve um dos mais nobres gestos; reconheceu publicamente seu erro e premiou o candidato com a nomeação a Mestre Eleito dos Nove.

c) **Bravura:** *sede bravo contra vossas próprias fraquezas e na defesa da verdade.* A indagação ao Candidato de ser dotado de coragem, mesmo diante do assassino de Adonhiram e em uma caverna obscura, inclusive se tem disposição de se vingar (livrar-se dos vícios), ensina, simbolicamente, que representa a própria consciência. E, ainda: que não se deve temer em sacrificar aquilo que é traduzido em prazeres vulgares, defeitos ou falhas, em prol da Justiça, do Bem e da Verdade, buscando sempre se afastar de tudo o que o aproxima da ignorância, da cupidez e do egoísmo.

De outra parte, na hipótese de não conseguir alcançar esse ideal, certamente não elidirá o triunfo do bem sobre o mal, do correto sobre o errado, das virtudes sobre as licenciosidades, da vida sobre a morte, e isso será uma fraqueza que, com coragem, aos poucos deve ser vencida.

XV – Ao abrir o Livro da Lei, lê-se em Eclesiastes 7:1:

Que necessidade tem o homem de buscar o que é acima dele, quando ignora o que lhe é contundente na sua vida, enquanto dura o prazo dos dias da sua peregrinação e o tempo que passa como sombra?

Ou quem lhe poderá mostrar que é o que está para suceder depois dele, debaixo do sol?[97]

Por isso a teoria de que todos querem saber e conhecer, e é uma necessidade natural de buscar o sentido das coisas, de forma a organizar

---

[97] Loc. cit. 8, Eclesiastes 7:1.

o mundo em que se vive. São as necessidades denominadas cognitivas, que incluem os desejos de saber, de compreender, sistematizar, organizar, analisar e procurar a relatividade das coisas e de seu sentido.

Para alguns, há a necessidade de ajudar os outros a se desenvolverem e a realizarem seu potencial, que transcende as nossas necessidades básicas.

O que é contundente e decisivo na nossa vida compreende, também, os direitos fundamentais, que são: a igualdade, a liberdade de expressão, a liberdade para investigar e buscar informação, enfim a educação e formação escolar, a saúde, o trabalho, a justiça, a equidade, e, fundamentalmente, viver em paz e com a garantia de ser reconhecido e de permanecer no meio em que nos encontramos.

Depois da nossa passagem, debaixo do sol, ficará somente o legado, não material, mas, sim, quanto às nossas boas obras realizadas.

XVII – *Lenda*

Destaque-se, até por injunção, que os preceitos litúrgicos do 7.º Grau Adonhiramita sustentam-se na lenda segundo a qual Salomão desejava capturar vivos os assassinos de Adonhiram e que, para esse efeito, convocou uma Assembleia de Mestres.

Na referida reunião, teve a informação de que um desconhecido sabia do provável paradeiro dos criminosos. Em face disso, ordenou que nove Mestres, sorteados entre os mais zelosos, acompanhassem o desconhecido naquele lugar, no país de Geth.

Chegando ao local, não tinham se dado conta da habilidade e valentia do desconhecido (*Pérignan* – candidato), mas os Mestres perceberam que ele se encontrava com as mãos manchadas de sangue de três animais, por ele destruídos: um leão, um tigre e um urso, que guardavam a entrada da caverna.

Salomão, tomando conhecimento de que um dos criminosos morreu na caverna onde havia se abrigado, presumiu que sua ordem inicial foi desobedecida, enfurecendo-se. Ciente das circunstâncias do fato, reconheceu ter agido com precipitação e se baseado em indícios infundados.

Mandou colocar a cabeça do criminoso na torre oriental do Templo até que fossem encontrados os demais cúmplices e promoveu os sorteados com o título de Mestres Eleitos dos Nove.

XVII – *Conclusão*

Depois de examinar, com atenção, o significado das virtudes e dos vícios, o Candidato está em condições de compreender que nos empreendimentos de sua vida e ocupações procederá com plena consciência de que, no conjunto de condições materiais e morais que o envolve, deve reinar a calma, a ordem e o equilíbrio. Ou melhor, deve tratar de vitalizar as virtudes. Para tanto, em qualquer instante em que percebe estar sendo conduzido ao mal há de reagir, com veemência, ativando os bons pensamentos.

Tal circunstância está inserta e compreendida na descrição do estado do Candidato quando sai da câmara escura, porque naquele momento a resposta afirmativa de que tem coragem e que está pronto a se sacrificar pelo bem de todos, razão por que recebe a justa recompensa.

Em contrapartida, quando o homem, nas dificuldades de sua vida, desobedece à lei ou não é justo (é o assassino das virtudes), a dor que lhe causa essa desobediência é o melhor mestre e guia, porque lhe ensina como vitalizar e cuidar aquilo que atenta para o bem, provendo, pois, o remédio das situações negativas. Esse recurso está, para todos, no alcance da percepção além dos sentidos físicos, sempre pronto para a restauração para a austeridade moral.

A Bíblia Sagrada, em Romanos, Capítulo 2, Versículo 12, assim prescreve: "Porque todos os que sem lei pecaram, sem lei também perecerão; e todos os que sob a lei pecaram, pela lei serão julgados".[98] Em outras palavras, aqueles que têm leis serão julgados segundo essas leis, e os que não têm leis, segundo as mesmas serão julgados, porque as leis estão fixadas na memória e em seus corações.

Preocupa-se, pois, o Sétimo Grau com os atributos da consciência do homem, baseada na inscrição esculpida no marco do templo de Del-

---

[98] Ibid. Romanos 2:12.

fos: *Conhece-te a ti mesmo,* sabendo-se que **"tal como pensa o homem em seu coração, assim ele é"**; como também: **o que uma pessoa é, está escrito em seu rosto.**

A essência da obra deste Grau pode ser entendida também da seguinte forma: uma vez morto o assassino no seu esconderijo – na caverna – fenômeno formado à volta do Candidato – de posse do punhal que lhe é entregue –, tem ele o dever de extinguir as imperfeições que se acumularam no decorrer de sua existência. É isso que tem o dever de destruir – da caverna interna – para que o seu espírito puro, quando do Juízo Final, possa dizer: PAI, cumpri com meu dever.

Restam demonstrados, pois, os fundamentos pelos quais foi desenvolvida a liturgia do Grau, consagrando a necessidade do triunfo da Virtude e da Verdade sobre toda consideração e escravidão material.

CAPÍTULO VIII

Título I – Intendentes dos Edifícios ou Mestre em Israel
Rito Escocês Antigo e Aceito

Trata-se de Grau preparatório para aqueles que idealizam a reconstrução. É atribuído ao Rei Salomão. Na Bíblia Sagrada, em seu Livro de I Crônicas, sobre o assunto, encontra-se a seguinte mensagem:

> I CRÔNICAS 29:1 e 6 e 9
> *1. Disse mais o rei Davi a toda a congregação: Salomão, meu filho, o único a quem Deus escolheu, é ainda moço e tenro, **e a obra é grande**, porque **o palácio não é** para homem, mas **para o Senhor Deus**.*
> *6. Então os chefes das casas paternas, os chefes das tribos de Israel, e os chefes de mil e de cem, **juntamente com os intendentes da obra do rei**, fizeram ofertas voluntárias;*
> *(...)*
> *9. E o povo se alegrou das ofertas voluntárias que estes fizeram, pois **de um coração perfeito as haviam oferecido ao Senhor**; e também o rei Davi teve grande alegria.*[99] *(É nosso o negrito)*

A prescrição litúrgica exprime a ideia de que Salomão atribuiu aos seus conselheiros mais experientes, com a intenção de incrementar as ciências e as artes ao povo de seu reino, o encargo de dirigirem o ensino, dando-lhes o título de Intendente de Edifícios.

Com efeito, ante essa procedência lendária, resulta o raciocínio de que os apontamentos deste Grau tencionam o estudo das verdadeiras bases em que se deve assentar o edifício da nossa sociedade, preservando os seguintes valores:

---
[99] Id. Crônicas 29:1 e 6 e 9.

- os direitos de propriedade;
- o dever do trabalho;
- a defesa de um justo equilíbrio entre o capital e o trabalho, para os quais deve haver uma legislação que se pode conceber, como fontes de prosperidade;
- o combate à ignorância, à hipocrisia e à ambição.

Em tese são as condições necessárias para se obter a intensificação da fraternidade entre os homens, o que gera os bons exemplos e, ao mesmo tempo, contribui para a educação do povo.

O lema, portanto, é um por todos e todos por um. A indiferença não é tolerada porque se trata de um inimigo terrível de todos os bons sentimentos humanos.

A propósito, de acordo com a essência do assunto, acima exposto, pode-se deduzir que a lenda do Grau 8 revela que, concomitantemente à grande construção, Salomão percebeu a necessidade de criar uma Escola de Arquitetura destinada a difundir e fixar, entre os hebreus, os conhecimentos para o prosseguimento da edificação do Primeiro Templo. Ou para outras construções pretendidas.

Afirmam alguns autores que isso ocorreu depois de concluída a grande construção.

A persuasão íntima acerca de que foi simultaneamente a imponente construção, antes referida, é porque até mais adiante há a assertiva de que os trabalhos do Templo precisam continuar.

Igualmente, por ilação, pensa-se na ocorrência de dispensas dos artífices da obra, por interesses de um lado ou de outro, já que muitos desses artesãos não eram israelitas; muitos deles eram libaneses, fenícios, mas também de outras origens estrangeiras.

O povo hebreu, do qual descendem os atuais judeus, era habituado ao trabalho relacionado à agricultura e à pecuária, não possuindo, por conseguinte, formação no mister da construção civil, e, além disso, adequou-se às alterações nos costumes sociais e conceitos religiosos, causadas pelo convívio com os estrangeiros. Essa é a razão por que Salomão quis restabelecer a cultura hebraica, tendente circunstancialmente à introdução de outros valores, com a intenção de recuperar a autoestima de seu povo e, principalmente, incentivar a Edificação do Moral. Ofereceu-lhe, assim, a preservação das atitudes que já eram consagradas pelas antigas tradições e um processo de desenvolvimento progressivo.

O pensamento sociológico herdeiro do positivismo defende que o equilíbrio social pode ser obtido quando todos trabalham juntos, cada qual respeitando seu lugar, sem competição entre eles, mas respeitando princípios morais e éticos, onde cada um deve cumprir a sua parte.

A orientação maçônica é ainda mais marcante, porque ressalta que se deve combater sempre a ignorância, a hipocrisia e a ambição, procurando o justo equilíbrio entre a propriedade, o capital e o trabalho, como fontes de toda prosperidade.

De maneira que o equilíbrio social será alcançado quando todos tiverem igualdade de direito e de oportunidade. Dessa forma, a tendência é de obterem trabalho de acordo com as suas aptidões, e, de igual modo, conseguem a capacidade ou conhecimento intelectual, e à justa remuneração desse esforço, como de direito.

Em outras palavras, o equilíbrio social ocorre quando todos trabalham de forma coesa, cada um cumprindo as obrigações do estado em que a providência o colocou, mas respeitando princípios morais e éticos.

Ao Maçom cabe a defesa dos preceitos referidos, que, segundo essas proposições, são capazes de estabelecer a perfeita harmonia da humanidade. Ao mesmo tempo, particularmente, deve preocupar-se na edificação de seu Templo interior, até porque tem assegurado o acesso ao que lhe proporciona a evolução intelectual e espiritual. Certo é que só a obtém através de seu trabalho, livremente escolhido, e esforço. Diga-se, do mesmo modo, que lhe é garantida a absoluta "propriedade" desse conhecimento, embora num plano inteiramente abstrato.

Em suma, se a sociedade equilibrada for confrontada com o próprio homem, a fim de conhecer as semelhanças, tem no seu núcleo o autêntico pensamento deste. Assim, para que esse homem assuma a sua verdadeira função na sociedade, depende de uma ação consciente, um pensamento equilibrado, decorrente da índole, mas principalmente de uma educação adequada para a aproximação ao ideal.

Um belo exemplo que dispensa qualquer outra demonstração é a parábola que mais ou menos assim é contada:

*Um pai preocupado com o desempenho de seu filho nos estudos, em especial ao aprendizado com a ciência da Geografia, convidou-o para ficar no escritório estudando, no compartimento ao lado do dele. Para facilitar a compreensão da matéria ofereceu-lhe um **mapa mundi** que havia guardado num armário. Estendeu-o sobre o móvel existente no referido compartimento com o intuito de, circunstancialmente, observar a inspiração dele para a tarefa.*

Depois de algum tempo, observou a indiferença de seu filho acerca do encargo que lhe havia designado. Ao contrário, ficou brincando com alguns objetos que sempre carregava em sua mochila, passando até perturbar a concentração do pai na sua ocupação, tornando o conjunto das condições estabelecidas ainda piores, porque naquele dia se esgotava o prazo para a conclusão de um de seus trabalhos, sob sua responsabilidade. Passado algum tempo, já irritado com o comportamento do filho, o pai pegou o mapa, rasgou-o em vários pedacinhos, deixando-os sobre a mesa ocupada pelo garoto e disse-lhe:

– Somente depois que montar novamente este mapa irá sair desse escritório.

O menino não demorou mais do que quinze minutos e estava com o mapa completamente restaurado.

Espantado e com feição de admiração, o pai exclamou:

– Filho! Como você pôde, em tão pouco tempo, montar este mapa?

E o garoto explicou:

– Pai, é que o senhor não percebeu, mas atrás do mapa havia o desenho de um homem. Eu consertei o homem e acabei consertando o mundo!

Com essa narração alegórica, pela interpretação racional, pode-se concluir que, se houver uma educação adequada, de forma a preparar o homem nas melhores condições de vida possíveis, não restam mais dúvidas de que haverá o equilíbrio social e um significativo respeito aos princípios morais e éticos.

Naturalmente, pois, se deduz que o ponto de partida para uma sociedade mais igualitária e com uma convivência, preferentemente, harmônica, é o indivíduo. Não é possível querer a melhoria do gênero humano se não houver um estado de excelência em si mesmo. O Maçom deve perseguir o aperfeiçoamento, evoluir, progredir, para que sua postura e evolução sirvam de modelo, e o seu exemplo se propague. Isso haveria de ser como a representação de uma pedra lançada numa porção de água estagnada que produz ondas em círculos concêntricos infinitos, que tem uma sequência ordenada e um efeito multiplicador.

De outro modo, um aperto de mão, um sorriso gentil que transmita agrado e demonstre bondade; um olhar profundo e verdadeiro de ternura para quem padece no sofrimento; um instante de atenção, uma palavra de esperança, para evitar que outrem entre no caminho do desespero; tolerância frente ao desequilíbrio de alguém; o silêncio frente à ignorância dissimulada de ciência; são ações de amor ao próximo que colocam em movimento as forças da alma.

Um abraço afetuoso quando a dor visita a alma; um olhar compassivo quando há extravio do caminho reto; um agradecimento sincero para alguém que transmite estímulo quando o semblante evidencia um pensamento de que o fracasso é inevitável; são maneiras construtivas de proceder e que causam o bem. Do contrário, a humanidade seria muito triste.

São pequenas ações, aparentemente sem importância, mas que no íntimo de nossa modéstia conseguimos praticar e, se assim não fosse, tudo o que a Maçonaria ensina, perderia o sentido. São atitudes que embelezam a vida e contribuem para o equilíbrio social.

Essa é a missão. Claro, há que se considerar o conjunto representativo da sociedade moderna, seguramente tentando harmonizar os valores tecnológicos com os das qualidades morais, intelectuais e culturais. Cabe, pois, buscar a ética das relações homem *versus* tecnologia, contribuindo de alguma forma para o equilíbrio social através da fraternidade. As ferramentas são inúmeras, mas basicamente de acordo com essa mensagem dos Intendentes dos Edifícios.

Título II – Segundo Eleito ou Eleito de Pérignan
Maçonaria Adonhiramita

O resumo histórico e místico narra o que segue:
Neste grau:
- Os assassinos tomam o nome de Abiram, Sterkin e Oterfut.
- Para levarem a efeito a abordagem a Adonhiram, a fim de que revelasse os mistérios da Maçonaria, sob pena de perder a vida, tomaram as seguintes posições dentro do Templo: Oterfut, à porta do Ocidente, armado com uma régua; Sterkin, à porta do meio-dia sul, armado com um compasso; e Abiram, na entrada do Oriente, armado com uma alavanca. Foi este último quem derrubou Adonhiram e o deixou morto.
- Sterkin e Oterfut refugiaram-se no país de Geth, cujo rei era Maaca, com a esperança de viverem seguros.
- Pérignan é o nome do desconhecido pastor de rebanhos que se ofereceu para guiar os nove mestres do Grau de Primeiro Eleito que foram enviados por Salomão para a busca de Sterkin e Oterfut.
- Abiram, por sua vez, foi descoberto por *Pérignan* na caverna obscura, por mostrar uma postura de remorso e tristeza, e que, assustado, declarou ser o vil assassino. Após tentativa de modificar a situação através de peripécia, vendo-se descoberto, joga-se aos pés do desconhecido e confia seu segredo, implorando socorro da fome, que o atormentava, e que não fosse revelado a Salomão.
- Porém, após tomar ciência do edital real sobre o fato e o anúncio de bem material, lançou Abiram por terra, morto, cravando-lhe um punhal no peito. Em seguida, decepa-lhe a cabeça e a entre-

ga, posteriormente, a Salomão, que, em recompensa, o nomeia como Segundo Eleito.

Os trabalhos devem continuar, mas, por agora, a liturgia põe em evidência *a vitória sobre a ignorância, por meio do estudo.*

Efetivamente:

Vê-se que o Segundo Eleito já tem a capacidade de identificar os seus vícios ou defeitos e de reprimir suas paixões e até os revela, mas mesmo assim tenta encobri-los, opondo argumentos a fim de sua manutenção e, inclusive, busca um refúgio, ocultando o praticante, que é ele próprio.

Nesse propósito, é a inspiração do Livro de Salmos: "Aquele que habita no esconderijo do Altíssimo, à sombra do Todo-Poderoso, descansará"[100] (Salmo 91.1). Ao contrário, no entanto, Abiram estava refugiado em uma caverna, entre as rochas, nas cercanias de uma fonte conhecida como Siloé, de forma que estava suprindo o absolutamente necessário, porém adverso das condições do Salmo citado.

Ainda que não chegue a ser condizente como homicida, a culpa sempre induz à fuga. É da própria natureza. Na maioria das vezes são procurados enredos obscuros ou argumentos filosóficos, para justificar atitudes incorretas e que desviam do bom caminho. Ainda, é despendido esforço para encontrar uma fórmula de poder escapar do castigo dessas faltas.

Deve-se, portanto, ir à direção de Deus, e não correr de Deus. O salmista Davi escreveu: "O Senhor é o nosso refúgio e fortaleza"[101] (Salmo 46.1).

Este Grau, pois, ensina que não serão indicados a avançar na estreita senda do conhecimento aqueles que não se familiarizam com o estudo, não só daquilo que é construtivo ou favorável sobre os mais variados assuntos, mas principalmente na aplicação ao ensinamento da Maçonaria em todas as suas lendas.

Com esse conjunto de atitudes, o Maçom avançará em direção à Luz, e quando tiver aprendido a praticar todas as virtudes que ela apregoa, certamente estará em plenas condições para receber dela sua mensagem filosófica.

---

[100] Id. Salmos 91:1.
[101] Id. Salmos 46:1.

A meta, em resumo, é a ascensão de degrau em degrau visando ao avanço em direção à Perfeição. Para tanto, o Maçom é instruído a se esforçar para saber; praticar a beneficência; corrigir seus defeitos; e, ainda, ajudar para que os dos outros também sejam eliminados e, especialmente, seja um exemplo de virtude para com os demais.

Importa observar, de igual modo, que quando uma pessoa hostil vem nos acusar, o melhor a se fazer é observar suas afirmações de modo imparcial, porque quase sempre ela diz a mais genuína verdade, tal como a confidenciaria o nosso melhor amigo, que nos preza.

De outra maneira e numa ideia geral, a característica mais notável da ciência política não são os governos, nem as instituições, mas a vontade do povo em sua maioria e, por consequência, quando as ações são tomadas visando ao bem-estar público. Do mesmo modo, o apego ao lar, a afeição às origens ou ao local onde ocorreu o nascimento, assim como a qualquer outro lugar em que foi escrita e guardada a nossa história, mostra a preciosidade dos laços que se mantêm e se eleva em dignidade, seja a respeito da família e do parentesco, seja referente à sociedade.

Deus já nos deu a vida no conceito de sua maravilhosa criação. Fez a Luz surgindo das trevas, o que faz conceber a ideia autêntica de seu poder e promover a existência gerada do nada.

Por fim, observando que a lenda do Grau, na hipótese, admite o entendimento de que *Pérignan* representa o operário, ou qualquer outro artífice que exerce uma ocupação mediante salário, demonstrando, primeiramente, um exemplo maravilhoso de desprendimento, de amor incondicional ao próximo, em ação saudável baseada na solidariedade e fraternidade, alimentou *Abiram* por sete dias. E, após ter tomado conhecimento, não só de ser ele o verdadeiro assassino, mas também do anúncio de Salomão, causou-lhe a morte e obteve a justa recompensa com a nomeação de Segundo Eleito, revelando-se reciprocamente o respeito e o cumprimento da lei estabelecida previamente.

A lenda do Grau, portanto, manifesta a certeza de que existe o bem para o bom; assim como a ação devida, praticada pelos meios adequados, ao virtuoso; verdade para o fiel; vitória destinada ao perseverante. E conduz o aplicado ao estudo para a formação de um ponto de vista, nas páginas do imaginário, de que aquele que aufere a condição de Segundo Eleito tem plena aptidão de realizar os trabalhos especiais atinentes a sua interpretação filosófica e, assim, contribuir para a educação do povo, para o qual deve existir uma legislação de amparo ao trabalhador. Possibilita, portanto, o justo equilíbrio entre o binômio capital-trabalho, fonte da verdadeira prosperidade.

CAPÍTULO IX

Título I – Mestre Eleito dos Nove
Rito Escocês Antigo e Aceito

O Grau do Mestre Eleito dos Nove apresenta-se complexo, porque contém o aspecto místico do Livro Sagrado, combinado com várias outras mitologias das ciências ocultas, sociais, morais e os variados interesses intelectuais propostos em proveito daqueles que os estudam na busca do conhecimento.

Diz-se também que foi consagrado à bravura e faz recordar os deveres assumidos; sugere, pois, o combate aos vícios, dos quais o homem é escravo.

São os motivos pelos quais o Ritual oferece uma riqueza de ensinamentos e alegorias e, desse modo, para uma adequada compreensão é preciso descrever os enunciados relevantes, a fim de, posteriormente, produzir interpretação.

Sob esse aspecto, antes de destacar algumas das elocuções do Ritual, importa observar ser a linguagem hermética semelhante com a espiritual; é, por isso mesmo, inefável, que significa indizível, extasiante, o que conduz a uma comunicação com o Divino. Assim, a intensidade dos pensamentos, contidos no Ritual, emanam sons muito individuais e que a pessoa comum não os percebe; no entanto, as vibrações tocam a quem são destinadas.

> *O Mestre é um dos Eleitos dos Nove porque foi recebido em uma caverna, iluminada por uma lâmpada, onde uma fonte cristalina aplacou sua sede.*
>
> *Abairam, o matador de Hiram, encontrava-se na caverna, dormindo e tendo a seus pés um punhal.*

> *Hiram representa a inteligência que percebe a Verdade, a Liberdade, sem a qual a Inteligência é impotente.*
> *Abairam representa a ignorância, a liberdade cerceada, a corrupção e o crime.*
> *A caverna representa a consciência humana; e o espinheiro a ignorância e os preconceitos, que impedem a luz de penetrar na consciência humana.*
> *O desconhecido que nos guiou na caverna representa o trabalho realizado em nossa causa, do qual devemos tirar exemplos proveitosos.*
> *(...) há a esperança do triunfo sobre o crime horrível que é perpetrado a cada dia, isto é, a supremacia da inteligência sobre os defeitos do mal.*
> *Os primeiros cuidados visam a libertar a própria inteligência.*
> *O antro escuro que encontrastes, simboliza vossa própria consciência, na qual matastes o matador. Com a consciência tranquila deveis ferir a ignorância, matar vossa cupidez e vosso egoísmo.*

Para se compreender a essência da obra do Grau é preciso penetrar e atingir o fundo dos sentimentos interiores, mas com o acompanhamento da Luz que transcende o sentido literal das palavras copiadas, a fim de que ocorra a vitória dessa iluminação pessoal sobre as deficiências da inteligência e as imperfeições da moral.

A formulação de ideias insertas no Ritual pode ser traduzida sob o aspecto de que as faculdades do intelecto, enquanto na escuridão, facilmente encontram os assassinos, quais sejam: a ignorância, o fanatismo e a ambição. Em sentido mais preciso, no inconsciente, a ignorância e o fanatismo estão quase sempre presentes e aparecem lado a lado, porque a ignorância precisa do fanatismo para a sua esfera de ação.

As objeções ou complexidade de entrar na caverna, não só pela escuridão, mas também porque coberta de espinhos, representa os riscos e o esforço a ser ministrado para chegar às profundezas da intimidade e descobrir os sentimentos negativos que devem ser eliminados, a fim de que o interior se sinta livre e purificado.

Ao mesmo tempo, à medida que essa Luz da Sabedoria aumenta em intensidade, distancia-se das trevas e elimina os vícios, que tem efeito reflexivo no procedimento consciente e atuante do coração.

Pela qualidade, o Mestre Eleito dos Nove já percebe que a ignorância e o fanatismo desapareceram, porque conseguiu afastá-las. Descobre, igualmente, que precisa banir da mente instintiva a ambição.

É preciso observar, nesse contexto, que a ambição descomedida, em geral, frustra, domina, obceca, turvando o entendimento e inclinando para a destrutiva inveja, e leva até à distração de realizar coisas prazerosas. A ambição moderada, ou na devida proporção, ajuda a superar cada novo desafio, estimula a persistir na vida e a tornar adequada e proveitosa, sob os princípios da ordem e do progresso, incluindo o todo, gradativamente.

Portanto, no desenvolvimento intelectual, deve-se procurar dominar a ambição, e não permitir que ela seja a dominadora.

Então, seja o escolhido Joaben, seja o Mestre Eleito dos Nove, seja o próprio Eu Sou, quando entra na caverna iluminada, a ambição depois de ferida suicida-se com o próprio punhal. Isso ocorreu porque se defrontou com o saber e o amor impessoal, que tem por fim o aperfeiçoamento e a realização dos planos da divindade, e porque ficou em estado de alucinação, e o seu abalo levou-a a esse ato de desforra, cujo personagem se constitui em grau máximo de representação.

Sob essa aparência, em outras palavras, a lenda conta que o assassino, vendo-se descoberto pelo Mestre Eleito – não resistiu ao seu semblante – tomou o punhal e o cravou no próprio peito, atravessando o coração, antes que Joaben pudesse impedi-lo.

A versão da liturgia, no entanto, é de que Joaben matou o culpado e cortou-lhe a cabeça. Os mistérios da Iniciação, porém, não permitem ao Iniciado a vingança ou fazer justiça com as próprias mãos, porque o critério julgamento e aplicação da pena devem ser com disposições claras e parâmetros objetivos, segundo o estabelecido em lei.

Como referido inicialmente, a Liturgia oferece para reverência muitas alegorias:

a) A Caverna – o próprio Ritual indica que a Caverna representa a consciência humana. E pensando num alcance mais penetrante do íntimo, ao mesmo tempo, ela simboliza o inconsciente; o coração que dispara no momento de forte admiração ou hesitação; e o cérebro, centro espiritual dos sentimentos e emoções, porque é um lugar escuro e secreto.

Em qualquer bom dicionário da língua portuguesa encontram-se os significados dessas representações da caverna: a consciência como a faculdade de se estabelecerem julgamentos morais dos atos realizados; o inconsciente como o conjunto dos processos psíquicos que atuam sobre a conduta, mas escapam do âmbito da consciência; o coração, que é a indicação do estado emocional, porque acelera numa reação intensa e breve do organismo, seja por conotação penosa ou agradável; e o cérebro que pensa, e, tal como mencionado, é o centro espiritual dos sentimentos e emoções.

Observado isso e tendo em conta que a consciência é o poder natural que se tem de autoanálise de atos praticados, pode-se afirmar que, de regra, esse julgamento de si mesmo é quanto a atitudes praticadas, obviamente, aquelas que exprimem alguma negação ou restrição, em conexão com a ignorância, preconceitos e fanatismo, bem assim a cupidez e o egoísmo.

Logo, considerando que a inteligência é capaz de perceber a verdade e a liberdade e que ela é imortal, porque sempre há a esperança do triunfo ou de sua supremacia sobre os defeitos do mal, certo é que, com a consciência tranquila, está ela apta para, pelo menos, ferir a ignorância e matar os preconceitos, o fanatismo, a cupidez ou cobiça e o egoísmo, isto é, matar esses defeitos matadores do intelecto.

Sob outro enfoque, o mito da caverna é uma metáfora, da condição humana perante a sociedade, atribuída a Platão como seu mentor, a qual se traduz no seguinte texto:

> *Essa história tem como intuito ilustrar como a maioria das pessoas vive com um véu sobre seus olhos, o que permite apenas uma noção distorcida de indefinida sobre as coisas como a Verdade e a Beleza. Imagine um grupo de indivíduos acorrentados em uma caverna escura, iluminada apenas por uma grande fogueira atrás deles. Esses homens da caverna podem somente enxergar sombras de si mesmos e outras imagens tremeluzindo nas paredes em frente aos seus olhos. Essa é a realidade deles.*
>
> *A maioria deles é desprovida de imaginação; outros são indiferentes e simplesmente aceitam essa realidade sem especulação. As mentes questionadoras observam os padrões mais claros e tentam entender seu mundo. Ainda assim, a verdade os ilude.*

Um dos prisioneiros consegue se libertar das correntes e escapa da caverna. Emergindo para a luz do dia, esse fugitivo é cegado pela luz, podendo ver somente uma representação imperfeita da realidade. Com o tempo, esse indivíduo irá acostumar seus sentidos com o novo ambiente e verá as coisas mais claramente: a paisagem, o céu, a iluminação do sol.

Eventualmente, essa alma recém-iluminada retorna para a caverna e tenta espalhar a notícia do novo mundo que existe além dos confins claustrofóbicos da caverna. Qual será a resposta dos habitantes da caverna? Eles corajosamente irão até onde o indivíduo foi e realizarão a árdua, porém recompensadora viagem para fora da escuridão em direção a luz? De acordo com Platão, não. Eles estariam mais propensos a matar o profeta, porque ele é uma ameaça ao estado das coisas já estabelecido.

Essa é uma referência óbvia ao mentor de Platão, Sócrates, e um comentário sobre a predileção humana em escolher a existência envolta por uma névoa, o caminho mais fácil e mais suave, a mentalidade que evita a mudança a todo custo. E os filósofos que vão à frente do caminho normalmente são denunciados, ridicularizados e frequentemente acabam mortos.[102]

Conforme a trasladada metáfora, a sucessão de estágios para a obtenção da consciência, ou seja, do conhecimento, compreende o domínio das coisas sensíveis e o domínio das ideias. Para o Grande Filósofo, a realidade está no mundo das ideias – um mundo real e verdadeiro – e a maioria da humanidade vive na condição da ignorância, no mundo das coisas sensíveis, no grau da apreensão de imagens, as quais são mutáveis e imperfeitas.

Conclui-se, pois, o quanto é importante a educação e, em especial, o conhecimento filosófico como forma de superação da ignorância.

Voltando à ideia inicial, atente-se que o sentido dos valores da Maçonaria, dois dos assassinos (a cupidez ou cobiça e o egoísmo), quando regressavam à caverna, notaram a presença dos Mestres (as virtudes) e fugiram precipitadamente, mas percebendo-se perdidos ante o encalço preferiram lançar-se no espaço a ter a prisão e, assim, os perseguidores encontraram somente os cadáveres. No entanto, Johaben

---

[102] Mannion, James, *O Livro Completo da Filosofia*, Editora: Madras, 2008, 5.ª ed.

entrou na caverna e descobriu aquele que havia dado o golpe mortal à inteligência e matou o culpado (ignorância), mesmo que esse direito pertencesse à Lei.

Desta maneira, a interpretação é de que tanto o crime quanto o castigo permanecem sempre em segredo, dos quais só os Iniciados, ou os que possuem conhecimento filosófico, podem se inteirar, e tão somente os eleitos podem compreender tal alegoria.

Em outras palavras, o eleito dos nove instruído e com a consciência tranquila, tem plenas condições de perceber a verdade e a liberdade, e, por consequência, ao menos, está habilitado para ferir a ignorância, e matar os preconceitos, o fanatismo, a cupidez (cobiça) e o egoísmo, isto é, com a faculdade cognitiva é capaz de eliminar os defeitos que dominam as impressões recebidas pelos sentidos.

b) A Lâmpada é a irradiação divina cuja luz penetra os nossos mais íntimos pensamentos e com o seu poder afastam as trevas, assim como a verdade destrói a ignorância, o fanatismo e a ambição.

c) A Fonte Cristalina é a fé ao Ser Supremo e a benevolência que emanam do coração do Mestre. A sede, por sua vez, significa ouvir a voz da sabedoria para seguir com equilíbrio e se tornar um ser de luz, capaz de aprender, viver e inspirar os outros na arte de ser feliz.

d) O Punhal é o poder da vontade para eliminar os vícios e paixões. Importa ressaltar que não se trata do instrumento ou sinal distintivo da vingança.

e) A Inteligência é o poder natural que percebe a verdade representada por Hiram e, assim, ajuda a distinguir o bem e o mal, por qualquer dos sentidos, e esclarecer as aspirações, de modo que a verdade é compreendida através da Razão.

Sob o aspecto do conceito que se atribui a todos, inteligência é a faculdade que tem o espírito de pensar, conceber, compreender.

Na hipótese presente, isto é, para a percepção da verdade acima referida, emprega-se como sinônimo de cognição (tal como a palavra "entendimento"), isto é, aplica-se a qualquer dos processos pelos quais se constrói o conhecimento.

Quando ela elabora conceitos, ideias e juízos, está voltada para o pensamento, seja estabelecendo articulações internas e necessárias, entre eles o raciocínio (indução e dedução), seja pela análise e pela síntese, bem como formula teorias e procura prová-las e verificá-las.

Por vezes é restrita aos processos de concepção e, em alguns casos, é usada no sentido ainda mais reduzido, de função de apreender relações, ou, até, especiais formas de relação.

Sob o senso comum, portanto, consiste na capacidade de empregar meios adequados para atingir os vários fins que se apresentam.

Deve-se, pois, considerá-la eficazmente, a fim de que se possa viver em paz com a consciência.

f) A ignorância é a condição em que não há instrução e a revelação de falta de saber, desconhecimento e imperícia. A ignorância se distingue entre agir **por** ignorância e agir **na** ignorância. Na primeira, a ação é por falta de conhecimento, involuntária ou forçada. Diversamente, a ação na ignorância é de forma incivilizada e voluntária.

g) A ação por ignorância é baseada em preconceitos, superstições e ideias sem fundamento ou com noções errôneas a respeito do próprio indivíduo e da sociedade a que pertence, razão pela qual o sujeito é incapaz de ver e aceitar as verdades e o impedem de adquirir conhecimento.

h) No que diz respeito à liberdade cerceada, importa referir que o direito individual de liberdade de consciência, que diz respeito ao que intimamente se acredita e se tem fé, de pensar livremente e expressar tais pensamentos, é garantido em todos os estados democráticos. O Mestre Eleito dos Nove deve exercer essa faculdade legal para lhe possibilitar naturalmente o avanço no conhecimento e aperfeiçoamento.

i) Corrupção vem do latim *corruptus*, que significa "quebrado em pedaços". O verbo corromper significa "tornar-se podre". Numa acepção simples, é a alteração ou falsificação de qualquer ato para tirar proveito e prejudicando outrem. A corrupção social caracteriza-se pela incapacidade moral dos cidadãos de assumir compromissos voltados ao bem comum, sem a obtenção de vantagem com o poder que lhe foi atribuído, ou, então, realizar qualquer coisa que não lhes traga uma gratificação pessoal, promoção ou prestígio particular.

A corrupção varia muito; comumente ocorre com suborno, extorsão, clientelismo, nepotismo, peculato e outros.

j) Crime é resultante de ato condenável, de consequências funestas ou desagradáveis, passível de repreensão ou castigo. Caracteriza-se, também, pela ofensa de um bem jurídico previsto ou com tipicidade na lei.

O Ritual indica que o desconhecido, que havia se oferecido para servir de guia aos Eleitos dos Nove, e conduzi-los à caverna, representa o trabalho realizado. Ele sabia o local do refúgio do assassino, porque era um "guardião de rebanhos", isto é, o guardião espiritual que se predispõe a trazer para o aprisco aquele que abandona o rebanho.

Os exemplos proveitosos que se extraem do trabalho realizado é que os grandes heróis trazem implícita a qualidade de bom pastor, enunciado que consiste, inclusive, como uma das metáforas de Cristo. Por meio desse novo elemento, o desconhecido, o Mestre Eleito perde os seus temores, libertando-se, e, por esse motivo, o desperta para procurar ver e saber. Assim, sob o ponto de vista lógico, vence todas as dificuldades, refletindo exatamente a elocução com a qual somente através da execução da sentença o homem se libertará da ignorância representada pelo braço empunhando um punhal.

Por isso, não pode se deixar dominar pelos preconceitos, ou seja, por ideias preconcebidas, porque esses conservam oprimidos os espíritos e as consciências de enorme parte da humanidade.

Também lembra a liturgia: o homem pode apresentar sinais de ignorância e fanatismo; pode ser instrumento ou o próprio tirano e, por isso, fica sob sujeição da prepotência, do dinheiro e da vaidade, dedica a sua inteligência à fortuna e a sua consciência à ambição. O que é pior, continuando nessa condição de ignorante, atrai para si, também, a superstição e o despotismo.

Do ensinamento recebido, acerca dos vícios mencionados no parágrafo anterior, pode-se emitir e conhecer o seu significado, o qual é capaz de atingir o Centro e a profundidade do ser. Vejamos:

a) A ignorância é cega, fanática, selvagem em sua cólera. É o maior de todos os vícios. Cabe repetir o exposto na letra "f" última, é a condição em que não há instrução e se revela pela falta de saber.

b) O fanatismo sucede daquele que se considera inspirado, iluminado e, por isso, se dedica cegamente à sua crença, de maneira desmedida e intransigente.

c) A tirania tem relação com opressão, crueldade e abuso de poder. Na Grécia clássica designava um governo instituído de forma ilegal. Com base na ideia de evolução das sociedades democráticas, atualmente se constitui uma forma de governo indesejada, tanto na política quanto em outras relações humanas.

d) A prepotência diz respeito ao poder e à influência, e se confunde com a tirania, porque o prepotente, em geral, é opressivo, despótico e tirânico. Às vezes, no entanto, é um sentimento falso de superioridade, ou de autoafirmação, da pessoa que se acha superior às demais.

e) A vaidade é o desejo imoderado de atrair a admiração ou homenagens. Uma pessoa vaidosa cria uma imagem pessoal para transmitir aos outros, com o objetivo de ser admirada.

f) A fortuna, na hipótese, diz respeito ao acúmulo de bens, de riqueza. É amealhar grande quantidade de bens materiais ao longo do tempo.

g) A superstição é o sentimento baseado na crendice, no temor ou na ignorância, que induz ao conhecimento de falsos deveres, ao receio de coisas fantásticas e à confiança em coisas ineficazes.

h) O despotismo é a utilização de métodos autoritários, de um governo constituído na ilegalidade e que oprimem, são injustos e cruéis.

i) A ambição dificulta o entendimento, porque é o intenso desejo de obter aquilo que se valoriza em bens materiais ou amor exagerado ao bem próprio.

Não só é de fundamental importância que o Mestre Eleito dos Nove compreenda tais conceitos, mas, também, tem a obrigação de penetrar e atingir o fundo dos sentimentos do amor, convertendo-se em um ser justo e perfeito.

Feitas tais considerações, é interessante referir-se mais, especialmente quanto ao contido na Liturgia, a seguinte elocução, sob forma figurada: "Estava Salomão em seu palácio, entretido com noventa Mestres (...) fixou em nove os que deveriam ser sorteados para a missão (...)"[103].

Salomão, portanto, estava com noventa operários e, desses, nove foram designados para encontrar o assassino. Conclui-se, daí, que oitenta e um permaneceram na obra, coincidentemente, os oitenta e um nós

---

[103] *Ritual do Grau 9 – Mestre Eleito dos Nove*, RJ, 2010, SCB do G33, REAA.

existentes em Loja. A circunstância, nas Sessões, da abertura da porta revela que esses oitenta e um Mestres estão sempre à espera dos eleitos dos nove e, quando estes retornarem com eles, a cadeia será formada e cerrada. Por outro ponto de vista, a hipótese de, às vezes, alguém não ser designado a alguma missão, não deve se entristecer ou se sentir excluído ou apequenado, porque todos são iguais e estão com a mesma tarefa a cumprir.

Dentre muitas das interpretações que se pode dar, a mensagem do Grau, uma delas é no sentido de que quando a razão sente e compreende que a Presença da Divindade ou a união com ela deixou de existir, ou mais explícito, a parte espiritual, ativa e atuante em cada pessoa, está morta, assassinada pela ignorância, pelo fanatismo e pela ambição, deve-se tratar de vitalizar as virtudes. Em outras palavras, quando a pessoa se depara com o que a conduz ao mal, há que dar vida aos bons pensamentos.

Como consequência lógica, a dedução é de que este Grau se preocupa com os atributos da consciência do homem, baseada no verbete *conhece-te a ti mesmo*; por conseguinte, indica que quando efetivamente se chega ao autoconhecimento há a elevação a um grau de formação que tudo se esclarece. O que incita à instrução, obviamente, adquirida, adotando ideias avançadas através do estudo, mas a cada vez mais envolvendo esse progresso.

A fim de melhor compreensão da essência do Grau, é bom examinar a lição de Albert Pike quando faz distinção entre sentimentos e princípios:

> *Muitas pessoas têm sentimentos, mas não princípios. Os primeiros são sensações temporárias, os últimos impressões controladoras e permanentes de bondade e virtude. Os primeiros são gerais e involuntários, e não se elevam ao caráter de virtude. Todos os sentem. Eles se emocionam espontaneamente em cada coração. Os últimos são regras de ação, controlam e dão forma à nossa conduta; e é nestes que a Maçonaria insiste.*[104]

Ainda, de acordo com a Bíblia Sagrada, há o seguinte fato de que se pode tirar proveito ou ensino:

---

[104] Loc. cit. 3, p. 120.

Recompensou-me o Senhor conforme a minha justiça; conforme a pureza de minhas mãos me retribuiu.[105]

Rigorosamente há que se celebrar a justiça de Deus, nem que seja pela fé, mesmo que a nossa experiência não a esteja vendo. *Então a minha língua falará da tua justiça e do teu louvor o dia todo.*[106]

Sobre a natureza dessa justiça, como se viu na leitura do versículo do Grau, o Antigo Testamento é pródigo em dizer que Deus nos retribui segundo as nossas ações e a pureza das mãos.

Não por acaso, a palavra "justiça" aparece diretamente inúmeras vezes na Bíblia.

No plano pessoal, deve-se evitar a cometer injustiça e, se isso ocorrer, a obrigação é de se comprometer com a reparação.

E, mais, quando preciso, deve-se julgar com benignidade, já que não se consegue julgar com retidão.

Algumas vezes é difícil conviver com dois lobos dentro de nós, pois ambos tentam dominar o espírito. E se indagarmos: qual deles vence?

Certamente, será o lobo mais forte, que é aquele que se alimenta mais frequentemente.

Sejamos justos e mansos, porque esse é do genoma da Santidade.

Ademais, na Liturgia do Rito Escocês Antigo e Aceito, o Grau nove oferece, para tratar com reverência o sagrado, tal como registrado no início, além da promulgação bíblica, outras mitologias das ciências ocultas, sociais, morais e as proposições variadas de interesses intelectuais em benefício de quem busca o conhecimento, que, para tanto, cabe ainda considerar.

O Mestre Eleito dos Nove é aquele, segundo a lenda, que foi escolhido ou designado pelo Rei Salomão quando reuniu os Mestres mais velhos, que eram quinze e, deles, nove foram escolhidos para a perigosa expedição, havendo, para isso, colocado os nomes numa urna. O primeiro a sair foi o nome de Joaben, que, dessa forma, ficou designado o chefe da expedição.

---

[105] Loc. cit 8, II Samuel 22:21.
[106] Ibid. Salmos 35:28.

Depois, em reunião mais reservada, só com os Nove Mestres Eleitos, Salomão revelou o lugar da caverna, chamada Ben-Achar, paradeiro e esconderijo dos malfeitores. A informação considerada segura veio de um desconhecido que ainda depois guiou a comitiva para chegar ao lugar-símbolo da caverna. Nesse encontro acertaram a maneira de capturar os criminosos para vingar o assassinato de Hiram.

O fato culminou assim narrado:

> (...) Joaben, mais ardente, julgou a marcha muito vagarosa e, tendo por único fito a sede de vingar o Mestre dos Mestres, deixou seus companheiros para trás e alcançou a caverna em que se acoitava o monstro. A luz de uma lâmpada, Joaben viu o celerado a dormir, brilhando a seus pés um punhal. Joaben apoderou-se da arma e esquecido das ordens recebidas, fere o matador de Hiram. Este levanta-se furioso, mas o golpe recebido e a presença do intrépido Joaben, fazem-no cambalear e cair, exclamado em sua raiva: Vingança! Vingança! Joaben, por sua vez, ébrio de cólera corta a cabeça do vencido e a coloca com o punhal a seus pés. Vendo a fonte de água cristalina, que corria pela caverna, nela saciou a sede e, sentando-se para descansar, adormeceu profundamente.[107]

No entanto, sob a interpretação de que moral é o conjunto de regras de conduta consideradas válidas, também, ao abrigo do conjunto dessas faculdades e observando a lenda dos eleitos para cumprirem a tarefa ordenada por Salomão, pode-se sustentar que o Mestre Eleito deve ser dotado de confiança na Justiça, promovida e executada pelas autoridades constituídas. Portanto, a Lenda ensina jamais julgar e punir com base nos próprios desejos e interesses e nem submeter ao particular capricho e, sim, fazer desaparecer fraquezas, defeitos e faltas, no sentido amplo, eliminar os vícios.

De igual modo, não só investigar constantemente a verdade, mas encontrar a verdade.

Para encontrá-la é preciso viver a plenitude dessa conduta moral, no exercício prático que leva à efetiva realização da virtude. Portanto, a verdade é a própria simplicidade, a própria singeleza, a própria lógica natural. É a exatidão, a realidade, a enunciação de pensamento franco, sincero.

---

[107] Loc. cit. 103.

A vingança, propensão sentimental dos Eleitos quando viram Joaben adormecido, tendo a seus pés a cabeça de Abairam e o punhal ensanguentado, talvez, corresponda à aplicação dos termos dos juramentos e das penalidades prestados nos três primeiros graus das lojas simbólicas. Literalmente, em caso de traição, a punição é a degola, o coração arrancado, o corpo cortado em duas partes, as entranhas arrancadas e queimadas.

Essa forma de justiça deve ser vista no contexto sociológico de cada época, aplicada com o objetivo de dissuadir outros potenciais criminosos pelo exemplo da sanção. Trata-se também da aplicação do princípio da ação-reação.

Um exemplo típico é a promulgação no Antigo Testamento do que veio a ser conhecido como Lei de Talião:

Mas, se houver dano, então darás vida por vida, olho por olho, dente por dente, mão por mão, pé por pé, queimadura por queimadura, ferimento por ferimento, golpe por golpe.[108]

Segundo essa visão, no Novo Testamento Jesus teria mudado a lei:

Ouvistes o que foi dito: Olho por olho, dente por dente. Eu, porém, vos digo: não resistais ao perverso; mas, a qualquer que te ferir na face direita, volta-lhe também a outra; e, ao que quer demandar contigo e tirar-te a túnica, deixa-lhe também a capa. Se alguém te obrigar a andar uma milha, vai com ele duas.[109]

Em contrário, atualmente, o castigo não vai além da pena de natureza moral, qual seja, a desatenção, a indiferença.

No Livro do Levítico, inserto na Bíblia Sagrada, assim é a recomendação: *Não te vingarás nem guardarás desejo de vingança contra os filhos do teu povo; mas amarás o teu próximo como a ti mesmo. Eu sou o Senhor.*[110] Essa lei tem por objetivo conter a vingança e a efetiva conduta para o bem e proporcionar a felicidade. O Novo Testamento, por sua vez, no Apocalipse, remete a vingança divina para o dia do julgamento escatoló-

---

[108] Loc. cit. 8, 21:23.25.
[109] Ibid. Mateus 5:38.41.
[110] Id. Levítico 19:18.

gico. A aplicação da justiça bíblica é tal, consistindo em atribuir a cada um aquilo que lhe é devido, mas ela é, sobretudo, sensível a permitir avaliar com que um poder, um título, um ato, um objeto, seja conferido de acordo com a essência da moral.

O poder estatal aplica o castigo de acordo com a tipicidade do ato delituoso, ou seja, a vingança é uma forma de justiça considerada eficaz de proteger o direito à vida, por exemplo, por incutir o medo da punição.

Albert Pike menciona que um grande pregador bem disse: "Portanto, és inescusável quando julgas, ó homem, quem quer que sejas, porque te condenas a ti mesmo naquilo em que julgas a outro; pois tu, que julgas, fazes o mesmo."[111]

A fórmula que aponta o modo correto de agir, enfim, é de sacrificar certa indulgência, controlar o apetite ou guardar o temperamento em qualquer discussão ou debate.

Joaben, nesse aspecto, representa a vingança e o julgamento imprudente ou apressado. Essa é a atribuição de natureza mística, mas não separada da categoria da pressa irrefletida; é a perfeita imagem do candidato. Já o punhal utilizado, com ele, em tempos mais remotos, os Reis ceifaram a vida de seus inimigos e feriram suas vítimas e os mais audazes feriram os seus Reis, jamais serviu à justiça e à verdade (valores dos mais propagados pela Maçonaria). Mesmo assim, foi perdoado por Salomão e mantido no grau de Eleito dos Nove.

Vale ressaltar: a Maçonaria há muito se livrou do impróprio anseio de vingança, seja contra indivíduos, seja contra corporações outras; o norte que ela aponta, no entanto, é o combate ao que é prejudicial e tudo que exprime negação, especificamente a ambição, a qual também diz respeito a essa alegoria, causadora de tantos crimes e excessos.

Essa é a razão inspiradora e indutiva ao pensamento de não se tratar de ficção ou ideia de ser "um grau de vingança", porque não se combina com o ensinamento maçônico. Em sendo assim, o julgamento realizado por Joaben passa a significar que a vingança é um sentimento que não deve ser cultivado, até porque a justiça somente a Deus pertence.

A missão do Mestre Eleito é a luta pela identificação e destruição das injustiças e menosprezo que assolam a humanidade, motivo pelo qual

---

[111] Loc. cit. 3, p. 120.

deve estar imbuído de coragem, disciplina e zelo pelo dever a cumprir que lhe foi confiado.

É importante lembrar, consecutivamente, que o comprimento da vida não é medido pelo tempo de existência, mas por aquilo que se realiza para a nossa espécie.

O Maçom de boa formação não se omite de participar na destruição a ignorância, o fanatismo e a ambição, bem como prestar auxílio para a obtenção da liberdade e conseguir a justiça.

Que o Grande Arquiteto do Universo lhe conceda força e sabedoria para o cumprimento desses altos deveres.

"Sê bravo contra tuas próprias fraquezas e para defender a verdade."[112]

---

[112] Loc. cit. 103.

Título II – Terceiro Eleito ou Eleito dos Quinze
Maçonaria Adonhiramita

Na Maçonaria Adonhiramita o acesso à liturgia do Grau 9 é conferido por comunicação, com o título de Terceiro Eleito ou Eleito dos Quinze.

O Resumo Histórico e Místico, constante do Ritual, narra que esse Grau é derivado do Iluminismo Alemão e amplia os conhecimentos dos Graus 7 e 8, acrescendo mais informações à Lenda do 3.º Grau. À vista dessa assertiva, por seu valor quanto à consecução das coisas, tal qual a lenda do Grau 8, consta que Abiram, o primeiro assassino, já havia sido descoberto e executado.

Em consequência, o resumo relata que este Grau desenvolve-se como enredo principal à captura e à execução dos dois outros matadores de Adonhiram, Sterkin e Oterfut, os quais estavam refugiados no país de Geth.

A epítome, igualmente, destaca que Salomão tomando conhecimento disso, no mesmo dia, armou os quinze mestres mais zelosos, incluindo os nove que, anteriormente, haviam saído à procura de Abiram. Todos se deslocaram no 15.º dia do mês de Sivan, 4 de junho, e chegaram ao país de Geth no 28.º dia, 17 de junho. Lá, entregaram a carta de Salomão ao rei Maaca, que, impressionado com a notícia, ordenou, de imediato, que se desse uma busca completa em todo o país em procura dos dois criminosos. Era seu desejo entregá-los, o quanto antes, aos Israelitas, o que lhe era motivo de regozijo por livrar seu território de tais monstros.

A narrativa, portanto, resume a história dos assassinos de Adonhiram. E, também, é o relato fundamental em torno do qual gira a liturgia deste Grau, cujo trabalho se propõe ao estudo das relações internacionais, considerada sobre a tríplice marca que se constitui no lema da

Maçonaria: Liberdade, Igualdade e Fraternidade, assim como ressalta a supressão da autocracia civil.

Ademais, é possível exprimir o propósito do Resumo Histórico e Místico do Grau através da elaboração de perguntas e da produção das respectivas respostas, pelo seguinte critério:

P – A primeira questão que surge é o porquê e a razão dessa alteração do número de nove eleitos, sorteados entre os mais zelosos, no Grau 7, passar para quinze neste Grau Nove?

R – Os fascínoras foram encontrados, depois de passados 15 dias de sua procura, isto é, no 15.º dia de investigação. E foram descobertos por quinze fiéis Irmãos.

É possível considerar que o número 15 esteja relacionado às marchas do Maçom, logicamente, somando-se os três Graus Simbólicos: três mais cinco e mais sete, correspondendo a 15 e representando o caminho percorrido.

P – Sois Grande Mestre Eleito dos Quinze?

R – Sim, com o meu zelo, a minha fidelidade e o meu trabalho obtive o reconhecimento e a qualidade de Grande Mestre Eleito dos Quinze e a estima das dignidades.

P – Onde foste recebido?

R – Na sala de audiências do Rei Salomão.

P – Quando foste recebido?

R – Quando o Rei Salomão me designou junto com os meus Irmãos a procurar os dois outros assassinos de Adonhiram.

P – Fizeste essa investigação pessoalmente?

R – Sim, T.V.P.

P – Foste à procura de dois assassinos?

R – Sim, é verdade, pois o outro já havia sido punido.

P – Como se chamam os dois que foram conduzidos a Jerusalém?

R – Sterkin e Oterfut.

P – Como foram descobertos?

R – Pelas buscas de Ben Gabel.

P – Qual a estratégia do Rei Salomão para a captura?

R – Escreveu uma carta a Maaca, Rei de Geth, pedindo-lhe a permissão de iniciar a investigação por pessoas de sua confiança que enviaria a seu país.

P – O Rei Maaca levantou algum problema?

R – Não, pelo contrário, concedeu-nos pessoal suficiente e qualificado para escoltar os criminosos.

P – Onde os encontraste?

R – Num lugarejo chamado Bendicar.

P – Como se chamam os primeiros Mestres que os descobriram?

R – Zeomet e Eligam, depois de quinze dias de buscas.

P – Em que dia chegaste a Jerusalém?

R – Aos 5 dias do mês de julho, ou 15.º dia do mês de Tamuz.

P – Quanto tempo estiveste em viagem?

R – Um mês.

P – Quantos Mestres elegeu Salomão para essa viagem?

R – Quinze, dos quais eu era um.

P – O que ordenou Salomão?

R – Depois de oprimi-los à censura, drasticamente, os fez recolher à masmorra de uma torre chamada Hezar. No dia seguinte, às 10 horas da manhã, mandou executá-los com a mais cruel das mortes.

P – Com que tipo de morte os assassinos foram punidos?

R – Os criminosos foram pendurados pelos pés em dois postes, com os braços e o pescoço amarrados para trás. Abriu-se lhes o corpo do peito às partes genitais.

P – Ficaram muito tempo nesse estado?

R – Ficaram expostos ao calor do sol durante oito horas. As moscas e outros insetos se saciaram no seu sangue. Emitiram lamúrias tão lastimantes que provocaram compaixão aos seus algozes, o que obrigou a estes a decepar-lhes as cabeças.

P – Que foi feito de suas cabeças?

R – Salomão mandou que as três fossem expostas fora da cidade, e fez trazer a cabeça de Hoben, o primeiro assassino, conforme o Eleito dos Nove, para juntá-la às outras duas, as quais foram espetadas em estacas, na mesma ordem em que esses criminosos se posicionaram no Templo para assassinar Adonhiram.

P – Qual era o nome do outro?
R – Abiram. Este nome é um símbolo e não significa assassino.
P – Qual o seu verdadeiro nome?
R – Hoben.
P – Como se chamam as três portas onde foram expostas as três cabeças?
R – A do Meio-Dia, sul, a do Ocidente e a do Oriente.
P – Que cabeça foi exposta na porta do Meio-Dia?
R – Sterkin.
P – Na porta do Ocidente?
R – Oterfut.
P – Na porta do Oriente?
R – Hoben.
P – Por que foram expostas as três cabeças nas três portas?
R – Tal medida visava a criar um exemplo a todos os súditos de Salomão, particularmente aos obreiros Maçons.
P – Que horas são?
R – Seis horas da tarde.
P – Por quê?
R – Porque é o horário em que os assassinos foram decapitados.

Pode-se perceber com clareza que neste Grau a Maçonaria Adonhiramita narra a lenda observando os locais e os seus agentes de modo minucioso, os quais, no texto de outras fontes, são ambíguos ou pouco claros; assim, quem sabe, sirvam para aguçar o íntimo de cada um ou para poder penetrar nos Secretos Mistérios da magia maçônica.

Conquanto, o Grau mostra nitidamente a desonra que pesa sobre os malfeitores, especialmente em relação àqueles que agem violando local especial, de maneira organizada e programada, com intenções claras de ser em proveito próprio e chegar a seu termo perpetrando a ação premeditada.

É a razão de o Grau do Eleito dos Quinze ser conferido por comunicação e como título honorífico.

O texto, logicamente, é originário de língua diversa da que adotamos e, por ilação, vem o pensamento de que a tradução pode ter sofrido alguma alteração literal. Mas o que mais importa, enquanto fiel e não contrário, mesmo que não com tanta precisão, é tentar comentar o sentido que exerce sobre quem quer compreender o fim a ele considerado.

Ousa-se assim pensar e manifestar essa ideia porque, nos títulos dos graus, temos a tradução de Mestre Eleito dos Nove, Terceiro Eleito ou Eleito dos Quinze. É estranho, no entanto, perguntar: "Vós sois Grande Mestre Eleito?" É melhor adotar o título de um membro de um dos "eleitos" no Grau.

Afora pequenas peculiaridades, o que interessa mesmo é o que o Grau oferece para se interpretar e aprender, além de examinar minuciosamente o princípio da Reverência pelas coisas sagradas.

Primeiramente se aprende que o verdadeiro nome do assassino de Adonhiram – que nas lendas insertas nos Graus anteriores é denominado Abiram – é na realidade Hoben.

Percebe-se, também, que apresenta o seguimento da lenda com a detenção dos outros dois criminosos de Adonhiram, chamados por Oterfut e Sterkin, capturados em Geth, por uma delegação de quinze Mestres Eleitos, enviada por Salomão.

Enfim, a reprodução litúrgica, compreendendo o todo, dá a entender que o Mestre Eleito deve ser sempre vigilante às imperfeições que estão nele adormecidas, sempre prontas para se manifestarem nas formas mais tênues.

De modo mais específico, a execução dos assassinos, em que o carrasco abriu o corpo do peito deles, corresponde à acessibilidade do coração em todas as dimensões do ser. De forma que, ao terem o corpo partido em duas partes, representam todas as pessoas que vivem apenas para o seu lado mental e outras que desenvolvem e se preocupam somente com o corpo, e vivem em função dele. Nesse extremo de separação simbólica das partes do corpo existe um caminho invertendo o sentido, convidando para a reintegração ao estado primordial do corpo a um espírito de luz.

Nesse sentido, quando o Mestre eleito, através de faculdades do intelecto, chega à percepção de que as três cabeças representam a ignorância, o fanatismo e a ambição, pode considerar que eliminou de si mesmo tais tendências negativas, e que pode prosseguir a sua pesquisa em busca da verdade, reunindo o que se encontra ainda disperso.

Demonstrada a compreensão do misticismo e do conteúdo hermético, evidenciando, também, ser zeloso e ter progredido no seu trabalho, o Mestre Eleito terá a estima, o reconhecimento e a confiança de todas as pessoas de sua convivência.

CAPÍTULO X

Título I – Mestre Eleito dos Quinze
Rito Escocês Antigo e Aceito

Um dos propósitos do Grau é de incutir no ânimo do Maçom a ideia de que aquele que infringir seu juramento ou for traidor será castigado.

O castigo, nos dias atuais, não passa de punição de natureza moral, isto é, a desconsideração, o desprezo. Os maus-tratos físicos seriam mais que castigos. Seriam formas violentas de penalidade. Na hipótese, o castigo deve ser isento de ódio.

Se aplicado na justa medida, a falta de apreço ao traidor causa consequências psicológicas prejudiciais e que jamais serão esquecidas. É difícil a reparação do ato e do próprio perjuro, mas o que importa é a demonstração de falta de reconhecimento e do afeto até então existente. Por isso que a desconsideração é uma pesada punição e tem efeito em tão alto grau que fere de modo duradouro mais que um castigo físico.

Quando é aberta a Bíblia Sagrada no Livro de Gênesis 9.6, lê-se:

Quem derramar o sangue do homem, pelo homem o seu sangue será derramado; porque Deus fez o homem conforme sua imagem.[113]

A vida humana é tão valiosa que o homem foi criado à imagem de Deus. Jesus Cristo disse: *Eu sou o caminho, a verdade, e a vida; ninguém vem ao Pai, senão por mim.*[114]

A restrição que Deus estabeleceu sobre o não derramamento de sangue é porque este era o instrumento ou meio de redenção, que significa a salvação oferecida pelo próprio Jesus Cristo, na cruz, com realce no aspecto de libertação da escravidão do pecado.

---

[113] Loc. cit. 8, Gênesis 9:6.
[114] Ibid. João 14:6.

Por consequência, o sangue não podia ser manuseado em qualquer outro contexto, a não ser o do sacrifício. Ele o santificou para que fosse tratado com reverência. Até mesmo durante o período em que a mulher tem perda fisiológica de sangue, de origem uterina, ela era considerada impura, e não podia ser tocada nem sequer pelo seu marido antes da sua purificação. Até mesmo após dar à luz, havia restrições por causa de contato com o sangue.

Essa visão do sangue como vida é a razão de ser ela propriedade de Deus. Lembre-se que, após a ceia, Jesus, tomando o cálice, rendeu graças, dizendo: *Este cálice é o novo pacto no meu sangue; fazei isto, toda as vezes que o beberdes, em memória de mim.*[115]

De modo que quem beber do cálice do Senhor indignamente será culpado do corpo e do sangue do Senhor.

Ao mesmo tempo assume o Mestre Eleito a obrigação de caráter social de defesa, pelas seguintes causas: *de todos aqueles que defendem o Direito e a Justiça contra a tirania; da tolerância contra a intolerância e a perseguição; da liberdade da palavra, da escrita e da consciência. Que essas luzes brilhem, tanto quanto a luz da liberdade ilumine o mundo; tanto quanto a tolerância religiosa e a política reinem sobre o mundo; tanto quanto a luz da educação e da inteligência brilhe em todos os cantos da terra.*[116]

No final, também, o compromisso do Cavaleiro Eleito dos Quinze é de *pugnar pela causa do oprimido e da tolerância contra o fanatismo e perseguição.*[117]

Tirania exprime um governante injusto, cruel ou opressor, que abusa de sua autoridade. Assim, defender o direito e a justiça é uma atitude que caracteriza o homem de boa formação. O abuso do poder pelo próprio governo ou quando este comete erros, prejudicando a sociedade civil, é a causa mais provável do domínio pelo tirano, sendo, por isso, importante saber quando é lícita a restauração dos direitos fundamentais. De modo que, diante de medidas de opressão que atingem a maioria da sociedade, há de se tomar providências visando à reconquista, de modo legal e legíti-

---

[115] Id. Corintios 11:24.25.
[116] *Ritual do Grau 10 – Mestre Eleito dos Quinze*, RJ, 2010, Supremo Conselho do Brasil do Grau 33, para o REAA.
[117] Ibid.

mo, porque o fim do governo é o bem e a ordem da sociedade, logo, não pode haver tolerância à perseguição e, principalmente, à tirania.

Na mesma medida há que se agir quando alguém se apodera, pela força, daquilo a que outro tem direito.

Por outro lado, pugnar pela causa da liberdade da palavra, e da escrita, consiste no direito de declarar o que se tem por certo e os motivos pelos quais se acredita desta e não de outra forma, inclusive implicitamente, há a faculdade de oposição, que é a liberdade de análise e posicionamento contrário às expressões ou manifestações outras. A liberdade de expressar o pensamento constitui, também, em saber respeitar o livre pensar dos outros.

A liberdade de consciência diz respeito ao que intimamente se acredita e se tem fé. Já a liberdade de expressão é a manifestação externa dessas crenças.

Evidentemente que antes de interceder a favor desses direitos, há de se ter a concepção de que não é um direito absoluto, e, por isso, a sua restrição deve estar legitimamente definida para que não caracterize ilegalidade, oprimindo e silenciando uma pessoa ou um grupo social, até porque, de acordo com a lei, é vedado o anonimato.

É possível também que alguém por mais libertário que possa ser nem sempre consiga expressar o pensamento, porque este pode ser para ele prejudicial.

Por sua vez, a consciência é de foro íntimo, inviolável, sobre a qual outros não podem formular regras. Acreditar no que quiser é um direito intrínseco de cada ser humano, incluindo ter suas próprias ideias, convicções e crenças.

Sem querer parecerem menores as atitudes de conceitos que vieram antes, a obrigação do Mestre Eleito, que exige uma ação mais vigorosa, até por ser inserta no juramento, é a de pugnar pela causa do oprimido.

Seguro é que nessa trajetória da natureza apresentam-se muitas adversidades e trazem, às vezes, perseguições e opressões que repercutem no ânimo, parecendo atos de sujeição a provas para determinar e avaliar a conduta e as qualidades de cada um dos seres. Isso requer se esteja em constante progresso e a cada dia ser melhor do que antes e em constante defesa da justiça e da verdade; ao contrário, há o afastamento da perfeição e da causa divina.

Portanto, a orientação é de vigilância comportamental constante, a fim de se conduzir ao caminho da correção e da honestidade, e quando houver provações maldosas hão de fortalecer cada vez mais as qualidades que se lhes confere um caráter moral, jamais para prejudicar.

De certa maneira, é melhor sofrer prejuízos e injustiças do que praticá-las. O princípio divino defenderá sempre a justiça e a verdade, e honra os que merecem a retribuição, porque é justo e perfeito. A respeito, é bom atentar que a própria Bíblia, no Livro de Salmos, 140:12, prescreve:

Sei que o SENHOR sustentará a causa do oprimido, e o direito do necessitado.[118]

É confortável ter a certeza de que o Poder Divino socorre aquele que é oprimido e atende suas necessidades.

Muitos já descobriram, por experiência própria, que suas promessas são verdadeiras, seu conselho é confiável, seus comandos e restrições são sábios e que sua maravilhosa mensagem de salvação vai ao encontro de qualquer necessidade para todo o tempo e eternidade.

Evidente está, portanto, que as obras praticadas serão submetidas ao julgamento para se verificar se elas são boas ou más. As "boas" são as que exprimem aprovação e admiração. O Livro Sagrado, em Provérbios 13:2, indica com precisão: "Os bons serão recompensados"[119].

Depreende-se do expendido acima que este Grau é dedicado aos mesmos objetivos do anterior, o que quer dizer, à causa da tolerância e liberdade contra o fanatismo e a perseguição, e à da educação contra a ignorância.

Não é demasiado evidenciar que o tolerante é aquele que tem a qualidade de admitir e respeitar opiniões contrárias, admitir modos de pensar, de agir, de sentir, e ter o absoluto respeito à crença que se distingue, de certa maneira, daquela que se pratica, e que são os caracteres essenciais a que se concebe à tolerância.

Albert Pike assevera: *este Grau é dedicado principalmente à Tolerância. (...) O homem nunca teve o direito de usurpar a prerrogativa ainda não exer-*

---

[118] Loc. cid. 8, Salmos 140:12.
[119] Ibid. Provérbios 13:2.

cida de Deus, de condenar e punir outros por sua crença. Nascidos em uma terra Protestante, seremos daquela fé. Se os nossos olhos foram abertos para a luz sob as sombras de São Pedro, em Roma, seremos Católicos devotos; nascidos num bairro Judeu em Alepo, desprezaremos Cristo como um impostor; em Constantinopla, gritaremos **Allah il AJlah, Deus é grande e Maomé é seu profeta!***. (...) O que é verdade para mim não é verdade para outro. Os mesmos argumentos e evidências que convencem uma mente não causam nenhuma impressão em outra. Essa diferença existe nas pessoas em seu nascimento. Ninguém tem, positivamente, o direito de asseverar que ele está certo, onde outros, igualmente inteligentes e bem informados, afirmam diretamente a opinião oposta. (...) Nenhum homem é responsável pela certeza de sua fé; mas apenas pela sinceridade da mesma. (...) A verdade chega até nós como chega a imagem de uma vara de pesca através da água, curvada e distorcida.*[120]

Resumidamente, a Lenda do Grau lembra que: *um dos três assassinos havia sido encontrado por Joabem, um dos eleitos, numa caverna na proximidade do rio Jopa e por ele precipitadamente justiçado, o qual, no dia do crime se encontrava na porta do sul, barrando a saída do Mestre e prostrando-o com um golpe de Malho. Os outros dois fugiram e continuam ainda desaparecidos.*

Os Eleitos dos Nove foram convocados e recebidos na sala de audiências de Salomão porque um desses eleitos – BEN DECAR – quando do seu retorno da Galileia e confins da Fenícia encontrou indícios de que dois assassinos se refugiaram no país de Gheth e, em razão da notícia segura, entendeu prudente informar a fim de providência junto ao rei daquele país.

Foram enviados mensageiros ao rei Maaka, solicitando investigação, e para a missão foram eleitos mais seis, compondo os Eleitos dos Quinze, chefiados por Zerbal, para lá se dirigindo a fim de procurar os assassinos.

Capturados, julgados e considerados culpados, foi executada a sentença e suas cabeças decepadas e espetadas nas portas da cidade, para servir de exemplo a outros malfeitores.

Os instrumentos por eles usados – o Esquadro e a Régua – foram fixados nas portas da cidade.

---
[120] Loc. cit. 3, p. 129 e 130.

É importante, também, transcrever o registro contido na obra de Rizzardo da Camino:

> *A constante da filosofia maçônica tem sido o "castigo", não como resultado de uma vindita, mas, sim, de um julgamento; sempre, em qualquer Grau, surge esse aspecto que não pode passar sem ser comentado.*
>
> *O desequilíbrio, a desobediência, a falta de conhecimento, conduzem fatalmente a consequências desastrosas; indubitavelmente, o "castigo" apresenta gradações; os próprios códigos especificam e justificam essas gradações. Etimologicamente, "castigo" é um vocábulo composto, que significa "purificar"; sua raiz é a "castidade", ou seja, a "pureza"; uma pessoa "casta", ou seja, "pura"; a língua latina é muito rica nessas expressões que à primeira vista apresentam um significado totalmente contrário. "Castigar" significa limpar de uma ação nociva, posto que essa operação conduza à morte.*[121]

Assenta-se definitivamente que espargir uma informação útil, fomentando, assim, o aperfeiçoamento intelectual, que sem dúvida é a precursora do procedimento moral, pode haver o despertar das melhores e admiráveis aptidões para se efetivar as boas ações. E, assim, a difusão do conhecimento enfraquece a ignorância e os vícios e, em equivalência, resgata a graça de Deus; em particular, assim se traduz: quanto mais se aprende, mais se adquire a faculdade de aprender, aprender para saber e, por consequência, saber para ensinar.

Por esse motivo, não mais haverá obstáculos para a luz penetrar na consciência humana.

Quanto ao ensinamento da Maçonaria, e até para expressar a doutrina de maneira diferente, a expectativa é de que nesta vida não se tenha uma palavra substituída e um arquiteto tragicamente desaparecido e, com efeito, haja a necessidade de reencontrar a palavra perdida e substituir o arquiteto. Circunstâncias essas que se pode considerar sob os mais amplos sentidos, razão pela qual nunca serão suficientemente esclarecidas e, enfim, o trabalho permanecerá incompleto e interminável e, ainda, quando da grande convocação, para a vinda do grande dia, em que Deus realiza a salvação (Apocalipse 7), poucos serão os escolhidos.

---

[121] Loc. cit. 39, p. 168.

Título II – Aprendiz Escocês ou Pequeno Arquiteto
Maçonaria Adonhiramita

Na Maçonaria Adonhiramita o Maçom que tem acesso à liturgia do Grau 10 é designado de Aprendiz Escocês ou Pequeno Arquiteto. O Resumo Histórico e Místico, constante do Ritual, indica que neste Grau se inicia o processo que resultará na designação do sucessor de Adonhiram.

Isso ocorre como recompensa pelas proveitosas buscas efetuadas de encontrar os dois assassinos desaparecidos. Salomão premia o recipiendário com o título de Pequeno Arquiteto, mas com atribuições de direção das obras do Templo, que se desenvolviam muito lentamente. O novo Arquiteto é recebido na câmara de audiências e apresenta seu plano, que foi julgado perfeito por Salomão.

Antes, porém, o aspirante foi obrigado a comprovar que não foi o responsável direta ou indiretamente pela morte do Mestre Adonhiram, além de se dispor em participar da oblação simbólica do coração deste, repartir a pasta mística e, assim, criando um laço indissolúvel entre os Obreiros.

Além do fortalecimento da fraternidade antes narrada, a lição é no sentido de se reconhecer os erros que se cometem e que não há de se persistir neles; aliás, devem ser definitivamente eliminados do pensamento.

É demonstrado, pois, que o grau tem parcela de especificidade científica e estreito relacionamento entre a Maçonaria e o mister da construção. É a razão pela qual o aspirante tem a sua aptidão técnica questionada e que os seus instrumentos de trabalho adquirem realce com profundas analogias morais e éticas, em conexão com suas aspirações.

Em outras palavras, o Pequeno Arquiteto está dotado de qualidades que lhe conferem as condições de desempenhar com discernimento e dedicação quaisquer das atribuições das dignidades investidas na Ordem, sabendo, pois, elaborar projetos, executá-los e torná-los atraentes. Isso traduz o sentido de que possui as qualidades ideais para colaborar para um mundo melhor.

CAPÍTULO XI

Título I – Sublime Cavaleiro Eleito dos Doze
Rito Escocês Antigo e Aceito

Com preciosos conhecimentos para a realização do Tabernáculo Sagrado, o Sublime Cavaleiro atingiu a exatidão e correção, e, assim, mereceu a recompensa com a condecoração de Eleito dos Doze. De acordo com P. Naudon,

> *uma vez cumprida a punição dos três assassinos de Hiram, Salomão quis recompensar o zelo e a fidelidade dos Quinze Grandes Eleitos. A fim de não incidir em nenhuma preferência ou favor, resolveu escolher pela sorte doze dentre eles que formariam um Grande Capítulo e comandariam as doze tribos de Israel.*
>
> *Deu-lhes o título de Excelente Ermsch (od Emerecy, ou melhor Amar-lah), que significa: homem verdadeiro em qualquer circunstância, mostrou-lhes as tábuas da Lei e os objetos preciosos enterrados no tabernáculo, armando-os depois com a espada da justiça, e dizendo-lhes que tinham por missão fazer justiça, dela seguindo as leis em todas as circunstâncias.*[122]

Rizzardo Da Camino recorre aos conceitos de democracia neste Grau, penso que muito apropriadamente, justamente porque Salomão resolveu escolher doze, dentre os Quinze Grandes Eleitos, confiando-lhes o governo das doze tribos de Israel.

Ensina o renomado autor:

> *A técnica de indústria rendosa, em vez de diminuir, aumenta, geralmente, a ambição, tanto que arrasta o indivíduo para conceitos próprios, desprezando os*

---

[122] NAUDON, Paul, *A Maçonaria*, Difusão Europeia do Livro, 1968.

princípios de Moral, de Razão, de Justiça e de Fraternidade ditados pela Consciência Universal.

É necessário muito discernimento para escolher os melhores, de qualquer casta, de qualquer classe ou de qualquer meio, sendo certo que deverá recair a escolha naquele que seja inteligente, honesto, trabalhador e humilde, porque esses saberão bem representar e defender o povo, conhecendo suas necessidades, não se assustando com os ensinamentos modernos, proporcionados pela técnica, pela ciência, pela honradez, procurando possuir cultura completa sobre todos os assuntos que representa e defende.[123]

Por outro lado, a palavra *tabernáculo* vem do latim *tabernaculum*, "tenda", "cabana" ou "barraca" e designa o santuário portátil onde durante o Êxodo, até os tempos do Rei Davi, os israelitas guardavam e transportavam, em peregrinação, a Arca da Aliança, a Menorá e demais objetos sagrados.

Todos os detalhes, para a realização do Tabernáculo Sagrado, atingiram a exatidão e correção, de acordo com o plano divino dado a Moisés no Monte Sinai (Êxodo 25:1-40). A obra foi coordenada pelas mãos hábeis de Bezalel e Aoliabe (Êxodo 31:1-6).

Contudo, a maior capacitação obtida por Bezalel não foram as aptidões manuais, mas, sim, foi de ordem espiritual. Afora a capacidade legal resultante do estudo da engenharia para cumprir, com empenho, a exigências estabelecidas, o próprio Deus atribuiu-lhe o dom do conhecimento necessário para um resultado eficiente, cabendo ao hebreu aplicá-lo com a sabedoria concedida, sobretudo pelo fato de ser um trabalho para o próprio Pai. Portanto, sabedoria, inteligência, conhecimento, vontade, habilidade, razão, lógica, sensatez e respeito foram algumas das virtudes que dizem respeito ao juízo de apreciação à conduta suscetível de qualificação do ponto de vista do bem, as quais o Sublime Cavaleiro Eleito dos Doze há de reconhecê-las para se guiar no caminho a percorrer.

Sobre o Tabernáculo, que representa a reverência que Salomão levava a efeito junto com a assembleia, é a versão da Bíblia Sagrada:

---
[123] Loc. cit. 39, p. 177 e 178.

1.5 O altar de bronze que Bezalel, filho de Uri, filho de Hur, fizera estava em Gabaon, em frente do tabernáculo do Senhor; ali Salomão e a assembleia consultaram o Senhor.

1.8. E Salomão disse a Deus: Tu usaste de grande benevolência para com meu pai Davi, e a mim me fizeste rei em seu lugar.

1.9. Agora, pois, ó Senhor Deus, confirme-se a tua promessa, dada a meu pai Davi; porque tu me fizeste rei sobre um povo numeroso como o pó da terra.

1.10. Dá-me, pois, agora sabedoria e conhecimento, para que eu possa sair e entrar perante este povo; pois quem poderá julgar este teu povo, que é tão grande?

1.11. Então Deus disse a Salomão: Porquanto houve isto no teu coração, e não pediste riquezas, bens ou honra, nem a morte dos que te odeiam, nem tampouco pediste muitos dias de vida, mas pediste para ti sabedoria e conhecimento para poderes julgar o meu povo, sobre o qual te fiz reinar.

1.12. Sabedoria e conhecimento te são dados; também te darei riquezas, bens e honra, quais não teve nenhum rei antes de ti, nem haverá depois de ti rei que tenha coisas semelhantes.[124]

Como se vê, sabedoria e inteligência é o sentimento de reverência a Deus. E Deus viu isso em Salomão, porque ele se propôs a fazer a sua vontade, como também a sua lição, abençoada por Deus, acompanhará a sua imortalidade.

Seguindo o exemplo de Salomão, há que se rogar ao Senhor sabedoria para servir a Ele e ao próximo, que as suas dádivas serão sempre generosas.

---

[124] Loc. cit. 8, II Crônicas 1:5.12.

Título II – Companheiro Escocês ou Grande Arquiteto
Maçonaria Adonhiramita

Tal como consta na descrição designada Resumo Histórico e Místico, no Ritual, o propósito do presente Grau é dar evidente continuidade ao ensinamento do grau anterior. Os trabalhos de construção do Templo prosseguem, tendo o segundo nível atingido a perfeição desejada, mas a obra deve ter um terceiro nível, para que reproduza a altura da imagem concebida nos desenhos.

A direção desse terceiro estágio é reservada ao escolhido, por sorteio, e nomeado Grande Arquiteto para substituir Adonhiram, como também com as atribuições de supervisionar as demais construções, o que demonstra a natural coroação do avanço do Obreiro nessa arte.

No processo intencional do Grau é de empregar os mais elevados princípios da caridade, bondade e moralidade, expressos no culto à Divindade.

Caridade é a mãe de todas as virtudes; é o amor que move à busca efetiva do bem de outrem; é a raiz de todas as virtudes, porque ela representa a bondade suprema, não só para com os outros, mas para quem a realiza. Infere-se, pois, que essa virtude supera a natureza, porque graças a ela o homem avança além de si mesmo, transcende ao que é real. Veja-se, também, o exposto na letra "c", item VII, título II, do capítulo VII, e letra "c", item X, título II, do mesmo capítulo.

Bondade é o estado de espírito que tende a fazer o bem e obter resultados favoráveis; é o ser complacente, indulgente, benigno, benevolente.

Moralidade diz respeito ao cumprimento do conjunto de regras de conduta, ou os bons costumes, que exprimem aprovação, seja de modo absoluto para qualquer tempo ou lugar, ou seja, para grupo ou pessoa determinada.

Demonstrado está, pois, que para o progresso individual são necessários conhecimentos, experiência, sabedoria e justiça no trato com os dependentes, sejam de ordem da intimidade do Obreiro, seja para com os familiares ou no próprio convívio social.

Resumidamente, os conceitos mencionados:

a) Conhecimento: é ter plena ideia, ciência, informação sobre algo. Veja-se também o contido na letra "b", item XI, título II, capítulo VII.

b) Experiência: é a prática adquirida com o exercício constante duma profissão, duma arte ou ofício. É, também, o conjunto de conhecimentos individuais que constituem aquisições vantajosas acumuladas historicamente.

c) Sabedoria: veja-se o exposto na letra "a", item XI, título II, capítulo VII.

d) Justiça: requer seja observado o exposto no capítulo VII, no título I, item I, letras "b", "c" e "d", e no título II, item VIII, letra "a", e item X, letra "f", lembrando apenas que justiça constitui-se na necessidade de defender o direito e a moral, dando a cada um o que for justo, de acordo com sua capacidade, obras e méritos.

Infere-se do que se evidencia no Grau que o Grande Arquiteto tem de ser verdadeiro, franco e sincero, além de, pelos meios adequados, de persuasão e influência, e de outra forma, se a ocasião e emergência exigirem se impor na defesa do semelhante contra a opressão e as extorsões ilegais.

Para o eleito, escolhido, preferido, ou designado por votação ou sorteio, a lição de Albert Pike é de que:

Que os anos não passem sobre ele, testemunhas apenas de sua preguiça e indiferença; ou vejam nele o zelo de adquirir tudo, menos virtude. Nem que trabalhe apenas para si mesmo; nem se esqueça de que o homem mais humilde que existe é seu irmão, nem tenha reclamação sobre suas simpatias e bons cargos; e que abaixo das vestes ásperas que o trabalho desgasta possam bater corações tão nobres quanto os que pulsam sob as estrelas dos príncipes.[125]

---

[125] Loc. cit. 3, p. 144.

Antes desses ensinamentos, o renomado autor profere a seguinte e sábia lição:

Os exemplos são as melhores e mais duráveis lições; e a virtude é o melhor exemplo. Aquele que praticou bons feitos e estabelece bons antecedentes, com sinceridade, é feliz. (...) Boas obras são sementes, que após a semeadura devolver-nos-ão uma colheita permanente; e a memória das ações nobres é mais duradoura do que monumentos de mármore.[126]

Mais adiante profere um belíssimo trabalho, que apresenta, especialmente, aos Grandes Arquitetos:

Sendo a moralidade e a virtude as bases da Maçonaria, é por estudar uma e praticar a outra que a conduta de um Maçom se torna irrepreensível (...)

Ser humilde, mas sem mesquinhez; ser orgulhoso, mas sem arrogância; abjurar qualquer sentimento de ódio e vingança; mostrar-se magnânimo e liberal, sem ostentação e sem profusão; ser o inimigo do vício; prestar homenagem à sabedoria e à virtude; respeitar a inocência; ser constante e paciente na adversidade e modesto na prosperidade; evitar toda irregularidade que manche a alma e destempere o corpo – é seguindo esses preceitos que um Maçom se tornará um bom cidadão, um marido fiel, um pai terno, um filho obediente, e um verdadeiro irmão; honrará a amizade, e cumprirá com ardor os deveres que a virtude e as relações sociais impõem sobre ele.[127]

Com esses belíssimos preceitos compreendidos na melhor doutrina que a Maçonaria pode ter, ainda que não completamente, penso que fica bem postos às claras os deveres do Companheiro Escocês, lembrando que a caridade hospeda-se e permanece na alma; um belo discurso fica no tempo; uma ação produz efeitos maiores que mil palavras, e que, portanto, a melhor lição é o exemplo.

---

[126] Ibid. p. 142.
[127] Id. p. 144 e 145.

CAPÍTULO XII

Título I – Grão-Mestre Arquiteto
Rito Escocês Antigo e Aceito

Este Grau observa a concepção do fato de que depois da morte dos assassinos de Hiram, os trabalhos do Templo precisavam continuar. Salomão confiou a direção desse trabalho a Adonhiram, filho de Abdá, dando-lhe o título de Grande Arquiteto. Mais tarde, este título estendeu-se a outros Arquitetos e a Príncipes de Israel.

Os Eleitos puderam, finalmente, vencer os obstáculos criados pelos maus instintos dos homens. Concluiu-se a obra de libertação. O livre pensamento retoma a tarefa da construção do Templo.

Os **maus instintos** podem ser traduzidos como aqueles que trazem sempre sugestões negativas. Geralmente derivam dos vícios, tais como: a ignorância, a mentira, o fanatismo, a superstição, a ambição, o ódio, o crime, a duplicidade, a hipocrisia, a tirania, a avareza, o orgulho, a cobiça, a injustiça, a inveja, a falsidade, o ciúme, o preconceito, o erro, a intolerância, o roubo, a perversidade, o desejo de vingança e a força bruta, a preguiça. E, além desses, muitos outros propulsores de comportamentos ou a adoção de atitudes inconvenientes, muitas vezes difíceis de serem controlados; por exemplo, brigar com alguém que precisa de apoio; outro, tratar com arrogância as pessoas. São os flagelos causadores de todos os males que afligem a humanidade. Eles têm origem nos bolsões de energia negativa, existentes no ambiente em que vigoram os maus espíritos e seres que desejam comprometer a ordem e entravam o processo de evolução.

O **livre pensamento** total não fica restrito somente por determinado estilo da voz alheia, mas também pelo bom-senso da voz interna. Expressar o pensamento livre é saber respeitar o livre pensar dos outros.

Certo é que o pensamento é sempre diligente para vencer as dificuldades e procurar as soluções. Às vezes, embora não se tenha plena consciência, se é conduzido à verdadeira Luz, a onipotente vontade divina, que, com ela, aliada à sabedoria e o entendimento, têm-se os melhores caminhos, e, em consequência, a obra é edificada e se colhem os justos frutos.

Salta aos olhos a indagação que sucede ao anúncio da superação dos obstáculos, criados pelos maus instintos, e a conquista do livre pensamento, que é a seguinte: compreendeis agora a soberana grandeza desse ensinamento?

O enunciado que se segue a esse estímulo consiste na afirmação de que está na formação da integridade de caráter recebida e assimilada, ou, num conceito maior, na têmpera presenteada sabiamente pela Maçonaria, que se compatibiliza com a conduta do Obreiro e a sua concepção moral.

Por isso a assertiva de que quem escreve a história da Humanidade sob a orientação Maçônica pode reclamar o título de grande historiador e grande filósofo.

Da mesma forma, é evidente que, no decurso do tempo, as doutrinas se desenvolveram progressivamente, na elevação de grau em grau, e com o propósito de nunca falhar. Mas, essa lição de Mestre Arquiteto há de ser meditada e compreendida, em toda sua dimensão, para extinguir a desordem e o empobrecimento das condições sociais, em especial naquelas comunidades em que há estéreis declamadores políticos que a multidão aplaude, sem perceber o enredo ilusório da oratória sob a máscara da dedicação à causa pública.

A atitude do Mestre Arquiteto é de oposição inflexível às intenções insensatas, que levam à corrupção e à ruína.

Título II – Mestre Escocês ou Grão-Mestre Arquiteto
Maçonaria Adonhiramita

Tal como consta na parte denominada Escopo, no Ritual, ou seja, onde revela a intenção do presente Grau, este visa a indicar o sucessor de Adonhiram e busca transmitir meios para que o Obreiro adorne seu coração, que é o Templo do Amor, com a Justiça e a Verdade. Por isso, seus fundamentos litúrgicos baseiam-se numa antiga tradição na qual, reinando, então, a paz em todo o reino, se considera como intenção de Salomão facilitar a criação de uma escola de hábeis artesãos, após o julgamento e a terrível punição dos assassinos de Adonhiram.

Para essa tarefa, o monarca houve por bem selecionar os membros mais capazes e estudiosos, preparando-os, de modo a melhor realizarem suas tarefas de construtores e capacitando-os para executar, com perfeição, a edificação do Templo.

Após o sorteio dos nomes dos doze Mestres entre os Eleitos dos Quinze, nomeados por Salomão para chefiarem as Doze Tribos de Israel, paulatinamente, o soberano transmite-lhes os conhecimentos referentes à tradição e à legislação do ofício de construir.

A interpretação que Rizzardo Da Camino oferece sobre a Lenda do Grau é no sentido de que surgiu uma crise entre os Arquitetos e os operários, decorrente da morte de Hiram Abif; mas se estendeu ao aspecto econômico ou ao sacrifício a que foram submetidos com o agravamento dos impostos. O Grau, pois, nada mais é que o estudo a respeito da tributação.

Veja-se, contudo, o texto do imaginoso autor:
O trabalho dos Arquitetos consistia em gravar nas Colunas os conhecimentos científicos da época.

A gravação completa das Colunas significa que os Mestres Arquitetos têm de demonstrar estarem dotados de Virtude e Sabedoria, que formam a base da perfeição, e de que os que possuem este Grau devem estar em condições de desempenhar, com discernimento e dedicação, os altos postos da ordem, contribuindo para que a Maçonaria nunca se enfraqueça; que, quando são encarregados de sua Administração não estejam procedendo com exatidão no cumprimento dos seus Deveres, sejam eles substituídos, imediatamente, por outros mais competentes.

Os trabalhos, ainda, se propõem a dar conhecimento dos problemas humanos, espirituais e filosóficos, dedicando-se os Grandes Mestres Arquitetos, com especialidade ao estudo da Tributação.

Finalmente, o Maçom neste Grau conhecerá a exata aplicação filosófica da Arte Arquitetônica, ao aperfeiçoamento do Iniciado, para que esse se adorne com os ornamentos de Moral, mais pura, e seja um aliado constante do Amor, da Justiça e da Verdade.[128]

Entretanto, os relatos mostram que o ensino deste Grau, tal como consignado na Liturgia do Ritual, tem por objetivo a verdadeira ciência, porque o Templo a construir deve ser uma afirmação, uma certeza. "Não são edifícios materiais que devemos edificar: são altares e tabernáculos sagrados, dignos de ocupar o lugar daqueles que o nosso Mestre Adonhiram desenhou".[129]

I – Diferença entre Tabernáculo e Altar

Tabernáculo: é a tenda, cabana, pavilhão destinado à morada temporária (no nosso caso a morada provisória, "o triângulo"). Nas Escrituras Sagradas se emprega essa palavra para designar o lugar onde os hebreus praticavam o culto religioso, antes da edificação do Templo. Na atualidade, dá-se o nome de tabernáculo ao Sacrário em que se acha, simbolicamente, guardado o corpo de Cristo, no altar da igreja, por exemplo, e a sua forma é de capela.

---

[128] Loc. cit. 39, p. 181 e 182.
[129] *Ritual do Grau 12, Mestre Escocês ou Grão Mestre Arquiteto*, ECMA, julho / 2009.

Altar: depois da inauguração do Tabernáculo, há em seu interior os altares dos sacrifícios, do incenso e dos juramentos, onde se eleva ao Eu Sou, consolo e verdades fraternais. Colocando-se sobre esse altar a Bíblia, o Esquadro e o Compasso, que representam o código de moral e a medida justa que deve presidir todas as nossas ações, ou seja, com retidão e de maneira exemplar.

Devido a isso, assim como é o ensinamento dos graus precedentes, o Grau dedica princípios da Arquitetura e a sua forte ligação com os instrumentos e ferramentas da arte que são referidos para exemplificar profundas analogias morais e éticas, através dos atributos do Amor, da Justiça e da Verdade.

É proveitoso destacar que o Mestre Arquiteto é perquirido sobre particularidades dos graus precedentes transmitidos por elevação, o que quer dizer que deve saber usar todas as ferramentas que são do mister da construção, isto é, planejar, projetar, executar e adornar.

Assim, é condição para o Obreiro conseguir a tais qualidades evoluir a partir da Grande Luz da Terceira Câmara, lugar elevado, além de conhecer as regras da matemática. Afora isso, depara-se pela primeira vez com o *Stékna*, símbolo do Excelso Conselho da Maçonaria Adonhiramita, composto de um resplendor dourado representativo do sol no zênite e no centro desse resplendor, formado por um triângulo equilátero, de fundo azul, há a figura de um cordeiro com a cruz, repousado sobre o Livro fechado e lacrado com sete selos.

Não se pode deixar de consignar o que está expresso, a respeito, na Bíblia Sagrada:

Aquele que guarda a justiça penetrará o espírito dela. A sabedoria e o bom-senso são os frutos do perfeito temor de Deus. Aquele que não é sábio no bem, jamais será instruído.[130]

Assim, quem ouvir, com atenção, a Suprema Inteligência será instruído; se submeter o seu espírito, tornar-se-á sábio. Em outras palavras, aquele que ama a verdade eleva o espírito acima de si próprio e compreende que as coisas valem como elas são e não segundo se diz ou pen-

---

[130] Loc. cit. 8, Eclesiastes 21:12.14.

sa. Estando nesse nível, será um verdadeiro sábio, e mais instruído por Deus do que pelos homens.

Albert Pike transmite a seguinte lição sobre o Grão-Mestre Arquiteto.

Ninguém pode (...) melhorar e ser feliz sem consciência, sem esperança, sem confiança em um Deus justo, sábio e beneficente.[131]

No mesmo capítulo, o renomado Autor faz a seguinte advertência:

Não existem sinais de luto público para a calamidade da alma. Os homens choram quando o corpo morre; e quando é levado para seu último descanso, eles o seguem com uma procissão triste e fúnebre. Mas para a alma agonizante não há lamentação pública; para a alma perdida não há exéquias.

Os homens não sentem o valor de suas próprias almas. São orgulhosos de seus poderes mentais; mas o valor intrínseco, interior, infinito de suas próprias mentes eles não percebem. (...) Homens respeitam-se mais conforme são mais ricos, superiores em classe ou profissão, eminentes na opinião do mundo, aptos para comandar mais votos, mais favoritos do povo ou do Poder.[132]

Efetivamente, as pessoas de poucas posses prendem-se a observar a riqueza girando próxima e, inconscientemente, ficam na sua impotência, curtindo a desprezível inveja, e se sentem as mais humildes dos seres.

Esquecem que há em seu íntimo algo valioso, baseado na justiça e na verdade, que é a sua dignidade obtida com ações corretas e com honestidade e que cria uma reputação moral favorável de muito valor, maior que a riqueza material. Esse reconhecimento surge na pessoa, perante a sociedade ou o grupo a que se integrou, pela sua maneira de agir com a aplicação da justiça e a verdade e por ações pautadas na honestidade e na honra.

São às almas perdidas que se deve prestar a cerimônia antes referida, sem formalidades e com a cortesia como se tratam as pessoas com que se possui familiaridade, a fim de orientação ao melhor caminho à verdadeira Luz.

---

[131] Loc. cit. 3, p. 154.
[132] Ibid. 155 e 156.

É bom citar também que a virtude, o paraíso e a eternidade não são reais, na essência, e jamais vão existir, salvo se existirem e se permanecerem na percepção, no sentimento e no pensamento de uma mente gloriosa. Logo, a sede da consciência do homem, se tocada com a beleza da bondade, este se manifestará com ações em consonância com a generosidade.

No decorrer dos trabalhos são empregados certos enunciados que merecem especial apreço, sendo essencial uma referência de forma um pouco mais extensa:

O *dever de cumprir a Lei transmitida a Moisés no Monte Sinai*,[133] isto é, o Decálogo, que significa dez palavras. Estas palavras resumem a Lei, dada por Deus ao povo de Israel, no contexto da Aliança, por meio de Moisés. Este, ao apresentar os mandamentos do amor a Deus (os quatro primeiros) e ao próximo (os outros seis), traça, para o povo eleito e para cada um em particular, o caminho duma vida liberta da escravidão do pecado.

De acordo com o livro bíblico de Êxodo, Moisés conduziu os israelitas que haviam sido escravizados no Egito, atravessando o Mar Vermelho, dirigindo-se ao Monte Horeb, na Península do Sinai. No sopé do Monte Sinai, Moisés, ao receber as duas "Tábuas da Lei" contendo os Dez Mandamentos de Deus, estabeleceu solenemente um Pacto (ou Aliança) entre Deus e o povo de Israel.

Adiante, é citado o delta luminoso que representa a Glória do GADU e as três propriedades, quais sejam: a Eternidade, a Ciência e o Poder.

II – As três propriedades

a) **Eternidade:** Atribui-se ao que é eterno. É a qualidade concedida à alma humana, pela qual esta sobrevive indefinidamente à morte, conservando suas características individuais.

b) **Ciência:** Acima do exposto na letra "f", item III.A, título II, do capítulo IV, ciência é conhecimento ou o saber adquirido. É o processo pelo qual o homem se relaciona com a natureza visando à dominação dela em seu próprio benefício.

---

[133] Loc. cit. 129.

c) **Poder:** O ponto de vista que antecede qualquer outro é o do Poder Absoluto, ou seja, que satisfaz a tendência totalizante e unificante do pensamento; o princípio constitutivo e explicativo de toda a realidade. Atributo metafísico de Deus.

Com o propósito de melhor compreender o vocábulo, não obstante o descrito acima e o que se refere às leis da natureza, interessante é reproduzir o conceito do Código Tributário Nacional relativamente ao poder de polícia:

> *Art. 78. Considera-se poder de polícia atividade da administração pública que, limitando ou disciplinando direito, interesse ou liberdade, regula a prática de ato ou abstenção de fato, em razão de interesse público concernente à segurança, à higiene, à ordem, aos costumes, à disciplina da produção e do mercado, ao exercício de atividades econômicas dependentes de concessão ou autorização do Poder Público, à tranquilidade pública ou ao respeito à propriedade e aos direitos individuais ou coletivos. (Redação dada ao* caput *pelo Ato Complementar n.º 31, de 28.12.1966, DOU 29.12.1966)*[134]

Segundo o Dicionário Aurélio é, entre muitas outras coisas, ter a faculdade e a possibilidade de...

Por outro lado, poder é o direito de deliberar, agir e mandar, inclusive, dependendo do contexto, a faculdade de exercer a autoridade, a soberania, ou o império de dada circunstância ou a posse do domínio, da influência ou da força.

Dispor e exercer autoridade é o poder que é base de qualquer tipo de organização hierarquizada. É uma espécie de poder continuativo no tempo, estabilizado, podendo ser caracterizado como institucionalizado, ou não, em que os subordinados prestam uma obediência incondicional ao indivíduo ou à instituição detentores desse poder.

Em sociologia, poder se expressa nas diversas relações sociais e se resume na habilidade de impor a vontade de um sobre os outros. A política também se expressa nas diversas formas de poder e, inclusive, é instintivo o entendimento de ambos ter relação íntima com o Estado, assim como em outras dimensões da vida social.

---

[134] Código Tributário Nacional, artigo 78, 1966.

Na Maçonaria, o poder é o que domina, controla e rege os Obreiros com o fim de sua instrução e edificação e que impõe a manutenção da ordem e a integridade e intensidade de todos os preceitos, visando ao progresso e à evolução.

Antes do término da solenidade, há o ponto e a participação para ilustrar sobre o assunto do Grau, e, assim, é proferida exposição sobre as virtudes do Grau, que são: o Sigilo, a Cultura, a Honestidade e a Humildade.

III – *As virtudes do Grau*

a) **Sigilo** – significa o dever de conservar em segredo, ou o dever ético que impede a revelação de assuntos confidenciais e de ações reservadas e que interessam exclusivamente àqueles que da Maçonaria participam.

Mas, é bom recordar que os seus ensinamentos devem ser amplamente difundidos. Aliás, na atualidade, os mais variados textos são divulgados na internet.

b) **Cultura** – ser culto é estar em permanente atividade e desenvolvimento intelectual. É saber, é estar instruído. Por outro lado, trata-se do complexo dos padrões de comportamento, das crenças e de outros valores espirituais e materiais transmitidos coletivamente e característicos de uma civilização. Portanto, é o desenvolvimento de um grupo social, ou até uma nação, fruto do esforço coletivo pelo aprimoramento desses valores. É sinônimo de civilização e progresso.

Afirmativamente, cultura é conhecimento. E só é adquirida com muito esforço no estudo e muita leitura.

Lembre-se que o homem tanto mais sábio tem o dever maior de aprender, aprender para saber e saber para ensinar.

c) **Honestidade** – veja-se o conceito expendido na letra "g", item X, título II, do capítulo VII.

d) **Humildade** – as considerações constantes da letra "f", item I, no título I, do capítulo VII, e na letra "o", item X, no título II, do mesmo capítulo, são suficientes para a caracterização da palavra quanto a submissão sem ser servil.

Porém, acima de tudo, tendo em conta a parte fundamental do presente Grau, que é o adorno ao coração, sendo este o Templo do Amor, é preciso assentar ainda que a glória do gênio e o encanto da virtude, quando revelados corretamente, são difundidos e compartilhados para um número infinito de mentes. Seja como for, mas se feito de maneira convincente, ao natural, consegue-se influenciar outros corações para que fiquem em harmonia. É a faculdade e o poder de que se dispõe para fazer outros corações responderem ao que é genial e seus feitos heroicos, e o grande prazer de praticar o bem.

Portanto, tendo o Mestre Arquiteto essa noção, o que o fará evoluir para o provável encontro da verdade, Deus, e, assim, será um sujeito melhor, e agregará mais homens de boa vontade que lutarão por um mundo melhor.

| CAPÍTULO XIII |

Título I – Real Arco de Salomão
Rito Escocês Antigo e Aceito, e Maçonaria Adonhiramita

Em resumo:

No Rito Escocês Antigo e Aceito há a instrução de que o nome Inefável é descoberto, mas o Neófito é incapaz de pronunciá-lo, por receio de erro, por temeridade e preconceito. Incapaz, também, de afirmar o sentido das letras. Em suma, pois, a primeira pesquisa do Cavaleiro do Real Arco tem de ser Deus, e, através do pensamento livre e exercitado nas ciências exatas, pode encontrar e decifrar o seu nome sobre a Pedra Cúbica.

E na Maçonaria Adonhiramita a explicação é no sentido de que é descoberto e soletrado o nome Inefável, mas o Neófito é incapaz de pronunciá-lo, por receio de erro, por temeridade e preconceito. No entanto, a Loja de Perfeição exige o compromisso de que irá empregar momentos de lazer no estudo da doutrina, não só do visível, mas, sobretudo, do sentido oculto dos segredos do grau.

Além disso, é oportuno destacar, do Resumo Histórico e Místico, contido no Ritual, que o Grau comemora o descobrimento do nome da Divindade e que, frequentemente, este foi substituído por *Adonai*, mostrando que a liberdade de expressão é fundamental e que deve ser preservada e jamais confiada à guarda ou à vontade de um único ser.

Não só isso, como ainda que a narrativa enuncia que no último dos nove Templos construídos por *Enoch* em *Canaã*, o arco de sustentação deriva da mais dura rocha, no qual *Enoch* colocou um cubo de ágata com uma placa triangular de ouro, contendo gravado o nome da Divindade. Posteriormente, no mesmo local, Salomão resolveu construir uma edificação maior e com a realização de suas fundações é encontrado o referido objeto sagrado e fica revelado o nome verdadeiro da Divindade, que estava perdido.

Ante tais considerações, é possível, observando esses princípios, redigir ainda o seguinte:

Não obstante o expendido acima, importa lembrar que o Antigo Testamento, também conhecido como Escrituras Hebraicas, que constitui a primeira grande parte da Bíblia Sagrada, em seu Livro de Êxodo, Capítulo 20, Versículo 7, assim é o texto Sagrado: *Não tomarás o nome do Senhor teu Deus em vão.*[135]

Segundo a obra *A Bíblia e seu Contexto* (em português), Echegary, J. González, 2. ed., São Paulo, Edições Ave Maria, 2000, o Livro de Êxodo vem depois do livro de Gênesis e antes do Livro de Levítico e, de acordo com a tradição, foi escrito por Moisés por volta do ano de 1500 a.C.

No mesmo sentido da Bíblia, antes citado, é legítimo assentar que gradativamente os hebreus adquiriram o costume de não pronunciar o tetragrama em seu cotidiano, reservando seu uso para ocasiões especiais, como em orações no seu Templo, sob a supervisão de um sacerdote. Há evidências de que proferir o nome sagrado converteu-se, com o tempo, em uma prerrogativa exclusiva do sacerdócio Aarônico.

No entanto, a nota histórica que se tem é de que os Hebreus, depois, foram proibidos de pronunciar o Nome Sagrado, que era representado pelo Tetragrama, ou seja, as letras YHVH. Naquela época, quem detinha a posse de sua comunicação sobre ele havia a outorga de elevados poderes, e, assim, o usava como talismã sob o pensamento de que o protegia contra situações graves, uma doença, por exemplo, e, em especial, das entidades sobrenaturais do mal, que leva à dedução de se consistir, então, numa fantasiada superstição.

Na atualidade alguns autores admitem existirem controvérsias quanto ao modo de falar as letras YHVH, ou a expressão hebraica יהוה e, por isso, a incerteza acerca da correta pronúncia. Há interpretações de que provém de uma forma verbal simples, em hebraico, do verbo *hyh*, "ser", e que tem o significado de *"Ele é"*, *"Ele se mostra eficaz"*.

Entretanto, admitem que depois de algum tempo o Nome não se pronunciava mais, e já não se sabia bem qual era.

---
[135] Loc. cit. 8, Êxodo 20:7.

Peritos judeus, chamados massoretas, acrescentaram pontos vocálicos aos caracteres hebraicos, de modo a padronizar a pronúncia. Ainda que deixassem as quatro consoantes originais no texto, acrescentaram as vogais "e" e "a" para lembrar o leitor de pronunciar *Adonai*.

A criação híbrida da palavra, resultado da intercalação das consoantes, de pronúncia que havia se perdido há séculos, consagrou-se pela tradição judaica. *Adonai* corresponde a "Senhor" e a *Elohim* "Deus".

Em 1874, Charles T. Russel fundou os Testemunhas de Jeová, nos EUA. Talvez, por não conhecer bem o hebraico, e muito menos toda a história do nome de Deus, foi traduzido o tetragrama com as consoantes hebraicas do nome divino e com as vogais de *Adonai*. Eles julgavam ter descoberto o "verdadeiro nome de Deus", e por isso traduziram o nome por "Jeová", "Iehovah" ou "Gehova".

> *Jeovah provém provavelmente de uma tentativa inadequada de combinar as consoantes hebraicas YHWH, que originalmente podem ter sido pronunciadas Yahveh, com vogais de Adonai, nome hebraico do Senhor, que foram sobrepostas a YHWH. Nos tempos pós-bíblicos, YHWH ou Yahveh foram substituídos por Adonai, quando, como sinal de temor e respeito, o Nome inefável não foi mais pronunciado por judeus.*[136]

É importante atentar que o próprio Jesus Cristo foi fiel à tradição do seu povo, pois parece que nunca pronunciou o Nome de Deus, tendo se referido ao Criador dezenas de vezes por "Pai". Além disso, ensinou seus discípulos a fazerem o mesmo. Essa parece ser a mensagem cristalina das Escrituras Sagradas.

Acredita-se, também, que a grande maioria das pessoas recusaria tratar de modo formal um pai querido.

O importante é que ninguém pode ser forçado a seguir qualquer doutrina e em sua consciência sentir aflição por isso. Pode, sim, dirigir-se ao Criador por Deus, Pai, Senhor, Yahweh, Supremo, Eterno, Todo-Poderoso, Infinitamente Bom, Misericordioso, e tal como são as PP. PP. e as

---

[136] SELTZER, R. M. *Povo Judeu, Pensamento Judaico I* (Judaica 1, Rio de Janeiro, 1990), p. 3.

PP. SS., de certos Rituais, também por INRI, Adonai, Jeovah, ou qualquer outra forma que esteja à altura de Sua glória.

Consta da Sagrada Escritura: "... disse Moisés a Deus: Eis que quando eu for aos filhos de Israel, e lhes disser: O Deus de vossos pais me enviou a vós; e eles me perguntarem: Qual é o seu nome? Que lhes direi?"[137]

Segue a conversação: *Respondeu Deus a Moisés: EU SOU O QUE SOU. Disse mais: Assim dirás aos olhos de Israel: EU SOU me enviou a vós.*[138]

Depreende-se, pois, ser certo que o Criador do Universo não é representado pela Palavra, mas apenas Ele é um símbolo ou a referência ao que é Sagrado, representativo de sua natureza e atributos. Para as pessoas mais esclarecidas, é o mesmo por qualquer nome que se O designe.

O que é mais interessante não é a pronúncia correta do Nome Inefável, mas verdadeiramente é dirigir a Ele louvores através dos nossos pensamentos, palavras e obras.

---

[137] Loc. cit. 8, Êxodo 3:13.
[138] Ibid. Êxodo 3:14.

CAPÍTULO XIV

Título I – Perfeito e Sublime Maçom
Rito Escocês Antigo e Aceito

Honorífica designação que corresponde ao iniciado que atinge este Grau, isto é, ao ápice da Loja de Perfeição. As virtudes consagradas nessa graduação são: *a plena liberdade de pensar, a retidão de juízo e de sentimentos, a probidade nas relações, a honradez em todas as atitudes, as quais refletem o Maçom Sublime e Perfeito*.[139]

Plena liberdade de pensar é ter e fazer ideia do que se quer ou acreditar no que se quer e como se quer. É uma liberdade política individual que consta na Declaração Universal dos Direitos Humanos, em seu artigo XVIII, que estabelece que "todas as pessoas têm direito à liberdade de pensamento, consciência e religião".[140]

Depreende-se daí, pois, que o homem frui da plena liberdade somente através do pensamento, porque ele não oferece obstáculos, e apenas o princípio Divino ou o poder do espírito pode julgá-lo, condená-lo ou absolvê-lo, segundo a justiça dEle ou o pensamento do justo.

De igual modo, o direito individual de pensar livremente e de expressar tais pensamentos é garantido em todos os estados democráticos. No Brasil, a liberdade de consciência e de expressão do pensamento é garantida pela Constituição em vigor, que assim dispõe no *caput* de seu artigo 5.º, inciso IV: "*É livre a manifestação do pensamento, sendo vedado o anonimato*".[141]

Logo, é possível acontecer que alguém, por mais que seja libertário, não possa exercer a liberdade de manifestar o pensamento porque pres-

---

[139] *Ritual do Grau 14, Perfeito e Sublime Maçom*, SCB G33, REAA.
[140] Declaração Universal dos Direitos Humanos, artigo XVIII.
[141] Constituição da República Federativa do Brasil, artigo 5.º, inciso IV.

sente ser para ele prejudicial. Portanto, o bom-senso do íntimo restringe a enunciação do pensamento porque pode causar prejuízos.

Enfim, a plena liberdade de pensar exige saber tomar em consideração o livre pensar dos outros.

A liturgia do grau indica o texto bíblico, que assim dispõe:

> *Também tomarás da flor de farinha, e dela cozerás doze pães; cada pão será de dois décimos de efa.*
>
> *E pô-los-ás perante o Senhor, em duas fileiras, seis em cada fileira, sobre a mesa de ouro puro.*[142]

Ante a assertiva de que os pães devem ser comidos em lugar santo e em aliança perpétua significa que devemos assimilar o seu mistério na totalidade do nosso ser para vivê-lo no dia a dia e estimular a nossa participação consciente e ativa nessa aliança com os nossos semelhantes, a fim de aprender e se aperfeiçoar na união com Deus para que Ele seja tudo em todos, porque esse "alimento" "de se aperfeiçoar" é uma lei perpétua.

Tal como se realiza nos ágapes, a refeição há de ser com amor e caridade para fortalecer e estreitar a união entre os participantes.

Os pães significam a Palavra do Senhor, que nos é dada a fim de saciar a fome de nosso espírito.

Retidão de juízo e de sentimentos é a sensibilidade capaz de alcançar as intenções, de igual modo as ações dos semelhantes e proceder com boa-fé, franqueza e sinceridade, sob a faculdade da melhor consciência.

A probidade nas relações é a condição comportamental que diz respeito à integridade de caráter em que tal convivência não prejudica nem o conjunto de atitudes ou reações nem faz desmerecer o agente ao próprio proveito, nem a vantagem ou conveniência dos semelhantes, seja pela opinião pronunciada seja pela sua maneira de agir e decidir.

A honradez em todas as atitudes é a qualidade de honestidade e o modo digno de proceder, respectivamente. São, também, boas maneiras ou as ações tomadas em conformidade com os estilos dos assuntos

---

[142] Loc. cit. 8, Levítico 24:5-6.

ou propósitos que se apresentam, e ainda atuações em que há a manutenção de hábitos saudáveis.

Logicamente, o presente Grau não se limita a essas virtudes e conceitos. A mensagem do Grau tem por objeto manifestar o essencial para conseguir a perfeição, definida e ministrada pelos seus vários elementos simbólicos, acompanhando a eleição ideal do melhor que o Perfeito e Sublime Maçom faz em seu próprio coração.

E, no Templo da Divindade ou em seu coração, o melhor que pode fazer é a mais alta das virtudes teológicas, que o Senhor denomina e apresenta a caridade como preceito pelo qual será o juízo final: o que é feito ao menor dos semelhantes é como se estivéssemos fazendo diretamente a Ele.

Afora o que consta da promessa solene prestada pelo Perfeito e Sublime Maçom, assim como outros assuntos relevantes que são autoexplicativos, pode-se destacar:

O Maçom é conduzido à Loja por um **coração zeloso** com o desejo de **atingir a perfeição**. Tem a incumbência, portanto, de atuar com predisposição cuidadosa e ministrar grande interesse no apego profundo aos valores que proporcione felicidade de maneira desinteressada. E, ao mesmo tempo, tem o encargo de atingir o conjunto de todas as qualidades, o que equivale à ausência de quaisquer defeitos.

É evidente que para tanto precisa praticar tudo o que é necessário com grau máximo de **energia** para alcançar os verdadeiros **sentimentos de Justiça**. Com abundante energia que significa ocupar-se na ação firme e forte e proceder com honestidade e imparcialidade no sentido de fazer valer a justiça ou dando a cada pessoa o que lhe for justo.

A própria liturgia lembra mais uma vez que "(...) a liberdade, que era outrora o principal objeto dos esforços da Maçonaria, está hoje consagrada, entretanto a tarefa é a mesma e corresponde às mesmas necessidades da humanidade". "Ela é sempre o mesmo maravilhoso instrumento para impulsionar" (...)[143]. Verdadeiramente, o conceito de Liberdade segue movimentos nunca estabilizados, diz-se que o homem é livre ou tem liberdade de pensamento, de consciência e de religião, mas

---
[143] Loc. cit. 139.

deve respeitar o direito e a liberdade dos outros. Em razão disso, pode-se afirmar que o homem tem autonomia, contudo é obrigado a conciliá-la segundo a perspectiva social.

Está registrada, outra vez, a advertência de que "se sois Maçons por curiosidade, se na vida maçônica só buscastes amigos, relações, distrações, se desejais apenas afirmar vossas convicções liberais, atingistes já vossos propósitos. A adesão que nos ofereceis é sincera e refletida? Desejais com lealdade as qualidades de Perfeito Maçom? (...) solicitar entrada numa Loja que nenhum proveito material vos pode oferecer".[144] Pode-se comprovar que é testado, de novo, o senso que o candidato possui sobre a instituição filosófica a que se propôs ingressar e nela permanecer. O sentimento que precisa trazer consigo não diz respeito aos padrões comuns aceitos na sociedade leiga; pelo contrário, são os valores de ordem moral ou a parte imaterial do ser que, nesse aspecto, são os princípios próprios e comuns aceitos e mantidos pela Maçonaria, os quais, em síntese, é a formação acerca do discernimento, domínio das paixões, eliminar os vícios e aperfeiçoar o espírito.

Na sequência da Cerimônia de Iniciação, o Candidato é inquirido sobre os principais temas contidos nos Graus das Lojas Simbólicas e de Perfeição, o que traduz que ele tem de saber utilizar todas as ferramentas que são do ofício da construção do Templo da Divindade, sendo assim capaz de planejar, projetar, executar e adornar. Por conseguinte, ele tem que conhecer de forma funcional os principais pontos dos Graus anteriores a fim de ter condições de desempenhar, com critério, distinção e dedicação, os altos postos, contribuindo para que a Maçonaria não se enfraqueça e, em especial, a garantia de estima de um Perfeito e Sublime Maçom.

Em síntese, a orientação dos Graus Inefáveis tem uma correlação e sucessão de ideias de acordo com os seguintes tópicos:

G1 – Tendo recebido a luz, trabalhou na Pedra Bruta, procurando auxílio mútuo nesse trabalho e, por isso, é considerado capaz de perceber a Verdade.
G2 – Viu a letra G, subiu os sete degraus do templo, aprendeu a utilizar o Esquadro, o Nível e a Perpendicular para construir edi-

---

[144] Ibid.

fícios alinhados sobre seus alicerces. Levantou, pois, a Lei Moral, guiando o pensamento humano à realidade.

G3 – Testemunhou o assassinato de Hiram. Chorou com os Irmãos a Palavra Perdida. Conheceu o ponto perfeito e o segredo que o conserva e guarda dentro do coração, que só se abre e fecha com a chave de marfim. Viu a inteligência humana perseguida, ferida e morta, mas se qualificou porque obteve a sabedoria, a força e a beleza. Passou do esquadro ao compasso e conheceu a parte da Lenda de Hiram que tem por objetivo mostrar o círculo do mundo em que estamos inseridos, ou seja, o sentido de viver, lutar, morrer e renascer.

G4 – O Mestre Secreto e o seu Guia, que é a Lenda do Mestre Hiram e que é a nossa vida elevada ou a individualidade espiritual, está discreto e silencioso, mas conhece os deveres para com Deus, para com o semelhante, para consigo, para com a Pátria, para com a família e, inclusive, tomando conta da Mãe do Irmão morto, a nossa Mãe, a Humanidade, razão pela qual está seguro de suas aptidões e de seu caráter.

G5 – O Mestre Perfeito observa que viu o elemento etéreo que emana e envolve o Ser, ou atributo inerente a Ele (a sabedoria, a força e a beleza), comparecendo aos cerimoniais para venerar o coração do Mestre da Construção do Templo de Salomão, que, depois de embalsamado, foi exposto no terceiro degrau do *Sanctum Sanctorum*, referência às múltiplas relíquias lá preservadas (a coisa mais Santa), o Santo dos Santos.

G6 – A Lenda do Secretário Íntimo, em síntese, é que o Rei de Tiro, depois de verificar que a terra prometida como pagamento da Construção do Templo (região da Galileia) era território estéril, além de ser habitada por população grosseira e ignorante, invadiu a Câmara Real de Salomão. Joaben, de forma oculta, deu cobertura ao seu Rei, pelo afeto sincero que sempre teve com ele. Descoberto pelo Rei de Tiro, este exigiu a prisão de Joaben / Secretário, que, no entanto, aceitou as explicações de Salomão, compreendendo o gesto do servidor. O Grau tem por função, pois, a educação nos sagrados ideais da fidelidade e da dedicação, assim como da justiça, que rege e governa, nas quais se devem pautar ações, pensamentos, propósito e palavras.

G7 – A partir do Sétimo Grau há a ideia de equidade e justiça, que lhe proporcionam aptidões para que jamais procure punir outrem pelos próprios desejos e interesses, porém dando a cada ser direitos e obrigações sobre o que é seu.

G8 – O Intendente dos Edifícios, em conjunto com os dois graus anteriores, tem conhecimento das relações exteriores, da ciência, das leis e das matérias industriais, e aptidão para formar juízo das coisas públicas. Portanto, tem a concepção de que deve praticar o desejo do saber, não só para aprender, mas, também, para ensinar, e, assim, terá o justo equilíbrio entre a propriedade, o capital e o trabalho.

G9 – Aprendeu a destruir a ignorância, lembrando, portanto, o Assassino do Mestre da Construção do Templo, devendo assim o Mestre Eleito dos Nove ser bravo contra as próprias fraquezas e ser bravo para defender a verdade.

G10 – O Mestre Eleito dos Quinze toma a defesa pela causa do oprimido contra o opressor e, com o punhal, trata de ferir a ignorância e afligir o opressor da inteligência, e com esse golpe afeta o tirano e abrange também a tirania. Passa a defender a tolerância contra o fanatismo e a perseguição.

G11 – Teve conhecimentos preciosos referentes ao lugar de sacrifício e adoração (Tabernáculo Sagrado) e, uma vez conseguidas a desejada exatidão e correção, mereceu o Sublime Cavaleiro a recompensa, com a condecoração de Eleito.

G12 – Depois da morte dos assassinos de Adonhiram, os trabalhos do Templo precisavam continuar, e o livre pensamento retoma a obra da edificação.

G13 – O nome Inefável é descoberto, mas o Neófito é incapaz de pronunciá-lo, por receio de erro, por temeridade e preconceito. Incapaz, também, de afirmar o sentido das letras. Em suma, a primeira pesquisa do Cavaleiro do Real Arco tem de ser Deus, e, através do pensamento livre e exercitado nas ciências exatas, pode encontrar e decifrar o seu nome sobre a Pedra Cúbica.

G14 – A Loja de Perfeição exige o compromisso do Perfeito e Sublime Maçom de que irá empregar momentos de lazer no estudo da doutrina, não só do visível, mas, sobretudo, do sentido oculto e elevado dos ensinamentos de todos os segredos dos Graus Inefáveis.

Não obstante que o iniciado detenha plena lucidez do que é ser um homem livre, porque tem opinião própria, não vende sua consciência, não é escravo nem exerce profissão degradante, há a confirmação de que possui as qualidades exigidas, mas não é suficiente, porque não encontrou as letras sagradas na Pedra Cúbica, não soube ler o nome que elas formam, "a Palavra Perdida", razão pela qual ocorre a recomendação da necessidade de recomeçar todo o trabalho, e a lembrança é a seguinte:

... o Templo a construir deve ser uma afirmação, uma certeza, uma equação entre o conhecimento e a realidade. O princípio de todo o conhecimento é Deus.[145]

Afora o sacrifício simbólico a que é submetido, o Candidato é guiado perante o Mar de Bronze, e na água são mergulhadas as mãos; depois, é conduzido para o Altar dos Perfumes, a fim de que o calor do Incenso as enxugue. Purificado, o TVPM, com a Trolha, colhe de um vaso a mescla sagrada de azeite, vinho, farinha de trigo, mel e leite, que passa na testa do Neófito, para que os seus pensamentos sejam corretos; nos lábios, para que as suas palavras sejam úteis, e sobre o coração, para que os seus sentimentos sejam justos.

Como se vê, a liturgia do Grau recoloca na condição mais modesta o homem, estado de quem precisa atentar pela pureza, elegância e sinceridade, subordinado ao serviço ativo, não se livrando de ser passível de sofrer punições, necessárias à própria evolução intelectual, moral e espiritual. Assim, permanentemente inspirado na honestidade, o Maçom aprende que deve sempre recomeçar o trabalho. A doutrina do Magno Ritual objetiva pôr em evidência as qualidades morais e os atributos cívicos essenciais para uso em qualquer tempo e local; em resumo, mostra

---

[145] Id.

com clareza que deve ser discreto e silencioso, fiel e dedicado, ter a ideia de equidade, ter bom relacionamento, ter ciência das leis e das matérias industriais, ser capaz de destruir a ignorância, tomar a defesa do oprimido, conseguir as qualidades de Justiça e Energia.

Nos trabalhos nesta Oficina do Grau 14, objetivando atingir a perfeição, o que significa o maior grau de bondade ou virtude a que pode chegar, o Maçom lembra Deus, nome Inefável que se constitui nas Letras Sagradas, como consta "YHVH", a "Palavra Perdida", descoberta, mas não articulada de acordo com a prosódia.

A lenda diz que o título do Grau "Perfeito e Sublime Maçom" foi criado por Salomão justamente para premiar os Mestres que encontraram a Palavra Sagrada oculta.

Acredita-se, também, que Palavra Sagrada oculta era guardada no cenário de um dos locais mais sagrados da fé judaica, o *Sanctum Sanctorum*.

O *Sanctum Sanctorum* era uma sala existente no Templo, onde uma vez por ano somente uma pessoa podia entrar, rezar e pronunciar "a Palavra Sagrada", o nome de Deus, e era apenas o Sumo Sacerdote que tinha permissão de entrar ali e pronunciar o nome de Deus em hebraico.

Os Grandes Eleitos foram os últimos defensores do Templo de Deus, até a invasão de Jerusalém por Nabucodonosor II, da Babilônia, em 586 a.C., que acabou destruído e, por consequência, fizeram desaparecer a Palavra Sagrada e misteriosa que nela se conservava sob a abóbada cavada na rocha, por centenas de anos. Perda que ressoa ainda hoje entre aqueles que prestam o testemunho da fé.

Estudiosos da literatura judaica registram que o nome Sagrado era impronunciável, porque os que reverenciavam as coisas sagradas se sentiam temerosos em transgredir o mandamento do Eterno Decálogo: "Não pronunciarás o nome do Senhor, teu Deus, em vão".[146]

De acordo com o que expõe a doutrina da Maçonaria, o Nome Inefável nunca mais foi escrito nem pronunciado, mas apenas soletrado, letra por letra. A ideia maçônica é que cada um a leia por si próprio, sem

---

[146] Loc. cit. 8, Êxodo 20:7.

auxílio alheio, de acordo com a própria Razão. Albert Pike, sob esse enfoque, nos presenteia com a seguinte lição:

> *A palavra verdadeira de um Maçom não é a verdade inteira, perfeita e absoluta a respeito de Deus; mas a maior e mais nobre concepção d'Ele que nossas mentes são capazes de formar; e esta palavra é Inefável porque um homem não pode comunicar para outro sua própria concepção humana de Deus; precisa ser proporcionada para seu cultivo mental, poderes intelectuais e excelência moral. Deus é como o Homem o concebe, a imagem refletida do próprio homem.*[147]

Em outras, palavras: Se alguém nos perguntar para dizermos em termos explícitos qual o conceito que se pode fazer sobre a mais nobre concepção d'Ele, a resposta é irrealizável porque cada um O sente segundo o que a sua mente é capaz de formar, gerada para seu cultivo mental, pelos poderes intelectuais e excelência moral. Mas esse ponto de vista ou pensamento é Inefável porque um homem não pode comunicar para outra pessoa sua própria concepção de Deus.

O que dizem ser, é o nome que Deus, o Deus Imutável, Uno e Eterno? A resposta, talvez, esteja no Livro Sagrado:

> *13. Então disse Moisés a Deus: Eis que quando eu for aos filhos de Israel, e lhes disser: O Deus de vossos pais me enviou a vós; e eles me perguntarem: Qual é o seu nome? Que lhes direi?*
>
> *14. Respondeu Deus a Moisés:* **Eu Sou o que Sou***. Disse mais: Assim dirás aos olhos de Israel:* **Eu Sou** *me enviou a vós.*
>
> *15. E Deus disse mais a Moisés: Assim dirás aos filhos de Israel: O Senhor, o Deus de vossos pais, o Deus de Abraão, o Deus de Isaque, e o Deus de Jacó, me enviou a vós; este é o meu nome eternamente, e este é o meu memorial de geração em geração.*[148]

Conclui-se, daí, claramente: o importante não é pronunciarmos corretamente o Nome, mas sim O glorificarmos por nossos atos e palavras.

---

[147] Loc. cit. 3, p. 172.
[148] Loc. cit. 8, Êxodo 3:13.15.

Título II – Grande Eleito ou Perfeito e Sublime Maçom
Maçonaria Adonhiramita

O conteúdo litúrgico e doutrinário do Ritual deste Grau, também na Maçonaria Adonhiramita, é desenvolvido sob a concepção de manifestar a perfeição do mestrado, definida e ministrada pelos seus vários elementos simbólicos, acompanhando a eleição ideal do melhor que o Perfeito e Sublime Maçom faz em seu próprio coração, com a seguinte orientação: devotar todas as forças na busca da verdade; cultivar uma amizade sincera e leal; tendo constante fidelidade aos reclamos da Família, da Pátria e da Humanidade; inspirado no pensamento de justiça; as palavras sejam o evocar perfeito de energia; compenetrado no sentimento de fraternidade.

Para se encontrar a verdade é preciso viver a plenitude da vida moral. Ela é a própria simplicidade, a própria singeleza, a própria lógica natural. A fé e a razão constituem como que as duas asas que o espírito humano se eleva para a contemplação da verdade. O afetuoso coração do homem deseja conhecer Deus, e, em última análise, conhecendo-O e amando-O, chega também à verdade.

A sincera amizade se constitui em franqueza, lealdade, perdão, doação, cultivados por amor, paz e gratidão.

Com a Família deve o Maçom ter, permanentemente, a preocupação no sentido de edificá-la e conservá-la; servir com fidelidade e devotamente à Pátria e obedecer à lei; promover o bem-estar moral e social; e contribuir para o progresso da humanidade.

Deve evocar poderosa energia para fazer valer a justiça, dando a cada pessoa o que lhe for justo, e arraigar uma união estreita e amizade íntima com os convivas.

Os ensinamentos do Grau atentam ao propósito de: atingir a Perfeição, não só sob a feição particular, mas com planos e ações para que todos os parceiros se tornem senhores de si mesmos, material, astral, mental e espiritualmente; inclusive, com o anseio de se trabalhar sob os sentimentos de justiça, austeridade ou energia e fraternidade.

Acerca de se conseguir a perfeição, cabe repetir que é o encargo de atingir o conjunto de todas as qualidades, o que equivale à ausência de quaisquer defeitos, conjugado com a obtenção dos verdadeiros sentimentos de justiça.

Sob esse aspecto, a Cerimônia de Elevação, na introdução do trolhamento, lembra que tal como o Sol dissipa sombrias e pesadas nuvens, o ser humano recebe a revelação de sua individualidade e com ela a sensibilidade eficiente capaz de lhe despertar o pensamento consciente, e essa luz que adquire torna-se símbolo de liberdade, que provoca nele a busca para se desembaraçar da servidão. Dessa mesma maneira, o homem só se depara com a verdade, de modo claro, quando se encontra livre da desarmonia produzida pelas paixões, isto é, qualquer daqueles sentimentos intensos que se sobrepõem à lucidez e à razão.

Antes, porém, é manifestada a pretensão de que todos tenham autonomia nos planos material, astral, mental e espiritual, o que é matéria de natureza subjetiva e muito complexa e merece estudo e dedicação para se tentar entendê-la. Todo esforço é válido para uma conceituação. É o nosso propósito. "Conhece-te a ti mesmo e conhecerás os Deuses e o Universo". Com efeito:

No plano material, o homem precisa ter plena saúde, para poder reger a si mesmo primeiramente e, além disso, naquilo que a medicina explica o funcionamento do corpo humano, baseada no sangue, que é o condutor da vida em todos os órgãos, constituído de estrutura óssea, músculos, nervos e ligamentos. O corpo físico depende de alimentos materiais para se manter em atividade e absorve as vibrações emitidas pelos outros planos de acordo com cinco sentidos básicos: tato, paladar, olfato, visão e audição, e executa ações ou reações, tal como é o domínio da sensibilidade.

O plano material é conferido ao Maçom em função da firmeza de caráter e da moral, não transige no cumprimento do dever e se sacrifica para o bem da humanidade.

O plano astral diz respeito às reações emocionais e instintivas. É, talvez, o primeiro invólucro do mundo etéreo mais próximo ao material. É a projeção da consciência fora do corpo, geralmente demonstrando estar semiconsciente ou inconsciente, tal como ocorre durante o sono. Tem ainda a função da sensibilidade geral, como o afeto, a dor ou prazer, registro das emoções sob vontade, desejos, vícios, paixões, que são as impressões percebidas pelo psiquismo, inclusive os efeitos da anestesia, coma alcoólico, droga, choque emotivo, o sonho, que nos conduzem a uma atuação no tempo e no espaço.

O plano astral é a representação do exemplo vivo da realização dos ensinamentos da Maçonaria quanto à autossuperação e à maturidade.

O plano mental é aquele que idealiza e mantém as formas e o funcionamento do material e do astral. Pode-se afirmar que toda e qualquer criação principiou com a mente. Alguém já afirmou: "Deus não escolhe os capacitados; capacita os escolhidos". Fazer ou não fazer algo só depende da nossa vontade e perseverança. Ademais, a ideia naquilo que envolve a mente revela-se nas feições do próprio homem, porque tal como pensa em seu coração, assim ele é.

O plano espiritual, o "Eu Sou", é assunto delicado que, a rigor, em qualquer circunstância se apresenta dificílimo para ser tratado com a superficialidade de um conceito, exigindo muito mais atenção sob o prisma transcendental da fisiologia e da metafísica e, do mesmo modo, na profundidade de seu estudo. De qualquer forma, cabe registrar que, segundo a Doutrina Espírita, o espírito, quando encarnado, é a individualização do princípio inteligente do Universo, o que remete ao Criador. Lembre-se, também, que a Maçonaria proclama a prevalência do espírito sobre a matéria.

Não sabei vós que sois o templo de Deus, e que o Espírito de Deus habita em vós? Se alguém destruir o templo de Deus, Deus o destruirá, porque o templo de Deus, que sois vós, é santo.[149]

Assim, a pessoa limpa e pura, com o acréscimo do processo iniciático, em toda a sua transcendência, vistos como obra do Criador, obtém

---
[149] Loc. cit. 8, I Coríntios 3:16.17.

um novo coração e um novo espírito, porque Deus coloca dentro dele o seu Espírito. Quando, então, o iniciado tiver nascido de novo e adquirido elevada consciência espiritual, poderá observar a verdade em todo o seu esplendor.

E, na humilde realidade em que se encontra, há de usar todos os instrumentos de trabalho que conhece, porque, através destes, e, praticando o que necessário for, coloca-se acima das paixões e dos preconceitos, do erro e da ignorância, do medo e da hipocrisia, e assim estará no caminho para alcançar a perfeição.

Na sequência, há a afirmação: "A Sabedoria, a Força, o Poder, a Beleza e a Harmonia estão sobre e em nós".[150]

Estando tais virtudes sobre nós, na hipótese, se encontram em lugar mais alto, mais elevado, em posição superior, na hierarquia comparativamente delas conosco. E, ao mesmo tempo, estando elas em nós é sinal de que há a consciência de todos que tais qualidades já são o guia inseparável na prática das nossas ações.

a) O conceito de sabedoria é tão amplo que vem ao pensamento ser impossível de chegar ao seu termo, isto é, terminar de narrar sobre ela minuciosamente. Sempre a sabedoria tem fundamento no próprio Deus. Quando Deus criou o mundo, a sabedoria estava presente, porque a própria criação é o espelho da onipotência, do poder, da bondade. Aliás, é a fonte de todas as virtudes, porque da sabedoria deriva a prática consciente das boas maneiras e hábitos que dirigem o homem em direção à verdade.

Maçonicamente, lembra o Rei Salomão, poderoso, sábio e de paz, razão pela qual geralmente combina com o bom-senso, com a prudência e a humildade, que são virtudes notáveis nos sábios. A sabedoria ou ser sábio, portanto, é ser coerente no pensamento e, por efeito, na ação, a qual se dá mediante aplicação da pureza e da verdade adquiridas, que ajudam a discernir entre o bem e o mal. Salomão, no caso, é representado pelo Presidente da Loja, o próprio símbolo do aperfeiçoamento na correção de ação e de caráter.

Sabedoria é reflexo de poder justamente porque ele é concedido ao sábio na certeza de que a decisão deste é sempre na medida justa.

---

[150] *Ritual do Grau 14, Grande Eleito ou Perfeito e Sublime Maçom*, ECMA, julho / 2009.

Sabedoria ou ser sábio é ouvir a opinião de outrem e aceitar, embora diferente do que se entenda ser a verdade. É compreender as limitações de outrem e tentar compartilhar o conhecimento prestando ajuda direta, assim se permitido, ou através da concessão de instrumentos para que pense e tire suas próprias conclusões.

Ser sábio é, sim, ter grande conhecimento, erudição, mas o autêntico sábio age sob as seguintes virtudes: prudência, moderação, temperança, sensatez, discrição, fidelidade, calma. É fraterno, justo e tolerante, sabe manter sigilo e o silêncio, enaltece a virtude, tem noção das ciências, ama a DEUS sobre todas as coisas, e ao próximo como a si mesmo, enfim conhece e pratica todos os conceitos e princípios ensinados nas Iniciações.

Segundo Pitágoras, "a harmonia da alma é obtida por meio da sabedoria, pois ela ensina o homem a modéstia, a moderação e a justa medida".

"O ignorante afirma, o sábio duvida, o sensato reflete. O sábio nunca diz tudo o que pensa, mas pensa sempre tudo o que diz." na afirmação de Aristóteles.

Sócrates disse que: "sábio é aquele que conhece os limites da própria ignorância".

Aliás, diz-se: o Oráculo de Delfos anunciou que Sócrates era o homem mais sábio do mundo. Sócrates reagiu, dizendo que se ele fosse realmente um homem sábio, seria somente porque um indivíduo verdadeiramente sábio admite que não saiba absolutamente nada.

É citado pelo dizer: "Conhece a ti mesmo". A sabedoria não vem somente da observação, mas também da introspecção.

Sobre Sabedoria é bom ver, também, o exposto na letra "a", item XI, título II, capítulo VII.

b) A Força, tal como a Sabedoria, tem fundamento no próprio Deus. Simboliza o poder da atividade criadora.

No entanto, a força material tem como significado o esforço necessário para fazer alguma coisa, e ela se torna ativa quando o agente, inteligente, opera energia física com seu corpo ou com a ajuda de instrumento para vencer obstáculos e superar dificuldades.

Há que se registrar também que o poder de agir por sua própria determinação, por sua formação e aptidões de discernimento, dá ao Maçom a força e a capacidade de realizar a sua criação.

A sabedoria exige sacrifícios que só podem ser realizados pela força.

De acordo com a liturgia do Grau 4, na mitologia grega, Hércules simboliza a força do homem contra todos os desafios para se tornar vitorioso.

Por outro lado, há entendimentos de que a força que está em ação, além dos aspectos materiais do corpo, com suas funções e habilidades, é constituída de um complexo sistema de energia, sem o qual o corpo físico não poderia existir. E, nesse complexo sistema energético, o homem tem estações receptoras, transformadoras e distribuidoras das diversas frequências dessas forças, que são os denominados chacras.[151]

Todos nós possuímos uma força vital a serviço de nossa saúde, inteligência e espiritualidade. Quem souber dirigir corretamente essa força, estimulando ao máximo o seu livre fluir, obterá grandes benefícios. As posturas maçônicas são destinadas a esse estímulo.

Embora haja quem acredite que essas frequências têm uma manifestação física, a importância fundamental e o nível de existência dos chacras são postos para a influência das forças psíquicas. Sob esse juízo, é evidente que a Corrente Fraternal ou Cadeia de União cria um "campo magnético" de movimentos fortes e giratórios, devido às posturas exigidas. Assim, a concentração mental desse campo será tanto mais forte quanto mais ativa for cada entrelace.

É legítimo, portanto, considerar isso um centro produtor de Ideias-Força, que não têm, exatamente, a mesma realidade que a força mecânica, mas um vigor no pensamento dirigido no mesmo sentido.

Deduz-se daí, pois, existir uma eficiência real, uma força altamente poderosa.

"A força não provém da capacidade física, e sim de uma vontade indomável", conforme Mahatma Gandhi.

"Ser profundamente amado por alguém nos dá força; amar alguém profundamente nos dá coragem", no dizer de Lao-Tse.

"O amor é a força mais sutil do mundo", como afirma Mahatma Gandhi.

"O verdadeiro homem mede a sua força quando se defronta com o obstáculo", como ensina Antonie de Saint-Exupéry.

---

[151] Shalita Sharamon, Bodo J. Baginski, *Chakras*, Ed. Pensamento, SP. p. 11

"Quando uma criatura humana desperta para um grande sonho e sobre ele lança toda a força de sua alma, todo o universo conspira a seu favor", conforme Johann Goethe.

c) Poder, em síntese, é o direito de deliberar, agir e mandar, inclusive a faculdade de exercer a autoridade, a soberania, ou o império de dada circunstância ou a posse do domínio, da influência ou da força.

Veja-se tambem a letra "c", título II, do capítulo XII.

Esses conceitos são trazidos à apreciação e, principalmente, para melhor compreensão, mas o poder avocado neste tópico tem o propósito de demonstrar que esse poder está sobre e em nós.

Na hipótese, há de se agradecer ao Grande Arquiteto do Universo, primeiro pelo dom do saber e da inteligência para servir a Ele e ao próximo, mas, a propósito, agradecer por ser Maçom e poder dispor de todo o ensinamento contido na Liturgia das Oficinas da Maçonaria, que permitem o acesso ao estudo progressivo, com o auxílio da respectiva doutrina e a consequente elevação "passo a passo", que conduz ao aperfeiçoamento moral e espiritual.

Objetivamente, o poder sobre nós, em todos os sentidos, é esse programa perfeito de formação superior, com seus ensinamentos. E em nós porque conduzidos a esse conhecimento da filosofia e do hermetismo é possível, mais facilmente, a busca da iluminação individual interior.

d) A beleza é uma experiência ou um processo cognitivo, ou mental, ou espiritual, relacionada à percepção de qualidades materiais e imateriais que agradam aos sentidos, de forma singular aquele que a sente.

Harmonia, simetria e proporções corretas são consideradas elementos essenciais da beleza.

A orientação da Ordem Maçônica é no sentido de que o Maçom deve procurar se revestir da característica da beleza, especificamente em seu interior, pela pureza de princípios, firmeza de caráter, elevada moral e pela tolerância para com os semelhantes, que deve ser atributo que o distingue.

A beleza sobre nós é justamente porque o Supremo Arquiteto do Universo demonstra constantemente que ela se manifesta no Universo, pelas combinações de que se dispõe, com simetria e com ordem. E, em nós, porque ela é sempre para complementar uma criação, de forma a adornar as ações, o caráter e o espírito. As obras, por sua vez, não basta que sejam sábias e fortes; devem também ser belas. É a beleza que aproxima da perfeição o que se construiu com Sabedoria e Força.

Por certo, a beleza abre a sensibilidade, e quem busca dotar as obras de Beleza procura a perfeição possível de alcançar.

e) Harmonia é disposição bem ordenada, na devida proporção, e simetria, de partes que se acham distribuídas em volta de um centro, ou que compreendem o todo.

A harmonia e a beleza que regem o Universo, seja nos astros que mudam de lugar, seja nas constelações distantes que giram em torno de misteriosos centros gravitacionais, ou no perfeito equilíbrio que mantêm todas as esferas celestiais, em um infinito cósmico, comprovam a ordem, a proporção e a frequência que constitui o todo, e a glória do Criador.

Junto com a paz e a concórdia, a harmonia é uma das partes essenciais da argamassa que liga as obras daqueles que habitualmente são afáveis, inclusive no estado de espírito, que criam algo maravilhoso do qual emanam forças criativas que geram o equilíbrio e o avanço do meio em que vivem. Causa e efeito que devem ser estimulados permanentemente.

Em música, a harmonia é o campo que estuda as relações de encadeamento do complexo sonoro resultante da emissão simultânea de sons de frequência diferente. A música, que é um dos aspectos do som, é a ciência e a arte de combinar esses sons de modo agradável ao ouvido e à parte sensível do ser.

Em Loja, as músicas certas promovem a harmonia e inspiram sentimentos apropriados para uma frequência espiritual que facilita a constituição de uma sintonia única, formando, assim, vibrações que propiciam o momento fértil para a revelação do Grande Arquiteto do Universo e a obtenção do objetivo desejado.

Ante os conceitos trazidos a lume da assertiva: "A Sabedoria, a Força, o Poder, a Beleza e a Harmonia estão sobre e em nós"[152] pode-se concluir que, sempre, no nosso modo de proceder, há concentração do espí-

---

[152] Loc. cit. 150.

rito, da atenção e da vontade, em especial no âmago da concepção moral, com integridade de conduta conjugada ao preciso rigor na satisfação do que é necessário e premente realizar.

Platão perguntou a Sócrates: pode a virtude ser ensinada?

"Se a virtude é uma qualidade da alma e, sendo necessariamente útil, então ela só pode consistir numa coisa: discernimento". (Sócrates)

"A virtude não é um dom da natureza, nem resulta do raciocínio humano ou mesmo da aprendizagem, mas, de um estado especial de receptividade que se pode chamar **Graça Divina**". (Sócrates)

O prosseguimento da cerimônia coincide com a necessária recapitulação dos graus anteriores.

Na introdução, especificamente no que trata o grau 4, é lembrado que o Mestre Secreto um dia acorda brilhante e radioso para entrar no magistério dos filósofos. Mas narra que Adonhiram está morto ou desaparecido nas trevas pelo efeito da conspiração dos *três maus companheiros – a **ignorância**, o **fanatismo** e a **ambição**.*[153]

A ignorância é a fonte de todos os vícios e sua causa primária é nada saber; saber mal o que sabe; e saber coisas outras além do que deve saber. Essas são as razões pelas quais os ignorantes são grosseiros, irascíveis e perigosos; perturbam e desmoralizam o progresso, que para reprimir afastam os guias das ideias positivas e instigam as trevas.

O fanatismo sucede do fanático ou aquele que se considera inspirado, iluminado e, por isso, se dedica cegamente a sua religião, de modo excessivo e intolerante, e como consequência lógica considera-se que a exaltação religiosa perverte a razão e conduz os insensatos, em nome de Deus e para honrá-lo, a praticarem ações condenáveis.

A ambição descende do egoísmo, que exige tudo para si, sem merecimento. Portanto, ambição é o desejo ardente de alcançar aquilo que valoriza os bens materiais ou o amor excessivo ao bem próprio, sem consideração aos interesses alheios, isto é, poder, glória, riqueza, posição social, sem o devido mérito.

Os três vícios – ignorância, fanatismo e ambição – conduzem o homem a querer, constantemente, obter o que não merece do mundo espiritual e material. A lenda ensina que o Mestre Perfeito, em seu íntimo,

---
[153] Ibid.

adquire mais aptidões em todo o tempo, pelo bem, pelo seu progresso anímico e espiritual, mas é atacado incessantemente pelos três defeitos. Ao mesmo tempo, à medida que a luz se faz na mente, a ignorância e o fanatismo gradativamente se dissipam, e a ambição, companheira destes, oculta na caverna do coração, de per si, se destrói como o fez o assassino de Adonhiram, até que um dia a Graça entre nessa caverna como um raio do mais puro amor. O iniciado deve fazer desaparecer do âmago de seu coração a ignorância, o fanatismo e a ambição e procurar a verdade, junto com os demais Mestres Secretos.

A cerimônia prossegue com a rememoração dos Graus que vêm à frente deste, e, para readquirir força ou atividade é preciso lembrar que:

- G3 – A lenda de Adonhiram é a chave universal de manifestações físicas e espirituais. A sua ressurreição é o símbolo do reino eterno do espírito e objetiva a nos mostrar o círculo da vida no sentido de viver, lutar, morrer e renascer e assim progredir sempre; esta é a lei, tal como é o ciclo solar, lunar, e aquele que distingue as características climáticas, na primavera ocorre o desabrochar de uma nova flor. Repetidas vezes acontecem tantas quantas vezes necessárias para o aperfeiçoamento espiritual.
- G4 – O guia que é Adonhiram, que é a nossa vida elevada ou a individualidade espiritual, está morto ou desaparecido nas trevas pelo efeito da conspiração dos três maus companheiros – a **ignorância**, o **fanatismo** e a **ambição**. A esperança é de que o mais apto se apresente para assumir a direção das obras.
- G5 – Observa que todos deveriam comparecer aos pomposos cerimoniais organizados para venerar o coração de Adonhiram, que, depois de embalsamado, foi exposto no terceiro degrau do *Sanctus Sanctorum*. A recomendação relembra engendrar a permanente batalha humana contra os assassinos do espírito vivificante.
- G6 – Sete juízes foram nomeados para administrar uma justiça perfeita e Tito para chefiá-los. O Grau tem por função a educa-

ção dos seus possuidores nos sagrados ideais da justiça e da lei, que rege e governa, na qual se devem pautar as ações, os pensamentos, propósitos e as palavras. Além de outros símbolos e emblemas, há a chave de marfim para abrir a Arca, que contém as duas Tábuas da Lei e, consequentemente, a revelação dos demais arcanos da natureza.

G7 – A lição moral do Grau consiste na lembrança de manter a prudência na distribuição da justiça, porque demonstrado restou que depois de ficar enfurecido, sob a presunção que sua ordem havia sido desobedecida, Salomão, reconhecendo ter agido com precipitação, premiou com o título de Mestres Eleitos dos Nove Johabem e os demais que acompanharam o desconhecido pastor de rebanhos. De acordo com as circunstâncias do fato, não há que se condenar o matador do Assassino de Adonhiram.

G8 – Os assassinos tomam o nome de Abiram, Sterkin e Oterfut. E registram o castigo do principal homicida de Adonhiram. Pérignan é o nome do pastor que informou a Salomão o refúgio e a morte de Abiram (suicídio), um dos matadores.

G9 – Por zelosos quinze mestres foram presos os outros dois assassinos, achados em Bendicar, e por recompensa Salomão criou o capítulo dos Eleitos dos Quinze.

G10 – Depois da morte dos assassinos de Adonhiram, os trabalhos do Templo precisavam continuar e, assim, é necessário ocupar-se para edificar a segunda elevação, dirigida pelo pequeno arquiteto a ser nomeado.

G11 – Prossegue a construção do templo, tendo o segundo nível atingido a desejada exatidão, cuja correção mereceu a recompensa: dois sinais, um toque e duas palavras.

G12 – Tudo foi destruído pelo crime quando estava sendo erguido o Templo da Inteligência. Ainda assim, o trabalho deve prosseguir. Porém, não são mais edifícios materiais que se deve edificar; são os altares e tabernáculos sagrados dignos de ocupar o lugar daqueles que o nosso Respeitabilíssimo Mestre Adonhiram desenhou. Obra que deve continuar. As ferramentas da arte de construir serão empregadas, no melhor dos exemplos, nas profundas analogias morais e éticas.

G13 – É descoberto e soletrado o nome Inefável, mas o Neófito é incapaz de pronunciá-lo, por receio de erro, por temeridade e preconceito. No entanto, a Loja de Perfeição exige o compromisso de que irá empregar momentos de lazer ao estudo da doutrina, não só do visível, mas, sobretudo, do sentido oculto dos segredos do grau.

G14 – O presente Grau, além de conteúdo amplo e estimulante para se pensar, adverte: ainda que tenhais alcançado os mais altos níveis, não tendes ainda chegado à perfeição; que em breve começa a penosa busca da verdade; e que tal objetivo somente será atingido pelo atento estudo, pela paciência e por constante esforço da inteligência.

É primordial, portanto, que se tenha a capacidade de imolar as paixões mais profundas da consciência. Para tanto, necessário se faz "que o mundo material seja manifestado, que o mundo astral seja sentido, que o mundo mental seja percebido, que o mundo espiritual seja despertado".[154]

Logo, pode-se firmar definitivamente: há que se perseverar, porque o trabalho é uma constante.

Afora os conceitos expendidos no início e a recapitulação dos graus anteriores, o conteúdo litúrgico resume coisas magníficas, dentre as quais, e na sequência, é possível ainda destacar:

O Nome Inefável representa a verdade eterna, Centro Universal da Luz.[155]

O Nome Inefável ou o Tetragrama Sagrado, originariamente, em aramaico e hebraico, era escrito e lido horizontalmente, da direita para a esquerda יהוה; ou seja, YHVH. Formado por quatro consoantes hebraicas – Yod י He ה Vav ו He ה ou יהוה, e o Tetragrama YHVH tem sido latinizado para JHVH já por muitos séculos.

---

[154] Id.
[155] Id.

> *Não tomarás o nome de YHWH, teu Deus, em vão, pois YHWH não considerará impune aquele que tomar seu nome em vão.*[156]
>
> *E aquele que blasfemar o nome do Senhor, certamente será morto; toda a congregação certamente o apedrejará. Tanto o estrangeiro como o natural, que blasfemar o nome do Senhor, será morto.*[157]

Não há como saber a forma correta como os hebreus pronunciavam o Nome Inefável. Este se tornou impronunciável por eles desde o período intertestamentário, pois, conforme a ordem divina, era proibido tomar o nome do Senhor (YHWH) em vão.

Acerca do período referido, é importante registrar que a Bíblia foi escrita à mão e por partes, dentro de um período de mais de mil anos. Compõe-se de 66 Livros, não em ordem ou sequência cronológica, mas sim de forma temática.

Foi escrita originalmente em argila ou barro, papiro ou em pergaminho.

Escritos antigos eram gravados em chapas de argila ou barro e posteriormente cozidos.

O pergaminho é o couro do carneiro, curtido e devidamente preparado para nele escrever. Chama-se pergaminho porque começou a ser usado como papel na cidade de Pérgamo, 200 anos antes de Cristo. Pérgamo era uma cidade importante na Ásia Menor.

O papiro é uma planta que teve origem no Egito, às margens do rio Nilo. E daí o papiro passou para a Síria, Sicília e Palestina, terra esta onde foi escrita a Bíblia. O caniço comprido do papiro era aberto em tiras, as quais eram prensadas enquanto úmidas, e, assim, formavam uma folha semelhante ao papel. Era escrito num só lado e depois guardadas em rolos. É daí que veio a palavra "Bíblia", porque essa película ou folha, tirada do caule do papiro, chamava-se "biblos" (palavra grega que significa "livro"). O plural de "biblion", em grego, "bíblia". Portanto, Bíblia quer dizer: "Os livros" ou "coleção de livros".

---

[156] Loc. cit. 8, Êxodo 20:7.
[157] Ibid. Levítico 24:16.

Cabe repetir que o mais importante não é pronunciarmos corretamente o Nome Inefável ou o Nome do Senhor, mas sim dirigir louvores a Ele por nossos pensamentos, palavras e obras.

Segundo o próprio Ritual: "a verdade está em nós e nós estamos nela; é como a luz que os cegos não veem". "A ideia exata do Ser é a verdade; seu conhecimento é a ciência; sua expressão é a razão; sua atividade é a justiça; seu sentimento é a fraternidade e seu motor é a energia". Decerto desejais crer. Para tanto, basta conhecer e amar a verdade. Porque a verdadeira fé é a adesão inquebrantável às deduções necessárias da ciência no infinito conjuntural.[158]

A única e autêntica verdade não é atingível em qualquer lugar. Ainda que o Grau seja denominado de Perfeição, mesmo assim o que ele ensina é imperfeito e defectivo, razão pela qual não há que se fraquejar na perseguição da verdade.

Nicola Aslan, sobre o presente Grau, citando Dr. Acosta, Paulo Naudon, ensina:

> Os trabalhos do grau, diz o Dr. Acosta (MMDLG), têm por objetivo analisar o direito inalienável da liberdade de consciência, programando esta liberdade de consciência em todos os seus aspectos, e dedicando-se ao estudo dos fenômenos da criação e das sete ciências ou artes liberais.
>
> O homem deve ser educado para se tornar digno de sua missão na terra e para que saiba fundar um bom governo, que lhe assegure direitos e obrigações e obrigue cada um a cumprir com os seus deveres. Proclama-se a Liberdade dos Cultos.
>
> De acordo com P. Naudon, (...) este grau marca o acabamento do Templo de Salomão. (...) e o grande rei quis recompensar todos aqueles que tinham trabalhado na edificação do Templo, antes que eles deixassem Jerusalém para se espalharem pelo mundo. Os Aprendizes foram elevados ao grau de Companheiro, os Companheiros ao de Mestre. Os Mestres e todos os que possuíam graus indo do quarto ao nono, inclusive, foram admitidos ao décimo – segundo grau, prometendo jamais sair do caminho do bem e do justo.
>
> Enfim, os Maçons investidos dos décimo, décimo-primeiro, décimo-segundo e décimo-terceiro graus, foram iniciados ao décimo-quarto, o de Grande Eleito da Abóbada Sagrada. Prometeram solenemente de viverem em paz, de serem cari-

---

[158] Loc. cit. 150.

dosos, de não se deixarem guiar senão pelo espírito de equidade e de fazer a todos boa justiça, ao mesmo tempo que se obrigavam a manter absoluto silêncio sobre os mistérios de seu grau.[159]

Rizzardo Da Camino, a respeito, presta a seguinte lição:

Quando Salomão investiu os primeiros Maçons desse Grau, fê-los prometer-lhe, solenemente, que entre eles reinariam sempre Paz, União e a Concórdia, que praticariam obras de Caridade e de Beneficência, que tomariam para base de suas ações a Sabedoria, a Justiça e a Equidade; que guardariam o maior silêncio sobre seus mistérios e que só os revelariam a Irmãos que, pelo zelo, fervor e constância, fossem dignos de conhecê-los, que se auxiliariam, mutuamente, em suas necessidades, punindo severamente qualquer traição, perfídia e injustiça.

Deu, então, um anel de ouro como prova da Aliança que acabavam de contrair com a Virtude e para com os Virtuosos.

Quando Jerusalém foi tomada e destruída por Nabuzardan, general de Nabucodonosor, Rei de Babilônia, os Grandes Eleitos foram os últimos defensores do Templo.

Penetraram na Abóboda Sagrada e destruíram a Palavra Misteriosa que nela se conservara por 470 anos, 6 meses e dez dias desde a edificação do Templo.

A Pedra Cúbica foi quebrada, derrubado o pedestal, tudo foi enterrado em um buraco de 27 pés de profundidade, por eles cavado. Retiraram-se, depois, decididos a confiar na memória o Grande Nome e a só transmiti-lo à posteridade por meio de tradição.

Daí vem o costume de "soletrar" letra por letra, sem pronunciar uma única sílaba.

Por essa circunstância, perdeu-se o hábito de escrevê-lo e de pronunciá-lo.

Há incerteza das letras que o compõem. A verdadeira pronúncia só foi conhecida dos Perfeitos e Sublimes Maçons.[160]

Verifica-se, pois, que as razões em que se fundam os objetivos da Maçonaria, que é a formação do homem, têm conexão com a construção do Templo de Salomão. Aliás, essa relação é presente na própria liturgia

---

[159] Loc. cit. 31. p. 65.
[160] Loc. cit. 39. p. 193.

e, também, preceito espargido pela doutrina pela opinião de vários autores sobre Maçonaria. Isso confere o motivo para observar o seguinte:

> *Quatrocentos e oitenta anos depois que os israelitas saíram do Egito, no quarto ano do reinado de Salomão em Israel, no mês de zive, o segundo mês, ele começou a construir o templo do Senhor.*[161]
>
> *No mês de bul, o oitavo mês, do décimo primeiro ano, o templo foi terminado em todos os seus detalhes, de acordo com as suas especificações. Ele levou sete anos para construí-lo.*[162]
>
> *Trinta anos tinha Davi quando começou a reinar, e reinou quarenta anos.*[163]

A concordância dos principais estudiosos em cronologia garante afirmar que Davi nasceu cerca do ano 1040 a.C. O seu reinado, portanto, ocorreu no período entre 1010 a 970 a.C. E, assim, todas as datas subsequentes podem ser corretamente determinadas.

O Rei Salomão, que lhe sucedeu, começou a construí-lo no quarto ano de seu reinado, seguindo o plano arquitetônico transmitido por Davi, seu pai.[164]

De qualquer forma, a investigação cronológica quanto às datas fornecidas pelos livros de II Reis, II Crônicas, Jeremias, Ezequiel e Daniel oferecem a precisão das Escrituras e o que está assentado acima, no entanto, não é a nossa proposição estabelecer a cronologia desses fatos; o que importa mesmo é o estudo para a graduação de Perfeito e Sublime Maçom.

Perfeito e Sublime Maçom, verdadeiramente, equivale a um homem por excelência, logicamente livre de todos os defeitos, capaz de vencer as paixões e dominar os vícios que não hesita em praticar os conceitos ensinados nas Oficinas Litúrgicas dos Graus Inefáveis.

Sob outro enfoque, aquele que alcança tal posição não se sente confortável em conviver com disputas e desavenças e, por consequência, a formação de cisões e dissidentes e, em extensão maior, em alguns locais, aparecendo inovações e orientações ou doutrinas diferentes das origi-

---

[161] Loc. cit. 8, I Reis 6:1.
[162] Ibid. I Reis 6:38.
[163] Id. II Samuel 5:4.
[164] Id. I Reis 6:1 e I Crônicas 28:11.19.

nais. As "ágapes", que na hipótese são verdadeiros jantares de prazeres e diversões, tomam o lugar da instrução.

Isso ocorre, genuinamente, por falta de circunspeção dessas pessoas que são admitidas nos Graus Simbólicos, motivo por que lhe permite conhecer os Sinais, Toques e Palavras, inclusive levar ou fazer chegar ao ouvido de profanos, os quais só dos verdadeiros Maçons deveriam ser conhecidos, o que torna possível a perda da qualidade e características primitivas da Maçonaria e até mesmo iniciações sem a cautela necessária quanto à seleção dos candidatos e, depois, inobservância dos interstícios entre os Graus, senão a concessão dos três Graus Simbólicos de uma só vez.

Feita essa observação negativa, retoma-se o trabalho no sentido construtivo e registrar que só os Perfeitos Maçons podem se livrar desse contágio, e serem guardas fiéis de Palavra Sagrada, que fora gravada no Delta Dourado, debaixo do *Sanctum Sanctorum*.

Aliás, as circunstâncias antes mencionadas mostram que todo o Iniciado deve levantar para poder contemplar, além de tudo, o resultado da nefasta ação da ignorância, do fanatismo e da ambição, e a vitória do amor quando usado com sabedoria onisciente.

Por meio alegórico, observe-se que, terminados os trabalhos do Templo de Jerusalém, os empregados na sua construção adquiriram justas e merecidas homenagens. A ordem a que pertenciam se estabeleceu sob bases uniformes e de grande saber e, assim, sob a orientação desses princípios, foram merecedores de elevação de seus Graus pelo seu Rei, cujo nome significa "homem pacífico", "remuneração e recompensa", "homem criterioso", "prosperidade" e a própria "sabedoria". Repita-se: o reconhecimento foi no sentido de que os Aprendizes foram elevados ao grau de Companheiro, os Companheiros ao de Mestre. Os Mestres, de acordo com o estágio de progressão, tiveram a passagem do quarto ao nono Grau, inclusive alguns foram admitidos ao décimo-segundo e décimo-quarto grau, prometendo prosseguir no trabalho de erigir o Templo da Inteligência e de jamais sair do caminho do bem e do justo.

O anel, em resumo, é prova da Aliança que o Perfeito Maçom assume para ser o veículo da retidão de juízo e de sentimentos, da liberdade de pensamento, da probidade em suas relações, a honradez em todos os atos da vida, a própria expressão do título adquirido e a eterna lembrança desses compromissos.

De outra maneira, o Perfeito e Sublime Maçom deve praticar o que preciso para alcançar os verdadeiros sentimentos de Justiça, Austeridade e Fraternidade.

Justiça – Para esse efeito observe-se o desenvolvido no capítulo VII, no título I, item I, letras "b", "c" e "d", e no título II, item VIII, letra "a", e item X, letra "f".

Austeridade – É a qualidade da pessoa que tem inteireza de caráter; é severo e rigoroso nas suas atitudes, inclusive assim espera de seus pares. É, portanto, rígido de caráter, às vezes age com dureza e rispidez. De maneira que é uma pessoa séria e importante, e digna de atenção, porque é notável, impressiona e é convincente nas suas manifestações.

Fraternidade – É o amor ao próximo, a união ou a convivência como de Irmãos, em harmonia, paz e concórdia. É como na própria oração, o convívio é com disposição de harmonia, paz e concórdia, incorporando a tríplice argamassa que liga as nossas obras.

A Fraternidade proclama a dignidade e a pureza. Ao mesmo tempo, é bom lembrar que a cortesia é a base do trato humano, com a qual se conquistam amigos e se conservam os que já temos. A simpatia nos atrai, a fé nos inspira confiança pela pureza de nossos atos, a dignidade conserva o prestígio e nos entrelaça com os vínculos da Fraternidade.

Conclusão

Sim, a fé é a causa inspiradora para a descoberta ou a perseverança na procura da Palavra Sagrada Perdida. Nos termos litúrgicos, ainda que Ela esteja ou debaixo ou sobre a Pedra Cúbica, ou na Natureza, por meio do trabalho científico, ou o estudo daquilo que se encontra escondido em nosso íntimo, encontram-se os elementos para o conhecimento de Deus. A ideia é de que cada um a leia, *de per si*, sem auxílio alheio, de acordo com a própria criação intelectual, particular. A leitura há de ser cuidadosa e refletida. Evidente será a conclusão de que "o Princípio

Supremo existe". A concepção é e será sempre afirmativa na certeza da existência de Deus. Nada mais.

A vida, em si, é uma viagem à procura da Palavra Perdida, de encontrar o Verbo, que a partir dele, incluindo-o, tudo foi criado. E quando se chega a esse conhecimento ou se aprende a pronunciar a Palavra Sagrada decerto a Verdade surge resplandecente, momento em que os antigos ídolos serão desfeitos e os totens se tornarão insensíveis aos sentidos e, aí, em estado de plena pureza, e, na fé em Deus, que é a Verdade e que outorga o poder do verdadeiro conhecimento, o Perfeito e Sublime Maçom compreenderá que a felicidade emerge de coisas simples e sãs e com a prática efetiva das virtudes; que o progresso sucede ao trabalho; que Deus é Soberano sobre todas as coisas e que nEle se crê porque Ele é o significado dessas proféticas palavras.

A Divindade não é um objetivo de conhecimento, mas de fé. A aproximação a Ela não é por meio do entendimento, mas pelo senso moral. Não para ser concebida, mas para ser sentida.

Por outro lado, novelista inglesa com o pseudônimo de George Elliot é autora da frase: "Nunca é tarde demais para se tornar aquilo que deveria ter sido".

Assim, quando se bate à porta de um Templo místico e se recebe a desejada instrução, a essencial *palavra*, "ou a mensagem que se abre devagar para os mundos internos", a partir daí se aprende a viajar a lugares do mundo invisível, e se realiza a elevação do pensamento, da alma, em regiões celestiais, e se obtém a qualificação para graus mais elevados, sob a instrução direta do Grande Arquiteto do Universo.

Ao mesmo tempo, pode-se afirmar que quando efetivamente se chega ao autoconhecimento chega-se a um grau de formação em que tudo se esclarece, o que incita à instrução, ou seja, estudar, mais e mais, para tudo melhor se esclarecer, e, por mero efeito, somos mais tolerantes e até mesmo temos mais liberdade para pensar.

Portanto, é a condição para o Maçom, em particular, descobrir o segredo que se revela sem nenhum discurso, por si só. E, no instante em que é apenas erguido o cantinho do véu que esconde ou encobre o oculto, os enigmas passam a ser decifrados e, assim, de maneira habilidosa, ele não é levado a saber tudo, mas a conhecer o mistério. O conhecimento do segredo somente será obtido mediante reflexão sobre o conjunto de princípios e uma sábia consideração e análise do que é ensinado e executado na obra Maçônica. *Pedi, e dar-se-vos-á; buscai, e achareis; batei e abrir-se-vos-á. 8 Pois todo o que pede, recebe; e quem busca, acha; e ao que bate, abrir-se-lhe-á.*[165]

Cumpre assinalar, igualmente, que a Lenda de Hiram compreende a personificação e, principalmente, a ação de um dos seus substitutos, obviamente tendo em conta o Maçom em perfeita investidura. O Nome Inefável ressurge em seu espírito como uma partícula de Deus.

Albert Pike profere a seguinte consideração:

> *Não importa o que Hiram realmente foi, ele é o modelo, talvez um modelo imaginário (...) um indivíduo dotado com um intelecto glorioso, uma alma nobre, uma organização refinada e um ser moral perfeitamente equilibrado; um depósito do que a humanidade pode ser, e do que acreditamos que ela será futuramente no bom tempo de Deus;* **a possibilidade da raça tornada real.**[166]

Com certeza, há algo advindo do homem mais duradouro e importante do que os seus belos discursos ou até mesmo a sua grande fortuna, a saber, o exemplo das altas virtudes.

Os valores morais, indicadores do senso comum, não fazem milagres, mas, com toda a certeza, realizam obras magnas, concebem supremas belezas e, de forma acurada, investigam verdades.

À medida que existirem sentimentos de bondade para promover o entusiasmo de chegar à perfeição, essa intuição será movida por tudo o que revela fé ao que se pode imaginar e conseguir esse ideal, ou melhor, será facilitada pelos versos dos poetas, pelo gesto dos heróis, pelas boas ações dos santos, pela essência das obras dos sábios e pela filosofia dos pensadores.

Ademais, os subsídios fornecidos para a construção do Templo de Salomão, que, pelo estudo e pela pesquisa e, sobretudo pela reflexão, assim como pela discrição e perseverança, a Maçonaria prepara Obreiros para servir a humanidade. Estes, agora, deixam de ser objeto de aten-

---

[165] Id. Mateus 7:7.8.
[166] Loc. cit. 3, p. 174.

ção, o que representa uma espécie de conclusão de uma etapa, em que o Maçom adquire a percepção necessária para passar para a etapa adiante. O estágio a seguir é assinalado pelas Oficinas Litúrgicas Capitulares, que têm por fundamento os textos Bíblicos Históricos da coletânea de livros escritos em várias épocas, em sua maioria por autores anônimos, tais como as civilizações: hebraica, egípcia, babilônica, mais tarde pelos essênios, a origem do cristianismo, e assim por diante.

Derradeiramente, não está definitivamente interpretado o significado oculto dos Graus Inefáveis. Tal como é a Iniciação, a exegese do que está contido nesses Graus é muito particular, razão pela qual cada Maçom pode e deve investigar o seu sentido e a fundo por si mesmo. Certo é que o hermetismo desses conteúdos fica escondido de todos, menos daquelas pessoas dotadas de sensibilidade, de forma que somente é revelado a esses e, ainda, mediante busca minuciosa e total entrega aos estudos.

Bibliografia

A Bíblia Sagrada, Antigo e Novo Testamento. Traduzida para o português por João Ferreira de Almeida. Edição Revista e Atualizada no Brasil. Rio de Janeiro: Sociedade Bíblica do Brasil.
ADOUN, Jorge. *Do mestre secreto e seus mistérios.* São Paulo: Ed. Pensamento.
ASLAN, Nicola. *Instruções para lojas de perfeição.* Ed. Maçônica, 1992.
ASLAN, Nicola. *Landmarques e outros problemas maçônicos.* Ed. Aurora, 2011.
BOUCHER, Jules. *A simbólica maçônica.* 10.ed. São Paulo: Ed. Pensamento, 1997.
CAMINO, Rizzardo da. *REAA, do 1° ao 33°.* 2.ed. São Paulo: Ed. Madras, 1999.
Código Tributário Nacional, artigo 78, 1966.
Constituição da República Federativa do Brasil, artigo 5.º, inciso IV.
Constituição do ECMA, junho / 2000, artigo 2.º.
Constituição do Grande Oriente do Brasil, artigo 1.º
CONTE, Carlos Brasílio. *Pitágoras.* 3.ed. São Paulo: Ed. Madras, 2008.
Declaração Universal dos Direitos Humanos, artigo XVIII.
Decreto n.º 711, de 18.09.2008. Estatuto do Supremo Conselho do Brasil, artigo 58.
FIGUEIREDO, Joaquim Gervásio de. *Dicionário de Maçonaria, seus mistérios, ritos, filosofia, história.* São Paulo: Ed. Pensamento, 1998.
FRÉDÉRIC, Lenoir. *Comment Jésus est devenu Dieu* – Livre de Poche – Capítulo 1-6.
http://pt.wikipedia.org/wiki/Man%C3%A1.
http://pt.wikipedia.org/wiki/Tetragrama_YHVH.
http://www.vatican.va.
HURTADO, Armando. *Nós os maçons.* Ed. Zit, 2008.
MANNION, James. *O livro completo da filosofia.* 5.ed. São Paulo: Ed. Madras, 2008.
MARTINELLI, Marilu. *Aulas de transformação.* 7.ed. São Paulo: Peirópolis, 1996.
NAUDON, Paul. *A Maçonaria.* Difusão Europeia do Livro, 1968.
Novo Dicionário Aurélio da Língua Portuguesa. 2.ed., 1986.
O Livro dos Mortos do Antigo Egito. Ed. Hemus, 1982.
Ovídio – em *Metamorfoses.*
Papa João Paulo II.

PETERS, Ambrósio. *Maçonaria, história e filosofia*. Curitiba: APLM e GOE, 1999.

PIKE, Albert *Morals and dogma:* of the ancient and accepted scottish rite of freemasonry, prepared for the Supreme Council of the Thirty Third Degree for the Southern Jurisdiction of the United States: Charleston, 1871.

Rituais do 1.º Grau – Introdução ou Telhamento de Visitantes, 2009.

Ritual do 1.º Grau – Aprendiz-Maçom – Adonhiramita, GOB, 2009.

Ritual do 2.º Grau – Companheiro-Maçom – Adonhiramita, GOB, 2009.

Ritual do Grau 10 – Mestre Eleito dos Quinze, RJ, 2010, Supremo Conselho do Brasil do Grau 33, para o REAA.

Ritual do Grau 12, Mestre Escocês ou Grão-Mestre Arquiteto, ECMA, julho / 2009.

Ritual do Grau 14, Grande Eleito ou Perfeito e Sublime Maçom, ECMA, julho / 2009.

Ritual do Grau 14, Perfeito e Sublime Maçom, SCB G33, REAA.

Ritual do Grau 4 – Mestre Secreto – ECMA – julho / 2009.

Ritual do Grau 4 – Mestre Secreto – RJ, 2010, SCB do G33, REAA.

Ritual do Grau 9 – Mestre Eleito dos Nove, RJ, 2010, SCB do G33, REAA.

SELTZER, R. M. *Povo judeu, pensamento judaico I*. Rio de Janeiro: Judaica 1, 1990.

SHALITA SHARAMON, Bodo J. Baginski. *Chakras*. São Paulo: Ed. Pensamento.

TRÊS INICIADOS. *O Caibalion*. São Paulo: Ed. Pensamento, 2007.